JN411651

입맛이 변했습니다

입맛이 변했습니다

방용남 산문집

한국문화사

입맛이 변했습니다

방용남 산문집

1판 1쇄 발행 2019년 4월 10일

지은이 방 용 남
펴낸이 김 진 수
펴낸곳 **한국문화사**
등 록 1991년 11월 9일 제2-1276호
주 소 서울특별시 성동구 광나루로 130 서울숲IT캐슬 1310호
전 화 02-464-7708
팩 스 02-499-0846
이메일 hkm7708@hanmail.net
홈페이지 www.hankookmunhwasa.co.kr

책값은 뒤표지에 있습니다.

ISBN 978-89-6817-757-6 03810

■ 머리말

이제는 나이가 들어서 그런지 자꾸 뭔가를 정리하는 습관이 생겼다. 집안의 물건들도 새것을 들여올 때면 한 번씩 낡은 것들을 정리하여 쓸 만한 것들은 다시 적당한 위치를 정해주고 필요 없는 것들은 처리해 버린다.

물건뿐이 아니다. 하는 일들도 조금씩 줄이게 되고, 이것저것 자꾸 챙기고 싶던 욕심도 먹는 나이에 반비례하여 하나씩 줄여가고 있다. 반세기를 훌쩍 넘겨온 삶에 가슴 깊이 얻은 교훈이라면 그렇게 왜소한 몸에 너무 많은 것을 짊어지고 가려 하지 말라는 것이다. 어차피 빈 몸으로 갈 인생인데, 아직도 팽창된 욕심 때문에 버리지 못하는 짐에 눌린 노구의 모습이란 얼마나 초라해 보이겠는가.

그런데 무엇을 챙길까보다는 어떤 것들을 버릴까를 더 많이 생각하는 요즘이지만, 그래도 사람은 욕심을 버리기 어려운 모양, 버리는 것도 챙기는 것만 못지않게 참으로 어려운 일이다. 무엇이든 일단 그게 자기 소유가 돼버리면 누가 뭐라고 하던 본인한테는 모두 소중해 보이기만 하는 것이다. 자기 자식 미워하는 부모가 없는 것처럼 말이다.

그런 고민을 하다 하다 끝내는 버리지 못한 한 뭉텅이의 글들이 있다. 한참을 망설이다가 조금은 민망한 마음으로 이삭줍기하듯 얼마를 주워내서 마침내 하나로 묶어두기로 하였다. 글이 좋아서가 아니라 그냥 이 나라의 격변기를 살아온 젊은이의 일기 같은 것이라고 보면 그 시대를 살아온 사람들의 삶의 모습 같은 걸 얼마라도 엿볼 수 있을 것 같다는 생각이 들어서이다.

1983년 7월 대학을 졸업하고 반년쯤 투먼시 문화관에서 대중문화보급에 관한 일을 하다가 연변일보와 길림신문에서 신문기자로 2년 반을 뛰었었다. 그때 신문 기사를 쓰는 틈틈이 취재하러 돌아다니면서 보고 듣고 느낀 것들을 칼럼이랍시고 글을 만들어 신문에 발표하였다. 직장을 옮긴 후에도 여러 편을 써서 발표하긴 했지만, 거의 대부분은 20세기 80년대 초반에서 90년대 중반 사이에 쓴 것들이다.

변변찮은 글들이어서 쭉정이 속에서 이삭줍기하듯 해서야 겨우 한 권 분량을 모아보았다. 초라하기는 하지만, 나름의 인생 고민이고 노동 성과라고 생각하니 문득 프랑스 화가 장 프랑수아 밀레의 명화 "이삭줍기"에서 이삭을 줍고 있는 세 여인이 떠오른다. 어떤 경우든 일하는 것이 아름답고 보람 있다는 걸 새삼스럽게 느끼면서 나 자신을 그 소박한 세 여인에 비교해 본다. 그러면서 남은 인생에도 삶의 현장에서 보고 듣고 느끼는 것들을 그녀들처럼 '이삭줍기'나 해볼까 하는 생각에 이 산문집을 "명상의 이삭줍기 1"이라고 표기해 둔다.

역시 사람은 죽을 때까지 욕심을 다는 버리지 못하는가 보다. 그러나 욕심이라기보다는, 일하는 것이 취생몽사 백년보다는 낫다고 곧 퇴직하여 자유인이 되면 더 넓은 인생 벌판에 나가 '이삭줍기'를 하려고 할 뿐이라고 보기 좋게 포장해본다.

2018년 9월 3일

중국 절강 소흥에서

방용남(절강월수외국어대학 교수)

■ 차례

'~척, ~척' 으로 보는 대중화 행위방식

'척척 보일러'- 기름 공급 상황, 표준온도, 급수, 이상경보 모두를 자동으로 척척 공제하는 '척척 보일러'.

'척척 할아버지'- 우주의 비밀, 십만 가지는 무엇 때문에, 풀기 어려운 수수께끼 모두를 척척 알려주는 '척척 할아버지'.

이 쌍둥이 '척척'은 일을 매우 솜씨 있고, 시원시원하게 순서대로 막힘없이 잘해나갈 때, 또는 '손이 척척 잘도 맞는다'라는 표현처럼 함께 일을 하는 서로가 찰떡궁합으로 아주 조화를 잘 이루는 모양을 나타낼 때 쓰인다.

'척'이 독립하여 홀로서기를 했을 때는 주로 두 가지 의미에서 살펴볼 수 있다. 한 가지는 '한눈에 척 알아보았다' 것에서처럼 '금방', '바로'의 뜻으로 무엇을 한눈에 알아보았을 때, 또 한 가지는 '그는 다섯 손가락을 척 펼쳐 보였다'는 것에서처럼 어떤 일이나 행동이 머뭇거림 없이 순간적으로 갑자기 일어났을 때를 나타낸다.

그런데 용언의 앞에서 이처럼 부사로서 '잘난 척'을 하던 '척'이, 관형사형 어미 뒤에 숨어서 어떤 행동이나 상태를 그럴듯하게 포장하고 꾸미는 불완전명사 '~척'으로 탈바꿈을 하면서, 상황은 그렇게 간단하지 않게 훨씬 복잡해진다. 특히 이때 우리는 '~척'이 발화과정에 대중적인 행위문화와 깊은 관련을 맺게 되어 그것이 대중화 행위 방식의 하나로 자리매김하고 있음을 놀랍게도 발견하게 된다. 이러한 행위 방식을 통하여 우리는 한 사람의 문화적 행동 양식의 허위성 아니면 인간성 측면을 넌지시 들여다볼 수 있게 된다.

'~척'이 어떤 행동이나 상태를 그럴듯하게 꾸민다거나 과장해서 나타낸다면, 우리는 그 억제된 본래 모습의 행동이나 상태를 확인하는 작업을 통하여 그럴듯하게 포장된 행동이나 상태를 설정하게 된 발화자의 심리적인 태도나 문화적인 의미를 알아보아야 할 것이다. 인본주의 관점으로 볼 때 거짓말에도 선의적인 것과 악의적인 것이 있을 수 있기 때문이다.

문화인의 인격은 단순한 성격을 말하는 것이 아니고, 그 성격에 지적인 것과 도덕적인 것, 그리고 문화적인 수양까지를 포함한다. 결국,문화인의 인격은 결코 그의 언어 행위를 통하여 드러나는 표상적인 성격 하나만으로는 판단할 수 없는 것이다.

'투사'를 자처하면서 잘못된 것을 보면 못 참는답시고 사사건건 시비하는 사람은 성격이 강하고 의리가 있다고 할 수 있을지는 모르나, 문화적인 수양이 있다고 하기에는 너무 부담스럽고, 시한폭탄 같은 존재로서 가까이하기가 두려울 수밖에 없다.

논쟁할라치면 언제나 자기의 말이나 주장에 절대적인 가치를 부여하면서, '그렇다', '그럴 수밖에 없다', '꼭 그럴 것이다', '꼭 그래야만 한다'라는 식으로 제 생각만 막무가내로 밀어붙이면서 일방적으로 강요하는 사람은 간혹 주견이 뚜렷할 때도 있겠지만, 대체적으로는 쌍방

향으로 진행되는 소통능력이 부족하여 언어 '수출'만 있고 '수입'은 없는 벽창호요, 고집불통이다.

상대방이 사정이 있어서 미리 양해를 구했음에도, 무작정 자기의 섭섭함이나 불쾌함만을 앞세워 무턱대고 곡해하는 사람은 혹시 그 자신은 대소사에 빠지지 않는 '마당발'일 수도 있겠지만, 실은 모든 걸 자기 생각대로만 해석하면서 자기에 대해서는 관대하면서도 타인에 대해서는 인색한 사람일 수 있다.

그러고 보면 사실 문화인의 인격이란 것은, 자기의 주체성을 잃지 않으면서도 더불어 사는 사람들과의 인정과 우정과 사랑과 화목을 위하여 적당히 꾸미고 포장하고 숨길 줄 아는 '행위예술'로 표현되는 인간성이라고 할 수 있을 것이다.

부모 형제나 직계 혈육은 아니더라도, 오랜 지기나 동기나 동료의 장례식이라면 지인의 죽음 못지않게 슬프고 괴롭고 안타까운 건 당연지사이겠으나, 그냥 동료나 친구의 어떤 지인이 돌아가면 아무래도 한 다리 건너 그저 남의 일로 동정하고 안타까워하는 것도 인지상정이라 할 것이다. 그러나 그런 경우일지라도 그 장례식장에서 상주와 함께 슬퍼해주고 괴로워해주고 안타까워해주는 것을 거짓이고 아첨이고 꾸며대는 것이라고 힐난할 수야 없지 않은가. 한 문화인으로서 사라진 생명을 애통해하는 것은, 역시 장례문화에 따라 표현되는 수양 있는 인간애라고 할 것이다.

마찬가지로, 자기가 장가드는 것도 아니고, 그렇다고 또 형제자매의 경사스러운 날도 아닌데 남의 경사, 심지어는 우연히 요청된 그런 경사에서 다른 하객과 함께 주인공을 축복해주고 자기 일처럼 즐거워 해주고, 기뻐해 주는 것도 문화인의 수양 있는 박애 정신이라고 할 것이다.

'~척, ~척'은 사회적인 집단 동물로서의 인간이 사회의 제도적인 장치로서의 법, 질서, 도덕에 의한 속박과 강제가 아닌, 문화수양에 의한 자발적인 인격의 발현이다. '어떤 척'을 하는가에 따라서 그는 문화인으로서의 인격자이거나 위선자일 수 있는 것이다. 몇 가지만 들어보자.

모르면서도 아는 척: 길을 가다가 어떤 이가 자기를 보고 반가워하면서 알은척을 하는데, 아무리 머리를 굴려 기억을 떠올려 봐도 도무지 상대방의 정체를 확인할 수 없거나 그냥 어렴풋하게 알 것 같은데도 짐짓 오랜만에 반가운 친구를 만난 것처럼 아는 척하는 것은, 상대방의 체면을 세워주고 상대방의 기억을 믿어주려는 문화인의 아량이라고 할 것이다.

그러나 토끼 꼬리만한 상식을 몰상식하게 확대 재생산해서는, '노반 앞에 도끼질'하듯 남 보기에 민망할 정도로 아는 척하는 것은, 어쩐지 바지 벗고 춤추는 초라한 행위처럼 여겨져서 경망하면서도 건방진 허영심의 발로라고 하지 않을 수 없다.

알면서도 모르는 척: 상대방이 여러 사람 앞에서 분명히 조그마한 실수를 하였음을 번연히 알면서도 일부러 모르는 척했다가 남몰래 조용히 귀띔해주는 것도 믿음과 우정을 소중히 여기는 문화인의 아름다운 소행이라 하겠다.

그러나 친구나 지인이 탈선의 심연에 빠져들고 있음을 뻔히 알면서도 괜히 긁어 부스럼이 된다고 생각하여 일부러 모르는 척하는 것은, 인간관계에서 지나치게 이익계산을 앞세우는 이기심과 남을 이용대상으로만 생각하는 교활한 심성을 드러낸 것이라고 할 것이다.

없으면서도 있는 척: 배고파 우는 아이에게 하나밖에 없는 빵을 쥐여주고는 일부러 빈 보자기를 들어 보이면서 마치 자기의 몫도 있는 척해

보이는 어머니의 태연함은 그야말로 위대하고 자애로운 모성애의 모습이다.

그러나 아내한테는 화장품 하나 변변한 걸 사주지 못하면서도, 길을 가면 택시요, 술을 마시면 노래방이요 하면서 밖에만 나오면 그냥 없으면서도 있는 척하는 것은, 취생몽사에 참된 삶을 영위하지 못하고 지나친 허위와 허영으로 인생에 철학적 빈곤을 겪고 있는 위선자의 인생만을 소비하는 부질없는 소행이라고 하지 않을 수 없다.

있으면서도 없는 척: 넉넉하지 못한 노임에 좁쌀알도 쪼개 먹듯 어려운 살림형편이면서도, 패가의 변두리에서 신음하는 친구 앞에 생활고가 있으면서도 없는 척 서슴없이 구제의 손길을 내밀어 주는 그 강개한 모습에서 아름다운 인간애와 미더운 우정을 읽을 수 있다.

그러나 '이 세상에 믿을 놈 하나도 없다'라는 말처럼 인정이 메말라가는 현실을 그대로 보여주기라도 하듯이, 처참하게 무너져가는 혈육의 아픔을 보면서 있으면서도 없는 척 가련하고 안타까운 표정을 짓고 빈손만 펼쳐 보이는 사람 앞에 우리는 '피는 물보다 진하다'라는 진리를 회의하게 된다. 또한 인심마저 상품화되는 시대에 극단적인 이기주의와 옹졸한 졸부의식이 그려낸 불신과 배타의 풍속도를 보게 된다.

못 보고서도 본 척: 축구장에서 고조되었던 흥분과 열광이 아직 식지 않은 축구팬 친구의 기분을 맞춰주기 위해, 집에서 텔레비전 실황을 보고서도 마치 현장에 가서 본 척하면서 친구의 기분을 맞춰 갈 때 어느 정도 허영심이 작용한 것도 있겠지만 그런대로 때와 장소에 맞게 정서와 분위기를 조절해가는 유익 무해한 삶의 예술이라고 해도 괜찮을 것이다.

그러나 남의 흉이라면 자기가 직접 못 보고도 본 척하고, 거기에 아예 추리, 추측과 판단까지 동원해 가면서 날개를 달고 꼬리를 붙여주는 그런 사람들의 알량하고 요상한 심태를 읽으면서 우리는 과연 요언의 비루함을 넘어 그 잔인함을 알 것 같다.

보고서도 못 본 척: 새로 인사시킨 자리에서 친구가 실수를 하였을 때 상대방 앞에서 친구를 직방 꼬집을 수 없어 찔끔찔끔 눈치를 주는 것을 이쪽에서 짐짓 보고서도 못 본 척하는 것은, 지인의 체면을 지켜주고 자기의 대범함을 나타내거나 적어도 지인의 친구를 아량으로 받아준 것이리라.

그러나 죽어가는 사람을 보고서도 못 본 척하거나 심지어는 보따리를 챙기는 사실 앞에서, 우리는 인정이 사막같이 메말라가고 돈의 논리가 사회를 지배하는, 인정 결핍증에 걸린 부조리한 현실을 새삼스럽게 절감하지 않을 수 없다.

이처럼 '~척, ~척'이 우리 삶의 문화광장에서 하나의 대중화 행위방식으로 자리매김하고 있다. '좋으면서도 나쁜 척, 나쁘면서도 좋은 척', '기쁘면서도 슬픈 척, 슬프면서도 기쁜 척', '가면서도 안 가는 척, 안 가면서도 가는 척', '먹고도 안 먹은 척, 안 먹고도 먹은 척', 인간이 취하는 거의 모든 행위나 상태가 '~척, ~척'으로 표현된다.

그런데, 우리는 앞에서 실례를 든 바와 같이, '~척, ~척'을 거짓이나 과장이나 꾸밈이나 포장이라고만 추상화하거나 간단하게 가치판단을 해서는 안 될 것이다. 그것이 문화인의 인격을 표출하는 대중화된 행위방식일진대, 발화내용의 문화적인 의미와 발화자의 심리적인 자세를 정확히 읽을 줄 알아야 한다.

없으면서도 있는 척하든 있으면서도 없는 척하든 그것이 그냥 사랑과 인정과 우정으로부터 출발한 것이라면, 우리는 발화자가 취한 '~척,

~척' 행위를 통해서 문화의 외피로 포장된 인격 또는 인간성이 선택한 '도피의 결백성'을 보게 될 것이다.

이에 반하여, 만약 그것이 표리부동한 이중인격이라거나 돈에 의해 변질된 인격을 표출한 것이라면, 우리는 그 '~척, ~척'에서 불신과 탐욕과 허위가 관습화되고 있는 이 시대의 인간들이 앓고 있는 심리적인 질병을 진단해 낼 수 있을 것이다.

아무튼, 백 사람이 백 가지 성미요, 그 소통방식이나 이해 능력 또한 천차만별인데, 그런 남남이 모여 이 세상을 만들어 가는 것이 바로 인간사회이므로, 인간에게는 작은 모순은 해소하고 큰 모순은 작게 하면서 사랑과 인정과 우정과 화목과 평화를 도모하려는 '~척, ~척'의 행위방식, 삶의 지혜가 필요하다.

그만큼 문화인의 인격이란 것은 어느 정도 아름다운 '포장'을 하는 것도 사실이지만, 그러나 그것이 지나치면 교활성으로 변질되어 자기 계산적이고 자기본위적인 극단적 이기주의에로 추락될 수도 있다. 경우 막론하고 언제나 한 가지만 말하고 다른 한 가지는 숨겨 두려는 자는 사실 비겁하고 음험한 자이고, 줘야 할 때 외면하고 받을 때 비굴한 자는 너무나 계산적이고 이기적인 인간이다. 너무 자기 계산적이거나 자기중심적이면 남을 받아들이는 마음을 가질 수 없을뿐더러, 자칫 그 자신의 표리부동한 이중인격 또는 변질된 인격으로 하여 타인의 버림을 받을 수도 있다.

그런데도 상갓집에 가서는 '슬픈 척', 잔칫집에 가서는 '기쁜 척' 하는 '문화적 포장'은, 더불어 사는 세상을 위해 요청되는 선의의 행위방식임은 틀림없다.

우물을 뛰쳐나오는 개구리들

고향을 떠나, 부모를 떠나 타향에서 공부하는 우리는 집에서 생활비를 송금받은 사람이 친구들한테 술 한 잔 사는 것이 불문율이 되어 어느덧 돌림 행사가 되어버렸다.

그래도 부모님이 어렵게 모아 보내는 돈이라서 흥청망청 먹지는 않았다. 대여섯이라도 요리 서너 개면 다였다. 술은 맥주가 좋았지만, 주머니 사정 때문에 독한 '근들이 빼이주'로 먼저 오장육부를 취하게 하고 나서야 생맥주를 마셨다. 그렇게 하면 고작 5원쯤 나왔다. 그런데 그때는 그것도 큰돈이었다. 두석 달에 5원쯤 생활비를 받는 농촌친구들도 있었으니 말이다.

그래서 평소에는 돈이 아까워서 생활비에 일전도 보태지 않고 책 사는데 몽땅 쏟아부으면서도, 한두 달에 한 번쯤 있는 돌림 행사는 오히려 마음이 설렐 정도로 기다려지는 것이었다. 타지에서 홀로서기를 배우면서 동기들로부터 느끼는 '동지애' 때문이리라.

그러던 어느 일요일, 드디어 차례가 되어 숙소에 남아있는 몇몇 동기를 데리고 북경 동물원 근처에 있는 식당으로 가게 되었다. 습관적으로

식사 전에 먼저 손을 씻으려고 수돗물 있는 데로 몰려갔다. 옆에서 보려니 사람들은 수도꼭지를 틀지도 않고 그냥 손을 들이밀기만 하는데도 수도꼭지에서 저절로 물이 흘러나왔다. 그것을 보고 우리 중 한 친구가 신기하게 생각하며 자기 차례가 되자 얼른 두 손을 수도꼭지 밑에 들이댔다. 그런데 이게 웬일인가. 이상하게도 물이 흐르지 않았다. 그 친구가 재차 손을 들이댔으나 역시 수도꼭지는 벙어리가 된 듯싶었다. 이때 동기 속에서 누군가 웃으면서 너는 촌놈이어서 수도꼭지가 알아보지 못하는 거라고 악의 없는 놀림을 했다. 그런데 바로 그 순간 수도꼭지에서 물이 세차게 뿜어져 나왔다. 삽시에 그 친구는 얼굴에 물벼락을 맞고 옷까지 화락하게 젖어버렸다. 그가 앞으로 더 다가서면서 얼떨결에 발로 딛게 만든 수문을 콱 밟았다.

대학을 졸업한 지 오래된 지금도 우리는 만나면 반가움 속에서도 그때의 일을 악의 없이 놀려주는 걸 잊지 않는다. 그런데 오늘 그것이 인생의 철학적 사색마저 불러일으키는 것이 퍽 흥미롭다.

사실 그 친구뿐만 아니라 사회의 요청으로 시대에 선택되어 닫힌 공간을 뛰쳐나온 인간이라면 누구나 다 그런 체험이 한둘이 아닐 것이다. 감회가 깊은 것은 그런 체험에 대해 철학적인 사색을 할 수 있다는 것, 풀어서 말하면 실습도 연습도 없는 인생을 살면서 여러 가지로 시행착오를 범하면서도, 닫힌 공간으로 다시 돌아가지 않고 사회의 요청으로 시대에 선택되었다는 다행스러움과 인생을 승화시키는 정신적인 독방을 마련해가는 자부심을 품게 되었다는 것이다.

닫힌 공간이라고 하면 삶의 질변이나 승화가 있을 수 없거나 거의 없는 공간일 것이다. 주어진 자연적인 생존공간에서 고정불변적인 생물과정, 즉 어제, 오늘, 내일이 무의미한 반복만 거듭하는 순 소비적인 인생에 지치고 변질되는 그런 공간일 것이다.

'우물 안의 개구리'가 우물을 뛰쳐나와 안도의 숨을 몰아쉴 때 세계적인 속도와 절주는 '지구촌의 개구리'라는 속담을 현실화시키고 있었다. 이런 세계적인 속도와 절주의 도전 속에서 개체의 사회화는 문화적인 신변정리와 함께 일생의 과업으로 제기되고 있다.

산업화, 상업화로 특징된 도시적 삶의 질서가 사회발전의 주축을 이루고 있다. 적자생존의 경쟁의식이 원시적인 자연경제에 안주하여 그런대로 불안한 평온을 유지하여 오던 농촌에 여지없는 충격파를 주었다. 생산성 문화의 퇴화 또는 답보, 생활문화의 고갈 나아가서는 빈혈증으로 질병을 앓고 있는 변질된 삶의 현장에서 '탈가도주' 하는 사람들이 갈수록 많아져 황폐화되어가는 농촌현실은 이미 사회적 관심을 모으는 과제가 되었다.

어제까지만 해도 12억에 9억이 농민이던 농경사회가 갑자기 산업화, 상업화를 특징으로 하는 도시사회로 탈태환골하고 있다는 사회의 질적인 변화 때문만이 아니다. 물론 사회의 이런 질적인 변화로 하여 농촌의 많은 잉여 노동력이 도시로 흘러드는 것이 주되는 흐름이기도 하다. 농업생산문화의 발전은 최대한의 기계화 실현과 노동력의 최적화를 요청하기 마련이다. 그러나 이것은 궁극적인 사회발전의 필연성을 말하는 희망 사항일 뿐이지 아직 농업생산문화의 현실변화를 다는 의미하지 못한다.

그에 반하여 자기는 화려하고 안락한 도시의 문화생활에 몸 담그고 있는 재정 노임 팀들이 농민들의 질고와 어려움에 대해서는 눈을 감거나 아예 외면하면서도, 짐짓 농민들의 운명을 관심하고 황폐화되어가는 농촌현실을 안타깝게 생각하는 체하는 트림질에 대한 반발이라고 볼 수도 있을 것이다. 저들은 사회의 선택을 받은 특수한 존재이기나 한 것처럼 민족의 집거지인 농촌을 사수해야 한다고 속빈 호소를 해대는 그들을 보면서, 원시적인 자연경제에 안주하여 변질된 삶을 살아가다가 그대로 그냥 인생도태를 당하기보다는 낯선 곳이라도 현대 절주에 몸 담그고 영으로부터라도 새롭게 시작하는 것이 훨씬 바람직하다고 생각했을 것이다. 사실 농촌의 사라져 가는 문화생활과 앞서가지 못하는 교육시스템은 굶어죽어도 자식만은 공부시키던 전통적 미덕조차 고갈의 낭떠러지에 밀어냈으니 그들에게 인생의 질변과 상승이란 도대체 무엇일까.

짐승은 골로 오르고 인간은 버덕으로 내린다 하지 않았던가.

농촌의 이와 같은 실태에 많은 지성인이 불안과 우려, 심지어 가속화될 수 있는 민족동화에 위기감을 표시하고 있다.

물론 민족의 집단거주가 '동화연장법'의 기본 중의 하나라고 할 수 있다. 민족의 집단거주는 그 민족의 정체성을 가장 잘 지켜갈 수 있는 언어, 풍습, 인정세태 등을 망라한 문화권을 그대로 잘 보존해 줄 수 있기 때문이다. 산재지역의 40대 심지어는 50대까지도 벌써 민족의 정체성을 잃고 민족의 대오에서 떨어져 나가고 있음을 우리는 보고 있다. 우리가 중국 특색이 있는 조선족 문화를 운운하고 있지만, 그것이 현실적인 민족의 집단문화를 떠나서는 아무런 시대적 가치도 없다. 한 민족이 현실적으로 이미 집단문화나 일정한 문화권을 상실하였다면, 그 민족의 문화란 사실상 벌써 현실적 의미를 잃고 생명력 또는 재생력조차 상실한 전통문화의 잔재에 불과하다.

집단거주가 아무리 민족동화의 기본적인 연장법이래도 우리는 그 집거지가 오늘의 현대 절주 또는 삶의 현장에서 어떤 위상을 가지고 있는가를 고려하지 않을 수 없다.

그것이 주어진 자연적인 생존공간에서 자연생장적이고 고정불변적인 생물과정, 즉 정신의 움직임이 없이 그냥 어제, 오늘, 내일이 무의미한 반복만 거듭하는, 이른바 동물의 서식지나 다름없는 원초적이고 순소비적인 공간이라면, 그래서 인생에 지치고 변질되는, 그런 닫힌 공간이라면 그 민족은 동화에 앞서 벌써 도태를 당하고 마는 운명일 수밖에 없다.

적자생존의 치열한 경쟁 속에서 한 민족이 생존하려면 세계적인 속도와 절주에 도전하지 않을 수 없다. 그만큼 문화권 형성과 동보로 문화적인 신변정리에 따르는 삶의 질적 상승 또는 끈질긴 생명력과 재생력을 꾀하지 않으면 안 되는 것이다.

기어이 오늘의 도시인도 어제는 도시진출을 했었다는 걸 새삼스레 꼬집을 필요가 있을까.

그 이상의 상승이 있을 수 없거나 심지어는 삶의 변질까지 막을 수 없는, 그런 질곡에서 벗어나려는 자체가 벌써 전진적인 삶의 자세요, 끈질긴 생명력이다.

거기에 또 도시문화의 1번지에 민족의식의 뿌리를 박고 키워가려는 정신적 움직임까지 있다면, 그것은 개인적인 목적 추구를 넘어서서 벌써 민족의 근원적인 목적 추구와 직결되는 비장한 움직임이 아닐 수 없다.

민족의 정체성을 지키려면 무엇보다도 민족의 생명력이 넘치는 삶의 광장을 마련해야 한다.

개구리가 우물을 뛰쳐나오는 것은 더 넓은 세상을 보기 위해서이다.

서울에 가야 과거에 급제한다

'황금흑사심(黃金黑士心)'이란 말은, 황금은 선비의 마음도 검게 한다는 말로 풀이되겠으나, 그것은 황금 자체가 나쁘다는 뜻이 아니라 지나친 욕심, 즉 과욕, 탐욕을 경계하라는 뜻에서 하는 말일 것이다.

그런데 사람은 욕심이 없으면 발전할 수 없다. 욕심이 지나치다는 뜻으로는 과욕, 탐욕이란 말이 있을진대, 욕심의 반대말은 만족이지 무욕은 아닐 것이다. 무한한 사유능력과 풍부한 상상력을 가진 인간인데, 만약 사람에게 욕심이 없다면 그건 죽은 인생이나 다른 바 없다.

타인에게 피해를 주지 않는 적당한 선에서의 욕심은 삶의 의욕을 불러일으킬 수 있고, 실현 가능한 어떤 목표나 이상을 갖게 할 수 있으며, 선의적이고 긍정적인 경쟁을 통해 삶의 질을 향상할 수 있다.

농사꾼이 새해 농사를 더 잘 지어보려고 하는 것도 욕심은 욕심일 테지만, 남이 지은 농사를 훔치거나 빼앗으려 하는 것도 아니고, 그저 스스로 좀 더 부지런히 일해서 풍족한 삶을 살려고 하는 것을 누가 욕심이 과하다고 하겠는가. 사람들은 그런 걸 두고 일 욕심이 많다고 탄복할 뿐이다.

자기의 천부적인 소질을 발굴하고 그것을 사회 적응 능력으로 키워서 사회가 요청하는 인재가 되려고 하는 것도 욕심 중의 성취욕이라고 할 것인데, 그런 성취욕이 있는 사람은 누가 뭐라 해도 아무런 능력도 없으면서 낙하산 인사로 채용되거나 승진한 사람에 비하면 훨씬 정직하고 마음이 바르다고 할 것이다. 시행착오를 거듭하면서도 지칠 줄 모르고 꾸준히 자기가 선택한 프로젝트를 연구하는 것도 욕심 중에 탐구욕이라고 할 것인데, 인류의 역사 발전과 문명 창조는 바로 과학자들의 이런 탐구욕의 결과로 이루어진 것이다.

생명의 촛불이 가물가물 꺼지는 순간에조차 이 세상에 대한 미련을 버리지 못하고, 좀 더 지인들의 곁에 있으려고 온 힘을 다해서 지옥의 문턱을 잡고 몸부림치는 생명의 욕구 앞에서 우리는 생명의 귀중함과 인간 세상의 아름다움마저 새삼스럽게 느끼게 되는 것이다.

그렇게 욕심이란 것이 선의적이고 긍정적이고 적극적인 의미에서 어떤 일을 추구하고 이루려고 하는 마음으로 쓰인다면, 우리는 그것을 인간의 의지라고 바꾸어 불러도 무방할 것이다. 그래서 욕심이 없는 사람을 달리 일컬어서 의지가 없는 사람이라고 할 때, 그에 대한 신뢰는 금방 떨어지고 마는 것이다. 왜냐하면, 인간은 무슨 일을 하든지 결코 동물처럼 본능적으로 하는 것이 아니라, 그 일을 꼭 해내고 말리라는 의지를 다지고 능동적으로 하기 때문이다.

인간은 자연이 마련해준 서식지에 수동적으로 적응하던 동물의 본능으로부터 발전하여, 인간의 생활방식과 생활수요에 맞게 생활환경을 창조적으로 꾸며가면서부터 그 무엇을 이루거나 바꾸려는 의지를 가지게 되었다. 인류의 역사는 그렇게 발전하였고, 인류의 문명은 그렇게 창조되었으며, 인간의 삶의 가치는 그렇게 높아진 것이다.

가난을 밥 먹듯 하면서도 개인주의 싹이 돋아날까 봐 온 사회적으로 금욕주의를 강요하고 사상개조를 게을리하지 않았던 시대가 역사의 뒤안길로 사라지고, 급작스럽게 지구촌이란 개념이 현실적으로 다가오면서 전에는 멀리했던 '색깔 다른 이웃들'과의 만남도 밥 먹듯 잦아졌다. 그렇게 이념 대결보다는 평화 공존하려는 의지로 문호를 개방하고 세계와 한 모습으로 변신하려는 몸부림 속에, 이 사회구성원으로서 언제나 계급투쟁을 잊지 않고 억제와 순응에 습관이 되어왔던 우리는 새로운 세상에 대한 감탄과 경이로움을 금하지 못하면서 갑자기 어떤 욕심이 불뚝불뚝 솟아올랐다.

그러면서도 우리는 아직 모든 것이 국가 조달로 이루어지고, 그래서 가난하긴 했지만, 두루 평등하고 근심 없었던 과거의 유치하고 몰지각한 몽경에서 깨어나지 못하고 있다. 그리하여 욕심을 버려야만 했던 과거와는 달리 나라의 생존마저 더 많이는 그 경제력에 힘입어야 하는 치열한 경쟁의 세계 절주에 대응하여 경제적 성장이 선차적인 시대 요청으로 나선 오늘, 국가에 의해 보장되던 이른바 '철밥통'이 깨지면서 우리는 민족적인 차원에서도 재정노임팀들이 느꼈던 위기감이나 불안감과 비슷한 아픔을 앓지 않을 수 없게 되었다.

우리는 지금까지 국가의 민족정책이란 제도적 장치의 보호로 그 능력과 수준과 관계없이 생활을 보장받아왔고 교육, 경제, 문화 등에 걸쳐서 여러 가지 혜택을 받아왔다. 그리하여 우리는 하나의 '대 가정' 속에서 별로 주체적인 노력이 없이도 그런대로 '근심 걱정 없이' 살아갈 수 있었다. 매일 부모가 계산적으로 주는 용돈에 감사하는 마음으로 가난하지만 만족스럽게 살아왔다. 그러다 보니 어느덧 줄 것만 바라는 비렁뱅이 습관이 자라서 가난의 운명으로부터 자기를 지키는 지혜를 잃었고, 하나의 운명을 가진 민족공동체의 건강에 관심은 높으나 그 건강을 유지하기 위한 노력엔 게을리하고 말았다.

그러다가 도시에서 새로운 생활문화가 활기를 띠고, 이른바 시장경제가 시대적 요청으로 우리의 삶과 직결되어 생활과 밀착하게 되자 갑자기 마음이 가난해지고 방향 감각마저 상실하게 되었다. 차에 오르고도 어디로 가는 차였는지조차 모르는 격으로 그냥 고루한 소농경제사상과 '가부장제적 대 가정' 속에서 주체적 정신을 뿌리 뽑힌 무기력한 상태에서 낙오의 넋두리를 하는 것이었다.

아직도 독립적인 생활력을 키우지 못한 채 부모한테 모든 것을 의탁하는 어린애처럼 천진하고 유치한 응석에 큰 기대를 걸고 있다. 그만큼 뭘 하고 싶다는 욕망보다는 뭘 가지고 싶다는 욕심만 팽배하여 무엇이든 달라고 떼쓰고 주지 않는다고 투정이다. 그리고 현실감각이나 각성이란 조금만큼도 없이 단순하고도 유치한 미련에 과거를 동경하면서 자각증상이 없는 동통을 겪고 있다.

사실 우리가 사는 오늘의 삶의 현장은, 일찍 우리의 조상세대가 이주하여 개간하고 가꾼 것이다. 나라마저 잃고 이주민이 된 신세였지만 그들은 이 땅에 민족공동체를 형성하고 민족의 지역사회를 형성하기 위해 게으름 없이 노력했다. 그들이 추구한 것은 현세주의적인 삶이 아니라, 민족의 내일을 밝게 하려는 미래지향적인 목적 추구와 직결된 것이었다. 그리고 그들이 우리한테 물려준 것은 어떤 역경에도 굴하지 않고 민족의 운명을 스스로 책임지는 강한 의지와 끈질긴 재생력이었다.

그런데 어제까지만 해도 우리는 조상이 물려준 전통은 까맣게 잊은 채로, 다 같이 한 가마 밥을 먹고 한 지붕 밑에서 산다는 초현실적인 세계를 그리며 메마르고 무심한 활기를 본의 아니게 동원해 왔다.

이제는 근본적으로 생각을 정리하고, 우리의 삶을 민족의 총체성에서 재점검하여 현실에 대응할 수 있는 새로운 정신적 출발을 해야 할 때이다.

시장경제가 사회의 주된 경제행위로 되고 다양한 성분의 소유제가 병존하는 시대가 되어, 국가는 절대적인 '가부장제적 대가족'으로부터 상대적으로 경제적 책임이 훨씬 직접적인 '핵 가정'으로 세분되었다.

그리하여 무엇이나 국가 조달에 의해 피동적으로 이루어졌던 과거와는 달리, 지금은 경제 원리를 우선으로 하여 매 '핵가족'의 독립적인 능력과 창조력이 어느 때보다도 절실히 요청되고 있다. 더는 국가가 모든 것을 책임지고 나눠주는 일이 없으나, 매우 가난했던 그때를 생각하면 오늘 우리가 얻을 기회는 훨씬 더 많아진 것이다. 국가가 책임진다는 것은 그만큼으로 제한한다는 의미이고, 국가가 책임지지 않는다는 것은 능력만큼 얻을 수 있다는 의미가 될 수도 있으니까 말이다. 비록 자신의 힘으로 일어서고 성공한다는 것이 그렇게 쉽지만은 않겠지만, 그만큼 우리의 정신을 분발하게 하고, 강한 의지를 다지게 할 수 있다.

그전에는 소수민족 언어로 된 저서들은 민족정책에 의해 그 손익과 관계없이 기획출판이 되었었지만, 지금은 일부 기념적인 의미를 매긴 걸 제외하고는 기획출판이 거의 불가능해졌다. 그래서 나온 말이 자비출판이다. 지금 우리 민족의 작가, 학자들의 책 출판은 거의 백 퍼센트로 자비출판이다. 그것은 우리 작가, 학자들의 수준도 수준이겠지만, 아무래도 우리의 독서 시장이 극히 제한된 것이 절대적이고 결정적인 요인이 되는 것이다.

농촌의 조선족 학교들이 폐교되는 것도 재정지원과 무관하지 않다.

전에는 민족교육정책에 따라 몇 명의 학생이 있어도 재정지원을 해주었지만, 지금은 지극히 경제 원리를 적용하여 쉽게 병합시켜 버리거나 아예 폐교해 버리는 것이다.

국가 배급에 만족하면서 가난과 게으름에 몸 절었던 과거의 시각에서는 너무 서운하고 심지어는 억울하기까지 할 것이다. 그러나 한편으로 생각하면, 적자생존, 우승열패의 치열한 경쟁시대에 자기의 재생력을 키우지 못하고 여전히 부모의 용돈에 만족하는 어린애처럼 의타심을 버리지 못한다면, 우리는 소를 잃고 송아지마저 흩어지는 격으로 이중 낭패를 당하고 말 것이다. 모두가 새로운 시대에 적응하기 위해 지혜를 모으고 능력을 키우는 이때, 허무맹랑하게 자그마한 혜택이나 바란다거나 토끼가 나무그루터기에 부딪히기를 덧없이 기다리기만 한다면 우리는 결국 도태되고 말 운명일 수밖에 없다.

새롭게 정신적인 출발을 해야 하고 바람직한 방향 감각을 잡아야 한다. 그 새로운 정신적인 출발은 현실도피적인 의타심과 요행심리를 버리고, 세계적인 절주 또는 국가적인 성장에 발을 맞추기 위한 민족의 각성과 자각에서 비롯돼야 할 것이다. 그리고 바람직한 방향감각이란 시대의 발전을 상징하는 '정상급' 문명이 집결된 곳을 과감히 민족의 제1번지로 만들어가려는 그런 지혜와 용기일 것이다. 분발하여 향상하려 하고, 시대의 정신으로 변신하려는 의지가 없는 민족은 이미 영혼이 없는 육체와 같이 분해되고 말 운명이다.

시대의 문명과는 떨어지고 소외되고 폐쇄된 공간에서는 상승적인 삶이라거나 민족적인 성장이란 있을 수조차 없다. 이제 시골마저 도시화하여가는 때에 기어이 농촌 집단거주지를 고집하면서, 문명의 중심에 버젓이 터를 잡고 신분증을 타지 못한다면 도태는 불가피할 것이다.

우리 속담에도 '서울로 가야 과거에 급제할 수 있다'라고 하지 않았던가. 하나의 운명을 가진 공동체를 형성하는 것이 중요하다는 지극히 피상적이고 단일적인 사유에서 무작정 우리의 농촌 집단거주지를 사수하라고 호소하면서 농촌 집단거주지에 지나친 관심을 두는 것은 아무래도 '짚신에 국화그리기'임에 다름 아니다. 현대문명을 외면한다는 것은 곧 '장사 웃덮기'라, 덮은 겉층을 벗겨내면 부실한 체질이 그대로 드러나고 마는 법이다.

재능이 있고 향상심이 강하고 민족의 공동체 의식이 투철한 민족의 '선각자'들이 당차게도 대도시에 진출하여, 사업에 성공하고 문명의 번화가에 번지수를 정하고 민족교육의 터전을 닦는 모습을 보면서 우리 민족의 끈질긴 재생력과 함께 밝은 미래를 내다볼 수 있다.

민족의 농촌 집단거주지가 사라져간다고 아우성치는 지성인도 밥상에 마주 앉아 배부른 용트림만 하거나 무턱대고 남만 탓하지 말고, 한 번쯤은 자신을 반성하면서 고향을 지키고 새롭게 가꿔가는 진정한 파수꾼의 역할을 톡톡히 해내야 할 것이다.

문화의 창달도 경제적인 발전에 힘을 입을 수밖에 없는 시대에 민족의 생존과 성장의 원동력은 문화와 경제의 유능한 두뇌들의 집결로 형성되는 민족의 주체의식이다. 그러한 주체의식이 형성되어야만 민족의 생명운동은 구심력이 있게 된다. 사업가의 돈지갑에 과잉반응을 보이는 문화인과 순 개인적인 명예에만 계산적인 사업가들의 교제에서 빠진 것은 바로 민족정신이다. 민족정신이 뿌리 뽑히고서야 어찌 민족의 '운명 교향곡'을 민족의 혼을 담아 연주할 수 있겠는가!

시대에 따르는 각성과 건강을 위한 노력이 없다면, '호미로 막을 것을 가래로 막게 된다'라는 것을 명심해야 한다.

문명과 '문명악'

우리가 발 딛고 선 땅이 갑자기 세게 흔들리고 있다. 마치 강력한 지진파의 충격을 당한 듯, 잔잔한 호수처럼 고요하던 산간도시가 격랑을 일으키며 세상 모르게 잠에 취해 있던 거리마다 벌집이 터진 것처럼 시끌벅적 끓어 번지고 있다. 문명의 뒤안길에 소외된 채로, 태양마저 나른한 가을 언덕을 넘는 황소처럼 여드레 팔십 리 걸음을 하던 산간도시가 하루하루가 새롭게 모든 것이 탈바꿈하고 있다.

오랫동안 폐쇄된 공간에서 전통적인 농경문화가 형성한 검소하고 소탈한 인품에 따뜻한 정을 느끼면서, 가난한 대로 적은 음식이나마 서로 나누어 먹는 시골의 인심 못지않게 이웃끼리 그런대로 인색하지 않은 인심에 잔정을 주고받을 수 있었던 산간도시였다.

경제적으로 여유로운 형편은 아니어도, 일터에서 집으로, 그리고 학교에서 집으로 오가면서 나름대로 열심히 일하고 공부하면서, 어른이나 아이 할 것 없이 가난 속에서나마 밝은 웃음을 웃으면서 주어진 삶에 만족할 줄 아는 산간도시였다.

가난하면서도 말끔하다는 말처럼 아직 도시화가 덜 되고 현대문명의 세례를 받지 못하여 여러 가지로 불편하고 어려운 것들이 많지만 대도시와 같은 오염이 적고 지나친 이기심에 때 묻지 않은 산간도시였다.

자기도 도시인이 되기 전에 도시진출을 했었음에도, 고향을 그리고 고향의 건설과 발전을 기원하면서 학생이 줄어 폐허가 되어가는 시골 학교와 젊은이들의 이탈로 공동화되어가는 고향을 안타까워하는 '이향민'들이, 비록 '재정노임팀의 배부른 용트림'이란 비난을 받으면서도 '고향을 사랑하는 마음'을 품고 살아가는 산간도시였다.

지금 이처럼 큰 변화 없이 전통적인 농경문화에 안주하고 있던 산간도시에, 산업문화를 선봉장으로 하여 새로운 음식문화, 음주문화, 오락문화, 소비문화, 심지어는 목욕문화에 이어 이색적인 밤 문화까지 이른바 현대 '도시문명'의 기치를 들고 거세차게 몰려들었다.

이러한 현대적인 '도시문명'은 이 작은 산간도시의 가정문화를 여지없이 충격하였을 뿐만 아니라, 농경문화에 토대한 도시 전체의 문화적인 성격을 변질시켜 그야말로 환골탈태라고 표현할 만한 것이었다.

천여 대의 택시, 거리마다 번쩍거리는 술집, 커피점, 노래방, 나이트클럽, 유혹의 밤거리에 다양하고 풍성한 음식문화의 진풍경을 펼쳐 보이는 야시장, 그리고 하루의 피로를 풀고 유흥의 여운을 잠재워 주는 사우나, 마사지, 그 모든 것이 어제까지만 해도 우리에게는 너무나도 생경하고 환상적인 것이었다. 그런데 이제는 그 모든 것이 우리 생활의 현장에 현실로 다가와 좀처럼 떨쳐버릴 수 없는 마력으로 우리를 유혹하고 있다.

현대적인 '도시문명'이 몰고 온 문화적인 충격 속에서 사람들의 생활방식뿐만 아니라 삶의 욕망, 인생의 추구에서 질적인 변화가 일어나는 것은 지극히 당연한 일이었고, 그러한 변화는 결국 인간관계마저 더욱 냉정하고 계산적이고 실리적인 것으로 탈바꿈시켜 버렸다.

전에는 주로 회사나 공장에서 직장인으로 일하는 사람들이 이 작은 산간도시를 꽉 메우고, 얼마 되지 않는 노임에 푼돈마저 다시 나누어 수입과 지출을 맞추면서도 어렵게나마 자급자족할 수 있음에 만족하면서 살았다. 어렵게 살면서도 조상이 농경문화 속에서 이루어 놓은 '쌀독 인심'을 고스란히 지켜가면서, 큰 욕심을 부리지 않고 그런대로 이웃끼리 화목하게 지냈다.

하지만 지금은 직장을 버리고 점포를 차리거나 좀 더 큰 사업을 차린 사람, 심지어는 국외로 일하러 간 사람들이 점점 늘어나면서, 그들이 내는 세금과 벌어들이는 외화가 지방 재정의 한 몫을 톡톡히 차지할 정도로 도시 구성원의 직업 구성이 큰 변화를 일으키고 있다. 이러한 변화 속에서 사람들의 문화적인 욕망과 삶의 가치 추구, 그리고 이루려는 희망 사항이 더 적극적이고 향상된 높이에서 주문되면서, 사람 호상간의 관계도 더 적극적이고 발전적이고 상승적인 경쟁력을 토대로 하여 이루어져 갔다. 그리하여 원초적이면서도 순 소비적인, 이른바 계산을 배제한 '평화'와 '행복'과 '화목'과 '인정'은 오히려 문명의 발전과 인간의 승화를 저해하는 게으름과 무지의 '동조자'로 몰리게 되었다.

생존본능으로 처절하게 몸부림치던 가난에서 벗어나서 물질적 부를 누리는 즐거움은 인간다운 모습과 함께 정신적인 행복을 찾아주었고, 따라서 삶을 애착하는 정서를 불러일으켰다.

그러나 현대적인 '도시문명'은 시원하게 부는 바람이 먼지마저 일으키는 것처럼, 그것과 접촉한 사람들에게 일명 '문명악'이라고 일컬을 만한 증후군을 앓게 하기도 하였다.

많은 사람은 산업화, 상업화로 특징지어지는 도시적 삶의 질서에서 돈을 놓고 벌어지는 갈등에 지지 않으려고 모질게 서로 물고 찢고 하면서 상처를 받아 피를 흘리고 있다. 지극히 계산적이고 전투적인 인간관계는 삶의 광장이 차갑고 냉혹하고 인정이 멀어진 격투장을 방불케 하여, 사람들은 욕망을 억제하고 인간성을 되찾는 데 극복의 아픔을 겪고 있다.

인격에도 상대방의 지갑의 크기에 긍정적인 시선을 보내는 인간들은 밥사발의 질서에서조차 우리의 아름다운 미덕을 헌신짝처럼 던져버리고 돈의 노예로 전락하고 만다. 돈이 있으면 '할아버지'요, 돈이 없으면 '손자' 취급도 못 받는다.

치열한 적자생존의 무한경쟁 속에서 이웃이 사촌이라던 속담은 퇴색해버리고, 우승열패의 생존 위기에 타인이 지옥으로 되어버리는 현실 앞에서 우리는 분명 저 문명의 뒤안길에서 뻗쳐 나오는 '문명악'의 검은 손을 발견하게 되는 것이다.

그래서 될 수 있으면 도덕적으로 건강을 보호하고 정신적으로 인간성을 재정립할 것이 시대적 요청으로 다가온다. 우리의 삶의 현장을 다시 인간적 향기로 가득 채우고 인정과 포용과 화목으로 바람직하게 채색할 것이 절실히 수요 되고 있다.

그렇다고 해서 '문명악'을 막으려고 문명까지 거부할 수는 없는 노릇이다. 벼룩을 잡는다고 돗자리까지 태워버릴 수는 없지 않은가. 자동차보다는 자전거가 안전하고 자전거보다는 쇠수레가 안전하다고 억지부리면서 다시 옛 농경문화로 복귀할 수는 없는 노릇이다.

어제까지만 해도 우리는 태어나면서 주어진 자연적인 생존공간에서, 인간에게만 주어진 혜택인 의식, 지식, 지혜와는 너무나도 무관하게 생물적으로 어제, 오늘, 내일이 무의미한 반복만 거듭하는, 순 소비적 인생에 지치고 변질되어왔다. 서식 환경에 적응하면서 생존본능에 몸부림치는 동물의 본성으로 종족 보존을 위한 후대 번식에 행복한 웃음을 지었다.

인간의 의식, 지식, 지혜가 높은 차원에서 발굴되고, 그것에 의하여 새로운 문명이 창조되고 인간의 가치가 높아지고 있음에도 원시적 신화를 동경하면서 가난에 게으른 하품을 하는 것은 너무도 어리석고 못난 짓거리이다. 자동차보다는 자전거가 안전하고 자전거보다는 쇠수레가 안전하다고 하는 요사스러운 말장난의 기저에는 얻은 것만큼 나누는 상생의 경쟁력마저 상실한 게으른 자의 궤변 철학이 은근히 작용하는 것이 틀림없다.

이 세상 모든 것이 그냥 하나같이 좋기만 한 것은 거의 없다. 아무리 깨끗한 환경이라고 해도 먼지가 끼기 마련이고, 또 자주 청소를 하지 않으면 금방 더러워지게 되는 것이다.

신선한 공기를 마시려고 창문을 열어 놓으면 바람과 함께 먼지가 따라 들어오기 마련이고, 심지어는 파리나 모기도 틈새를 이용하여 들어올 수밖에 없다. 그렇다고 일 년 내내 창문을 꽁꽁 닫아버릴 수는 없는 노릇이다. 워낙 파리나 모기란 놈은 영리하고 민첩해서 굳이 창문이 아니더라도 출입문을 통해서도 얼마든지 집안으로 침입할 수 있다.

사람이 건강을 지키려면 우선 면역력부터 높여야 한다. 이 말을 역으로 이해하면 사람은 어차피 병원균이나 독소 등을 몸에 지니고 있고, 또 수시로 외부로부터 공격하는 세균에 감염될 수 있다는 말이 된다. 정녕 사람은 아무리 청결한 곳에 있다고 해도 결코 몸을 해치는 병원균에서 완전히 자유로울 수는 없다. 그래서 면역력을 높여 이런 병원균의 공격에 저항하는 힘을 키워야 한다.

문명과 '문명악'도 이와 다르지 않다. 사유하는 동물인 인간은 동물보다 정신적으로 더 높은 가치를 추구할 수 있는 데 반하여, 또 그만큼 끝없이 팽창하는 욕망으로 하여 악의 유혹을 물리치지 못하고 천길 지옥에라도 뛰어드는 수 있다. 결국, 스스로의 정신적인 독방을 가지고 있지 않은 사람은, 언제 어디서든 자칫 악의 유혹에 자기를 잃어버리게 되는 위험에 노출될 수 있다.

그래서 가장 바람직한 것이, 정신적으로 더 많은 도덕적인 반성과 투자를 하여, 자기의 인생에 대한 가치판단과 인간적인 신변정리에 게을리하지 않는 것이라고 믿어 의심치 않는다.

삶의 총체성에서 사회를 통찰해보면, 비록 문명의 뒤안길에서 휘몰아치는 '문명악'이 사악한 악마의 유혹으로 사람들에게 극복의 어려움을 안겨주고 있지만, 행복한 삶을 영위하고 참된 인간성을 완성해가려는 정신적인 독방을 가진 사람에게는, 삶의 현실에서 부딪치게 되는 그와 같은 극복의 아픔이 오히려 '문명악'과 싸워 이길 수 있는 면역력을 키워 정신적 건강을 지킬 수 있게 하는 각성의 진통임에 불과하다.

이처럼 인격의 완성이라는 긍정적인 시각에서 볼 때, 기존 가치 질서의 파괴나 변질은 역시 새로운 가치 질서의 형성과 정립을 위한 필연적인 과정이다. 물론 기존 가치 질서가 충격을 받고 아직 새로운 가치 질서가 이루어지지 못했거나 제도적으로 고착되지 못했을 때, 우리는 질서의 혼란 속에서 이른바 인간 가치의 부재로 불안감과 위기감마저도 체험할 수 있다. 이것은 계절이 바뀔 때 발병률이 높은 자연법칙과도 같다.

그럴 때 절실한 것이 바로 우리의 정신적인 투자이며, 인간성이 갖고 있는 욕망에 대한 자아 조절능력과 자아 공제능력이다.

코페르니쿠스와 같은 선각자들의 인생에는 문명의 창조를 위한 희생적 체험이 아프게 묻어있다. 육체적인 생명만을 영혼 없이 연장하는 삶은 서식 환경에 수동적으로 적응하면서 살아가는 동물적인 생명이나 다름없는 것이고, 어제, 오늘, 내일이 다를 게 없이 그냥 그대로 하나의 공간이 되어버린 삶은 흐르는 삶, 나아가는 삶, 상승하는 삶이 아니라 굳어버린 삶, 정지된 삶, 정신이 뿌리 뽑힌 식물인간과 같은 삶이다.

언제나 정신의 움직임이 있어야 한다. 의식, 지식, 지혜에 녹이 슬지 않게 끊임없이 참된 인생을 추구하고 문화적인 신변정리를 게을리하지 않으면서, 새로운 문화 질서, 삶의 질서를 마련하기 위해 현실을 아프게 그리고 역시 보람 있게 살아야 한다.

긍정적이고 참된 인간 가치를 실현하는 삶의 현장을 마련하기 위해 문명을 창조하고 건설하는 마당에 이른바 '문명악'이 문명과 함께 묻어 들어오는 것을 두려워하지 말아야 한다. '문명악'을 제거하기 위해 그 문명마저 거부해 버린다거나 외면해 버린다는 것은, 손톱이 길어졌다고 손가락까지 잘라버리는 미련한 짓일 수밖에 없다.

우리말에 '구더기 무서워 장 못 담글까'라는 속담이 있지 않은가!

명인일화에서 받은 계시

역사유물론은 인민 대중이 시대와 역사를 창조하는 진정한 주인공이라고 주장한다. 이에 반한 것이 위대한 인물이 역사를 창조한다는 이른바 '영웅사관'이다. 역사 발전에 대한 이와 같은 다른 역사관에 대하여 우리는 역시 역사적으로 사고해야 할 것이다.

'영웅사관'은 한마디로 지배계급의 역사관이고, 전근대적인 역사관이다. 인류가 원시사회, 노예사회, 봉건사회를 거치는 과정은 인간이 동물과 별반 다를 게 없어, 생명본능에 의한 단순노동과 종족 보존을 위한 후대 번식을 기본적인 존재 양식으로 하던 때였다. 아직 문명과는 거리가 멀고 생산력도 지식이나 지능과는 상관없는 단순 노동력에 지나지 않으므로 힘이 센 자가 왕 노릇하는 동물의 세계에서 다는 벗어나지 못한 것이었다. 동물의 세계에서는 힘이 센 자가 왕 노릇 하고 그를 따르는 무리는 절대적으로 순종할 뿐이다.

그러나 인간사회는 아무래도 동물의 세계와는 본질에서 전혀 다르다. 정신적인 동물로서 무한한 사유능력을 가진 인간은 사유가 발달할수록 사물에 대한 인식능력이 높아지고 분별력도 점점 강해지는 것이다. 그리고 그것은 신화나 전설이 현실적 인식에서 점점 멀어져 갈수록 사회를 바라보는 관념 변화를 일으키게 되는 것이다.

그리하여 통치자 또는 지배계급은 하층민들이 사회에 눈을 뜨지 못하게 하려고 어떤 제도적인 장치와 신성화된 왕권으로 피통치자들에게 '힘을 과시'하게 되는 것이다. 이를테면, 봉건사회에서는 왕의 얼굴을 용안이라 하고, 왕비가 잉태한 아이를 용종이라 하여 왕족을 일반 백성과는 태어날 때부터 귀천이 갈라지는 것이라고 하면서 원초적으로 차별화함으로써 왕권 세습을 정당화하였다.

이처럼 빈부와 귀천이 태어날 때부터 정해져 있으니, 사회를 이끌고 지배하고 변화시키는 것은 당연히 날 때부터 귀한 몸을 가진 자들이라고 할 수밖에 없었다. 이렇게 통치자와 피통치자, 확대하면 통치계급과 피 통치계급은 선택할 나위 없이 원천적으로 귀천이 갈라지는 것이라고 하는, 전근대적인 통치자 중심의 인식이 결국 '영웅사관'의 사상적 바탕이 된 것이라 할 수 있을 것이다.

그러나 인류가 전근대를 넘어서서 생산력이 고도로 발전하고, 인간의 존재 양식이 더는 생명본능에 의한 종족 보존에만 머물지 않고, 문명을 창조하고 삶의 가치를 추구하게 되면서 인민 대중은 결코 지배자가 아닌, 자기들 이익의 대변자를 찾게 된 것이다.

풍족한 물질적 부의 창조와 함께 사람들의 삶의 질이 향상되고 의식수준이 제고되고 사회민주가 최대한 보장되는 사회일수록 인민대중의 힘은 그만큼 더 커지는 것이고, 따라서 인민대중이 시대와 역사의 발전을 추진하는 원동력이 되는 것이다. 이제 인민대중은 힘이 센 자가 왕노릇 하는 '동물세계'에서 살고 있지 않으며, 더는 '양몰이'의 채찍에 고분고분 순종만 하는 '양 떼'도 아니다. 그래서 이 시대에는 영웅이 따로 없다.

인민대중이 시대 발전의 주인공이 된 민주사회에서는, 봉건사회에서 부르던 이른바 관리를 공공의 임무를 수행한다는 의미에서 공무원이라고 지칭하는 것 역시 시대와 역사의 발전에 따라 인민대중이 국가의 주체가 되었음을 바로 보여주는 것이다. 그것은 다만 형식적으로 이름만 바꾸는 데 그치는 것이 아니라, 왕족이니 귀족이니 하면서 혈통적인 귀천의 차이로 관리와 백성을 운명 짓던 것을 뒤엎고, 그 선택이 제도적으로는 모든 사람에게 열려 있음을 의미하기도 하는 것이다. 대중 속에서 나와 대중을 위해 책임지고 일하는 사람, 그래서 공무원을 인민의 공복이라고도 하는 것이다. 과연 그렇다면, 공무원이나 이른바 사회 지도자는 결국 그 사회를 책임지고 관리하는 '관리원'임에 다름 아니다. 그래서 이 시대에는 역시 절대적인 권력이란 없는 것이다.

그런 만큼 도덕과 질서와 법의 위에 군림하여 인민대중을 억압하고 농락하는 제왕적 지도자나 공무원은 결국 인민대중의 버림을 면하지 못하고 만다. 그래서 인민대중의 이익을 대변하고 인민대중이 맡긴 사회를 잘 '관리'하려는 지도자나 공무원이라면 청렴한 정치를 펴야 하고, 인재를 발견하고 보물을 발굴하는 혜안과 능력을 갖춰야 한다.

그런데 지금 이런 두 부류의 못난 지도자, 또는 공무원들이 있다. 한 부류는 능력은 있으되, 안락과 향수와 권세만 추구하면서 도덕과 질서와 법 위에 군림하여 백성을 억압하고 농락하는 자들이고, 다른 한 부류는 시대의 중임을 떠메고 책임을 다한답시고 요란을 떨고는 있지만, 워낙 아무런 능력도 없어서 '인재'도 '보물'도 가릴 줄 몰라 장님의 헛 막대질에 갈팡질팡하는 자들이다. 틀림없이 전자는 사회에 책임지지 않고 직책을 권력으로 쓰면서 백성이나 농락하고 사리사욕만 채우는 부패한 자들이고, 후자는 아무래도 부조리한 방식으로 선택은 되었으나 무능으로 하여 사물을 분별할 줄 모르고 몸을 사리면서 자리만 보존하는 자들이다. 전자이든 후자이든 결국에는 다 시대의 요청에 부응하지 못하고 대중의 원성 속에서 소멸될 수밖에 없는 사회발전의 걸림돌이라고 할 것이다.

지금 나라에서 내세운 이른바 현대화 건설은 능력이 있고 수양이 있는, 이른바 재덕을 겸비한 인재 수요가 많다. 이러한 수요를 맞추려면, 한편으로는 인재를 많이 발굴하고 양성해야 하고, 또 한편으로는 발굴한 인재를 적재적소에 쓸 줄 알아야 한다.

그래서 요청되는 것이 바로 천리마를 볼 줄 아는 백락과 같은 유능하고 현명한 사회지도자이다. 천리마는 항상 있지만, 백락은 항상 있는 것이 아니니, 세상에 '천리마가 없는 것'은 사실 없는 것이 아니라 백락이 없어서 발견하지 못한 것일 뿐이다.

'명인들의 일화'에서 이런 이야기를 읽은 기억이 있다.

어느 날 오스트리아의 저명한 작곡가 요한 슈트라우스(2세)가 집에 왔다가 어지러워진 옷들을 벗어놓고 다시 새 옷들을 갈아입고 나간 후, 그의 아내 티제가 남편이 벗어놓은 옷가지들을 뒤적이다가 그의 적삼 소매 끝에 오선보가 가득 쓰여 있는 것을 발견하고 입으로 흥얼거려보니 곡이 과연 우아하고 듣기 좋았다. 그래서 그녀는 그 적삼을 꺼내어 한 쪽에 따로 두었다. 그런데 티제가 일이 있어 잠깐 밖에 나갔다 오는 사이에 세탁소 일꾼이 다른 옷들과 함께 그 적삼까지 걷어가 버렸다. 안달이 난 티제는 온 시가지의 세탁소란 세탁소들을 참빗질하듯 훑었지만 적삼의 행방은 묘연하기만 하였다. 사맥이 풀린 그녀가 집으로 돌아오는데 한 주막집 부인이 그녀한테 으슥한 곳에 자리 잡은 조그마한 세탁소를 알려주었다. 그녀는 행여나 하고 그 작은 세탁소를 찾아갔다. 그녀가 금방 세탁소에 들어서는 그때, 공교롭게도 세탁공이 그 적삼을 비눗물에 막 담그려고 서두르고 있던 참이었다. 티제는 그 세탁공한테 와락 달려들어 적삼을 낚아챘다. 천만다행이었다. '구사일생'으로 건진 이 '적삼소매 곡'이 바로 저 세계음악사에 불후의 명작으로 길이길이 빛나는 원무곡 '아름다운 다뉴브강'이라고 한다.

만약 티제가 음악을 감상할 줄 몰랐더라면, 그 '적삼소매 곡'이 명곡임을 알지 못했을 것이고 그처럼 애가 타지는 않았을 것이다.

만약 하늘 끝까지라도 찾아갈 듯한 티제의 끈질긴 노력이 없었더라면, 이 명곡은 그냥 볕을 보지 못한 채 길거리의 한 자그마한, 보잘것 없는 세탁소에서 한심하게도 그냥 세탁되고 말았을 것이다.

대중과의 약속으로 관리되는 사회는 인재를 발견하고, 보물을 발굴할 줄 아는 유능한 '관리자'가 절실히 필요하다.

신화와 전설로 이루어진 영웅시대를 지나온 인간사회는, 오랜 역사과정을 거쳐서 이제는 인민대중이 시대와 역사의 발전을 추진하는 주인공이 된 시대를 열어가고 있다. 이 시대에는 영웅이 따로 없고 절대적인 권력이란 존재하지 않는다.

그러나 국가나 사회는 필경 원시공동체처럼 또다시 공동소유, 공동노동, 공동분배로 절대적인 평등을 이루기는 어려울 것이다. 잉여가치의 창조로 사적 소유가 생긴 이래 인간의 평등과 평화는 합리적인 제도적 장치에 의해 상대적으로 보장될 수밖에 없고, 그래서 국가나 사회는 그런 제도적 장치를 작동시키고 운영해가는 일꾼이 필요할 수밖에 없다. 그러한 일꾼이 바로 공무원 또는 사회지도자이다.

물론 이들은 왕족이요, 귀족이요 하는 우월한 혈통에 의해 권력을

'운명적'으로 세습 받은 것이 아니라, 대중적인 합의를 거쳐서 만들어진 사회 제도적인 장치에 의해 선택된 것인 만큼 대중 속에서 나와 다시 대중의 감독을 받지 않을 수 없다.

그렇지만, 영웅이 없는 시대, 절대적인 권력이 없는 시대에 다만 사회를 관리하는 직책일지라도 공무원, 사회지도자의 역할은 매우 크고 중요한 것이다. 그들은 이 사회를 발전시킬 수도 있고 퇴보시킬 수도 있다. 왜냐하면, 그들은 비록 대중 속에서 나왔지만, 일단 사회적으로 선택된 위치에 서게 되면, 대중으로부터 인정받은 제도적 장치에 의해 권력을 위임받고 아이러니하게도 대중의 위에 군림하여 권력을 행사하기 때문이고, 또 설령 그들이 권력을 휘둘러 대중에게 상처를 주고 사회에 피해를 주어 대중의 원성을 산다고 해도 교묘하게 제도적인 보호를 받을 수 있기 때문이다. 그래서 권력이 있는 자 선하면 만 사람이 덕을 입고 악하면 만 사람이 해를 입는다고 하는 것이다.

그러나 궁극적으로는, 대중의 버림을 받은 자는 아무리 권력이 막강하다고 해도 결국에는 스스로 판 무덤에 묻히고 말 운명이다. 영웅이 없는 시대, 절대적인 권력이 없는 시대에는 아무래도 대중이 폭풍이나 지진, 또는 화산과도 같은 힘을 갖고 있기 때문이다. 그만큼 대중의 의식이 깨어있을수록 권력의 힘은 약해지기 마련이다.

대중의 선택을 받은 자는 언제나 대중에 감사한 마음을 가져야 한다.

배를 곯은 성냥갑

우리 집에서 성냥의 용처는 주로 내가 담배를 피울 때 하고 부엌 아궁이에 불을 지필 때이다. 폭죽을 터뜨리는 거야 춘절이 되면 새해를 맞아 귀신을 쫓는다고 하여 일 년에 한 번쯤이나 있을 법한 일이고, 간혹 정전되어서 촛불을 켤 때도 있지만 요즘 들어서는 송전이 잘 되어서 그것도 그렇게 너무 자주 있는 일은 아니다.

담배 피우는 사람은 항상 주머니에 성냥을 갖고 다녔는데, 한 사무실에 있는 사람들은 성냥을 아껴 쓸 요량으로 한 사람이 담배를 거의 태울라치면 다른 사람이 담배를 맞불질하여 불붙였다. 그래서 궐련이 심심하다고 잎담배를 말아 피우는 사람은 아예 하루 피울 잎담배를 미리 말아두기도 했다. 어떤 이의 사무 상 위에는 어린이들이 가지고 다니는 필통이 놓여 있었는데 열어보면 그 안에는 연필이 아니라 말아놓은 담배가 가득 들어차 있기도 했다. 때로는 태우던 담배가 거의 타들어 가는데 담배를 피우는 사람이 없으면 손가락이 뜨겁다고 아우성을 치면서 빨리 담뱃불을 가져가라고 야단치기도 한다. 물론 담배 피우는 걸 내기라도 하듯 겨끔내기로 피웠으니 반은 장난이 섞여 있었다.

아무튼, 그러다 보니 파란 종이로 포장된 성냥을 포장 그대로 사 오면 일 년을 쓰고도 남았다. 성냥 한 포장에 열 갑씩 들어있는데 갑마다 성냥개비들이 성냥갑을 들치고 나올 듯이 볼록하게 들어찼었다.

그런데 요즘 들어서 그렇게 배불뚝이 개구리처럼 배가 통통 튀어나오기만 했던 성냥갑들이 무슨 기근이라도 들었는지 배들마다 홀쭉하게 들어가 버렸다. 성냥이 한 갑 축나는 시간의 주기가 그전보다 훨씬 빨라졌다. 들어보면, 주머니에 성냥을 가지고 다니는 담배 꾼들이라면 누구나 다 체감하는 일인 것 같았다.

나는 새로 사 온 성냥을 포장을 뜯고, 한 갑 한 갑씩 배를 맞춤하게 채워보았다. 그랬더니 자그마치 세 갑이나 배를 몽땅 털리고 빈 갑으로 나앉았다. 전에 사 온 성냥처럼 그렇게 배불뚝이로 먹이지 않고 그냥 성냥갑 높이만큼 보기 좋게 넣었는데도 말이다.

언제부터 인심이 이렇게까지 야박해졌을까. 몇 년 전까지만 하여도 우리가 살아가는 세상이 이렇게까지 인정이 메마르고 인심이 야박하지는 않았었는데. 아마도 그때는 사람들이 아직 시장경제에 여섯 눈을 뜨지 못하고 돈의 맛을 몰라서 그랬나 보다.

전에는 이른바 다 같이 잘 사는 사회를 건설한답시고 배급제를 실시하고 상품마저 공급을 위주로 하다 보니, 상품의 생산가치에 따라 가격, 나아가서는 물가를 획정하는 것이 아니라 행정적인 방법으로 관리하였었다. 그 결과는 좋은 것이 있으면 서로 나누고, 어려운 것이 있으면 돕지는 못해도 동정은 아끼지 않는, 그런 '시골인심'은 그대로 계승하고 보존할 수 있었으나, 어쩐지 사람들의 사회생활과 물질생활만은 도리어 점점 어려워지기만 하였었다.

그래도 그때의 상품들은 투박하고 거칠었지만 오히려 튼튼했고, 농산물들이나 산나물들은 싱싱하고 공해가 없는 녹색 식품이었다.

그런데 지금은 참 많이도 변했다. 물론 기본적인 추세는 긍정적으로 발전적으로 변화해 가는 것은 사실이지만, 그 속에서 경제에 어섯 눈을 뜨고 돈의 맛을 알게 되면서 싹트고 자라고 팽창하는 사리사욕 또한 문명과 함께 찾아온 '문명악'이라고나 할까, 여러 가지로 부조리한 사회현상을 불러일으키고 있는 것도 간과하거나 외면할 수 없는 현실이다.

사리사욕이 불러온 가장 뚜렷한 사회현상이 속임수와 가짜가 온 사회에 만연하고 있다.

배불뚝이 성냥갑이 갑자기 배가 홀쭉하게 들어가서 일곱 갑이 열 갑으로 둔갑한 것도, 표면적으로만 보면 결코 가격 인상을 한 것이 아니지만, 기실은 수량을 줄여 소비자들의 지출을 높이는 것으로 값을 올리는, 변형된 방식을 교묘하게 이용한 암묵적인 가격 인상이라고 할 것이다.

시장이나 거리의 점포들에서는 거의 매일같이 '특가판매, 300원짜리를 100원에 대폭 할인'과 같은 행사들을 벌이는데, 실제 알아보면 워낙 부르는 값이 100원인 것을 300원으로 높이고는 대폭 할인을 한 것처럼 고객을 유혹하는 속임수인 것이었다.

또 어떤 점주는 아예 노골적으로 "망해서 창고를 비웁니다, 물건을 헐값에 처리합니다." 하고 소리치지만, 한 달 후에 가 봐도 계속 망했다고 소리치면서 또 다른 물건들을 내다 팔고 있었다.

식당에 가면, 어항 속에서 팔팔하게 살아 움직이고 있는 물고기들을 보여주면서 싱싱하고 오염이 없는 물고기라고 너스레를 떨고는, 뜰채에 담아들고 주방으로 들어가자마자 냉큼 냉장고에 얼리어 두었던 거로 바꿔치기하는 재치도 주저치 않는 현실에 고객은 눈을 뻔히 뜨고서도 속수무책으로 당할 수밖에 없었다.

시장에서 장사꾼들이 저울질할 때 새끼손가락으로 은근살짝 저울대를 받쳐준다거나, 주머니에 담을 때 밑에서 살짝 덜어내거나 미리 양이 적게 담아놓은 것을 바꿔치기한다거나, 심지어는 어류나 육류 같은 것에 물을 주사해 넣는 등 참으로 그 속임수가 교묘하고 방법도 부지기수이다.

상표를 조작하여 명품으로 둔갑시키거나, 야채에 색소를 주사하여 보기 좋고 먹음직스럽게 가공하는 것과 같은 가짜는 더구나 세려야 셀 수도 없을 만큼 많고 그 수단 또한 놀랄 만치 교묘하고 치밀하다. 그런데 그런 가짜들이 거의 우리 생활의 모든 영역에 걸쳐 판을 치고 있는데도, 도저히 대응할 방법이 없어 그냥 무방비 상태에서 당할 수밖에 없음에 너무 황당하고 한심하다는 생각과 함께 무기력한 감탄마저 하게 되는 것이 지금 우리 생활의 현실이요, 우리 사회의 현주소이다.

고객을 속이고 가짜가 성행하는 것은, 물질적 부가 늘어가자 사람들의 물질적 욕구도 점점 높아가면서 돈의 가치를 절대적인 것으로 여기게 되고, 그에 따라 사리사욕이 팽창하게 된 것이 근본적인 원인이다. 또한, 이처럼 사람들의 물질적 욕구나 그 욕구의 팽창으로 사리사욕이 커지는 것은 인간의 본능적인 점유욕에서 기인하는 것이라고 할 수 있다. 그런데 무한한 사유능력을 갖추고 있는 인간은 만약 그러한 본능적인 점유욕에 제동을 걸고 정신적으로 문명해지려는 마음의 장치가 없다면 동물보다 훨씬 다욕하고 사악해질 수 있다.

그리고 인간의 이런 본능적인 점유욕은 결코 사회 환경이나 사회생활의 변화에 따라 저절로 없어지지는 않는다. 그런 만큼 그 스스로가 정신적으로 문명해지려는 노력이 필요한 것은 두말할 것도 없지만, 도덕적으로 문화적으로 차원이 서로 다른 사회구성원들을 하나의 문명한 질서 속에서 약속을 지키게 하려면, 그 사회구성원들이 물질적 재부와 함께 정신적인 승화를 이루어낼 수 있도록 강제적으로 억제하고 이끌어 갈 수 있는 법 또는 사회 제도적인 장치를 온전하게 정비하거나 새로 세울 것이 시대적으로 요청되는 것이다.

사람은 물질적인 욕구가 강렬한 것만큼이나 또 물질적인 손실에 대해서 매우 민감하고 방어적이라고 할 수 있다. 이미 소유하고 있던 것을 잃는다는 것은 실제로 손실을 보는 것이므로, 그것은 어쩌면 욕심내는 것을 가지지 못하는 것보다 훨씬 가슴 아픈 일일 수 있다. 가지지 못한 것은 워낙 내 것이 아니었다고 자아 위안이라도 할 수 있겠으니 말이다. 아무튼, 그러고 보면 더 가지려는 욕심과 절대 손해를 보지 않으려는 욕심은 이기심의 쌍둥이라고 할 수 있을 것이다.

그렇다면, 이제부터 타인을 속이고 가짜를 팔아먹는 행위를 하는 사람들이 법 또는 사회 제도적인 장치에 의해, 얻는 것보다 엄청난 손해를 감당하도록 하게 하면 어떨까.

그렇게 하여 얻은 이익보다 훨씬 큰 손해를 보게 되었는데도 또 감히 타인을 속이고 가짜를 팔려고 한다면, 그는 경영을 모르는 아둔한 사람이 아니면 정말로 성실한 사람이기를 포기한 악질적인 간상이라고 할 수밖에 없다.

중국의 사자성어에 물극필반(物極必反)이란 말이 있다. 우리말로 풀이하면 사물의 전개가 극에 달하면 반드시 반전하게 된다는 뜻이다.

상품의 생산 목적은 당연히 경제수익을 내려는 데 있다. 그리고 그

목적을 실현하는 것은 공급과 수요라는 시장원리를 따르게 된다. 그런데 어떤 공급이고 어떤 수요인가 하는 실질적인 상황에서 시장원리를 운운할 때, 생산자 또는 경영자는 무엇보다도 먼저 수요자, 즉 소비자의 이익을 보호해주어야 한다. 왜냐하면, 수요자 또는 소비자의 입장에 서서 볼 때, 수요자 또는 소비자의 이익을 침해하는 이른바 '공급'은 결코 소비자의 진정한 '수요'를 만족시킬 수 없으므로 지속해서 시장을 확보하거나 확대할 수는 없기 때문이다.

그리고 만약 경영행위에 대한 법적관리가 경제적인 불이익뿐만 아니라 법적인 책임까지 엄중하게 묻는다면, 소비자의 이익을 해치거나 심지어는 인명까지를 위협하는 간상행위는 경영자로 말할 때 스스로의 파멸을 의미하게 되는 것이다.

진정으로 공급과 수요의 시장원리에 따라 투명한 경영을 하려고 한다면, 높은 이윤을 우수한 상품으로 시장을 확보하고 확대하는 데서 추구하여야지, 교묘한 속임수나 불순한 가짜로 소비자들한테서 빨래를 비틀어 짜듯이 짜내려고 해서는 안 된다.

사실 소비자들의 이익을 보호하는 것은 생산자나 경영자가 그 자신을 보호하는 가장 바람직한 수단이기도 하다. 왜냐하면, 경영의 핵심은 뭐니 뭐니 해도 시장 확보이고 시장 확보는 소비자들의 신용을 얻어야만 가능하기 때문이다. 소비자들의 신용을 얻지 못한다면, 제 아무리 경영술이 뛰어나고 감언이설로 소비자를 유혹할 만한 말재주가 있다고 하더라도 결국에는 소비자들의 마음이 멀어지게 되고, 그 결과는 본래의 시장마저 잃게 될 수밖에 없는 것이다. 누구의 탓도 아니고, 그 자신이 지나친 욕심 때문에 과욕적인 행위를 한 것이니만큼 이는 일종의 만성자살이나 다름없는 것이다.

그러므로 생산자, 또는 경영인은 그들이 종사하고 있는 생산, 또는 경영을 인간의 삶의 질적 향상을 위해 물질적 재부를 창조하는 사회 실천적인 행위로 인식해야 한다. 다시 말하면, 물질적인 재부를 창조하는 사회 실천적인 행위 역시 오직 정신적 부의 축적을 토대로 하여야만 인류 문명에 기여할 수 있는 것이다. 이는 결국 생산자 또는 경영자들도 인간의 삶의 가치를 높이고자 물질문명을 창조한다는 그런 정신적인 독방을 마련해야 하는 이유이다.

그리고 사회적인 측면에서는, 물질적인 부의 증대와 함께 날로 팽창하는 사람들의 물질적인 욕구를 적당히 억제하고, 정신문명 건설을 추진하고 보장할 수 있는 법과 사회 제도적인 장치를 시급히 마련해야 한다.

사회가 요청하는 것은 간상이 아니라 인성을 갖춘 참된 사회 경영인이다.

낭만과 광열

새 생명을 잉태한 임신모의 출산 전의 진통처럼 변혁의 모진 진통 속에서도 더욱 아름다운 내일을 믿고 웃음 짓는 고향의 모습, 그 속에서 내 고향의 정다운 얼굴들이 자유를 본다. 자유를 만끽한다. 얼마나 갈망하던 자유이더냐.

일본 제국주의 침략자를 이 땅에서 몰아내고 마침내 인민이 이 나라의 어엿한 주인이 된 지도 어언 사십 년이란 기나긴 세월이 흘러갔지만, 회오리치는 강력한 태풍처럼 이 땅을 휩쓸어버린 '혁명적 운동'들이 거의 수십 년 동안을 릴레이처럼 끊임없이 이어지면서, 인민들마저 '혁명가' 또는 '혁명적 대중'으로 단련시켰다. '혁명가' 또는 '혁명적 대중'으로서 그 시대를 살아온 사람들은 인생 그 자체가 그야말로 전투적이고 혁명적이었다. 모든 것을 혁명하는 시대에는 당연히 일상의 생활마저도 치열한 전쟁터를 방불케 하였다. '복벽을 꿈꾸는 계급의 적'들과의 '계급투쟁'은 끊임없이 진행되었고, 자본주의의 퇴폐한 생활방식과의 싸움은 한시도 멈춘 적이 없었다.

개인이 텃밭을 가꾸어도 자본주의 '소생산(小生産)'이요, 꽃무늬 옷을 입어도 퇴폐적인 자본주의 생활방식에 물든 것이요, 사랑하는 처녀 총각이 아이를 낳아도 도저히 용서받을 수 없는 패륜의 행위였다.

'혁명적 낭만주의'라는 말은 있지만, 자유란 말은 없었다. 어떤 역경도 이겨내고, 심지어는 죽음 앞에서도 혁명적 기개를 굽히지 않는 것을 '혁명적 낭만주의'라고 하고 자유는 '개인주의'와 등호를 쳤으니, '혁명가'에게는 자유란 가당치도 않은 사치이고, 혁명에 대한 배반이었다.

그러고 보니 우리 세대도 자유에 대해 생각해 본 적이 없는 것 같고, 아예 자유란 말을 입에 올려 본 적도 없는 것 같다. 아니다. 개인적으로 독서를 하면서 방지민 열사의 시를 거의 암기할 정도로 읊은 적이 있었다.

> 사람 나드는 문 꽁꽁 잠겨있고
> 개구멍만 활짝 열려있는데,
>
> 기어 나오라, 자유를 줄 테니
>
> 내 비록 자유를 갈망한다만,
> 사람이 어찌 개구멍으로 기어나가랴
>
> 열화와 끓는 피 속에서 영생하리라.
>
> -방지민의 「옥중에서」

참으로 멋지고 지조 높은 시였다. 홍군 제10군단 군정위원회 주석이었던 방지민이 1934년 11월 환남에서 7배나 되는 중무장한 국민당군과 싸우다가 중과부적으로 생포되었을 때, 적의 회유에 넘어가지 않고 희생되기 전에 남긴 시다. 그야말로 신념을 초개같이 버리고 절개를 갈대처럼 굽히는 비굴한 자들한테는 비수같이 날카로운 시다. 생사를 판가름하는, 절대적 대항의 현장에서 신념과 절개를 지키려면 당연히 자유를 버릴 수밖에 없다.

그런데 인민의 나라에서 자유란 단어가 사라진 것은 아무래도 정상적이라고는 할 수 없을 것이다. 봉건 속박에서의 해방, 계급 착취에서의 해방, 식민지 억압에서의 해방은 자유를 의미하는 것이 아니었던가. 해방이란 것이 워낙 '속박하거나 가두어 두었던 것을 풀어서 자유롭게 한다'라는 뜻인데 자유롭지 못하면 해방을 받지 못한 것이 아닌가.

자유가 없는데 어찌 낭만이 있을 수 있겠는가. 자유는 낭만이 꽃피는 토양과도 같은 것이다.

그래서 요즘은 사상해방이라는 말을 많이 하는 것 같다. 세상은 변했는데 생각은 바뀌지 않았다는 걸 의식하였기 때문일 것이다. 워낙 사람들의 생각이 세상을 바꾸는 것이다. 그런데 일단 세상이 바뀌면 사람들은 도리어 그 바뀐 세상을 지키려고만 급급해하다 보니 다시 세상의 속박을 받게 되고 만다. 하기에 사상해방이라는 것은 인간을 속박하는 틀과 장치를 끊임없이 허물고 새로운 틀과 장치를 마련하는 무한 반복의 인식 과정일 수밖에 없는 것이다.

그런 까닭에 우리의 자유를 속박하는 여러 가지 틀과 장치를 해제해 버리고, 개인, 개성, 자유를 보장하는 더 자유롭고 낭만적인 삶의 광장을 마련하려는 움직임들이 참으로 보배롭기만 하다. 비록 변화와 혁신이 아픔과 혼돈을 가져온다고 해도 그것은 어차피 긍정적이고 밝은 미래를 출산하기 위한 아픔이다.

강변에 아담하게 자리 잡은 4층 과학기술청사의 창문들에서는 밤늦도록 탐구의 불빛이 밤길에 내리덮은 검은 장막을 헤가르며 오늘과 내일을 이어주려는 듯 꺼질 줄 모르고 흘러나온다.

그리고 그 길 건너편에 있는, 외형은 허술해 보이나 실내를 화려하게 장식한 댄스홀에서는 경쾌한 음악소리가 어둠 속의 정적을 실어 저 멀리로 떠나보내려는 듯 그칠 줄 모르고 흘러나온다.

실로 변화하고 약동하는 오늘의 시대를 한 몸 뿌듯이 감지하게 하는 시대의 축도 앞에 서 있는 듯한 심정이었다.

그런데 그런 변화와 약동을 눈으로, 마음으로 직접 체험해 보려고 취재수첩을 가방에 넣어서 두 현장을 찾았을 때, 나는 그 두 곳이 그렇게도 극명하게 극과 극을 이루면서 변질된 사유가 마치 유령처럼 떠돌아다니는, 곰팡이 끼고 있는 '지옥'임에 놀라움을 금할 수 없었다.

댄스홀에서는 그 아름답고 경쾌한 음악 속에 과학기술청사를 비방하는 저속한 잡음도 동반되어 은은히 흐르고 있었다.

'책벌레들이 꽉 들어찬 벌레통이야', 그 말에, 달리 어떻게 형용할 수 없을 정도로 형상적인 개괄을 했다고 짝짝 손뼉을 치며 하는 맞장구 소리도 장단처럼 음악의 선율에 어울려 귓가에 들려왔다.

그 순간, 참 이들도 '잘난 인간'들이구나 하는 생각이 들었다. 자기가 즐거우면 자기나 즐기면 될 일이지, 왜 자기 삶의 방식을 들어 함부로 남을 헐뜯을까. 그냥 즐기면 모르되, 괜히 열심히 일하는 사람들을 비웃는 모습을 보노라니 문득 순간적으로 '신선놀음에 도끼자루 썩는다'라는 속담이 떠올랐다.

그런데 심정이 참 묘했다. 어쩐지 그네들의 저속한 욕지거리에 강하게 거부감을 느끼면서도, 한편으로는 또 '생활을 모르는 책벌레'들이

가련하고 측은하다는 생각도 동시에 갈마드는 것이었다.

'휴식할 줄 모르는 사람은 일할 줄 모르는 사람'이라고 레닌이 말했던가. 참으로 옳은 말인 것 같다. 인생이란 것이 오직 일하는 것 하나뿐이 아니고, 또 일하기 위해서 사는 것도 아니지 않은가. 돈을 버는 것도, 일하는 것도 어떤 희망 사항이 있고, 인생의 목표가 있어서 하는 노릇일 것이다. 결국, 돈을 버는 것도, 일하는 것도 삶을 영위하는 방법과 수단일 뿐이지 결코 인생의 목적 그 자체일 수는 없는 것이다. 그리고 일을 한다고 해도 휴식도 없이 끊임없이 무한 반복만을 한다면 별로 효율이 크지도 못할 것이다. 더군다나 일이 결코 인생의 전부는 아닌 만큼, 인생을 부지런히 가꿀 줄도 알아야 하지만 그 여가를 충분히 즐길 줄도 알아야 한다. 그렇게 인생의 황혼이 물드는 그때까지 오직 '골방구석탱이'가 되어 곰팡이 낀 책과만 씨름한다면, '아름다운 이상'이나 '원대한 포부' 따위는 가져보지도 못한 나로서는 별로 이해가 안 되고 그렇게 바람직한 인생이라고는 여겨지지 않았다.

그런데 과학기술청사에 가보니 거기에서도 역시 건너편 댄스홀을 비하하는 저속한 욕설이 간간이 들려왔다.

'네 배때기야, 내 배때기야, 참 도시의 쓰레기들이 안고 도는 쓰레기통이야', 그에 호응하여 뒤따르는 손뼉과 폭소가 조용하던 집안을 무닐 듯한다.

하긴 그것은 오늘에 내일을 이어 무위도식하면서 허송세월이나 하고, 밤낮 눈이 맞아 돌아가면서 가정의 불화를 초래하고 심지어는 사회의 도덕적 질서를 어지럽히는 그런 허무맹랑한 '무도쟁이'들을 가리켜 욕하는 말일 것이다. 그러면서도 어쩐지 한편으로는 또, 고요한 호수에 돌멩이를 풍덩 던지듯이 괜히 자기들의 안정된 심경을 흔들어대는 '놀이꾼'들에 대한 '질투'에 가까운 과민반응이기도 한 것 같았다.

흙을 담은 가마니는 홍수를 막을 수 있어도 텅 빈 가마니는 개울물에도 쉽게 떠밀려 간다. 실속이 없는 인생은 즐거움도 한때요, 자칫 놀음이 고름이 되기에 십상이다. 머리가 텅 빈 인간의 이른바 자유는 고삐풀린 말처럼 제동장치가 없어 도를 넘으면 그냥 방탕함으로 전락할 수도 있다. 야근한다며 시어머니나 남편을 속이고 아이까지 팽개치고 매일매일 새날이 되도록 무도장에만 붙박여 있는 며느리나 아내, 어느 무도장 여인에게 매료되어 한 달 노임을 '무도장 애인'한테 몽땅 밀어넣는다는 '애정적인 사나이', 실로 이러한 '무도장 야사'는 넘쳐날 지경이다.

아무래도 인성의 고갈, 개성의 억압, 자유의 속박에서 금방 해방된 인간들이 자유를 편식하고 과식하고 있는 것 같다. 물론 사회에 더 밝고 민주적이고 활발한 자유가 주어질 때 그만큼 인간의 창조적인 힘은 커지는 것이고 사회의 성장도 빨라질 것이고 인생의 가치도 높아질 것만은 사실이다. 그러나 그것은 어디까지나 어떤 질서 속에서 이루어지는 자유여야만 할 것이다. 아무런 약속력도 없고 아무런 제동장치도 없는 무절제한 '절대적인 자유'라면, 오히려 '사회건강'에 해로울 것이고 개체인생에 비극의 씨앗이 될 수도 있다. 오직 성장하고 발전하려는 상승적인 경쟁력을 가지고 있는 사람한테만이 자유는 삶의 즐거움이 될 수 있고, 성장의 에너지가 될 수 있고 발전의 동력이 될 수 있다. 모든 사물은 지나치면 역효과를 발생한다. 과식은 불식보다 못하다는 말이 있다.

옛날 한 훈장이 아이들한테 너무도 혹독하게 굴어서 아이들의 원한을 크게 사게 되었다. 아이들은 한번 훈장을 단단히 혼내리라 별렀다.

동지팥죽을 먹게 되자 급장이 먼저 훈장을 집에다 모셨다. 그런데 급장네 집에서 팥죽 한 그릇 넘쳐나게 먹고 금방 밖에 나서자 또 한 어린이가 자기 집에 훈장을 청했다. 그렇게 아이들이 너도나도 청하자 훈장은 이제는 배가 불러서 먹을 수 없다고 사절했다. 그러자 아이들은 눈물까지 흘리면서 왜 그 애들의 낯만 봐주고 자기들의 성의는 무시하는가고 항의했다. 훈장은 할 수 없이 울면서 겨자 먹기로 한집에서 한술씩이래도 뜨는 시늉을 해야 하였다. 겨우 몸을 일으켜 맨 마지막 집을 나서던 훈장은 올챙이배처럼 탱탱 불어난 배를 붙안고 걸음도 바로 걷지 못했다. 훈장은 너무도 괴로운 나머지 터질 듯한 배를 두드리면서 하늘을 바라고 '아, 과식은 불식보다 못하도다' 하고 개탄했다고 한다.

자유를 편식하거나 과식하는 사람들, 사회의 성장과 개체의 발전과는 무관하거나 심지어는 해로운 이른바 '자유'라는 금단의 열매를 선택 없이 따먹는 사람들은 자칫 질탕한 방종 속에서 마음이 썩어갈 수 있다. 하나의 집단으로 사회를 살아가는 인간에게는 질서 속에서의 선택된 자유가 있을 뿐 무절제한 절대적인 자유란 있을 수 없다. 혹자가 그런 자유를 얻었다면 그는 틀림없이 사탄이 준 '금과'를 따먹은 것이리라.

한편, 새로운 생각과 해방된 사상, 그리고 미래지향적인 인식으로 이 세상을 바꾸려고 노력하는 '책벌레'들도 적당히는 인생을 즐길 줄 알아야 한다. 인생을 즐길 줄 모르는 사람이 어찌 진정한 자유를 알 수 있겠는가. 인간의 궁극적인 목적과 이상은, 인간의 인식능력과 가치판단의 변화 또는 향상에 따라 최대한 접수 가능한 수준의 자유를 얻는 것이라면, 진정한 자유가 무엇인지 모르는 사람들이 결코 인간의 현실적인 한계를 극복하고 질적으로 더욱 향상된 인생의 가치를 창조할 수 없다. 오직 목표가 뚜렷하고 진정으로 삶의 의미와 가치를 안다면, 여가의 즐거움이 도리어 에너지를 보충하는 수단이 될 수도 있다는 것을 알아야 할 것이다.

국가에 의해 선택 여지가 없이 강요되었던 '집단주의'는 사회구성원들이 자아를 상실하게 하였고, 물품을 생산해내는 기계와 다른 바 없었던 국가 이데올로기가 '혁명'이란 '상표'를 붙여 생산해낸 '생산품'으로 전락하게 하였다. '혁명'과 '계급투쟁'을 기본으로 하였던 사상체계에서 그렇게 '혁명가'나 '혁명적 대중'이라는 '물품'으로 생산된 그들의 주 성능은 바로 '혁명성'이었다. 하기에 일도, 생활도, 사랑도, 모든 것을 '혁명적'으로 대하는 것이 바로 그들의 가장 기본적인 특성이다. 이러한 '혁명성'에 요청받은 '금욕주의'는 개인, 개성, 자유 따위를 철저하게 감시하고 억압하였다.

그러다가 어느 날 갑자기 개혁개방이요, 사상해방이요 하면서 '금욕주의'의 울타리를 허물어버리고 '자유의 광장'을 활짝 열어놓았으니, 거기에는 결코 청신한 공기, 맑은 물, 찬란한 태양만 있는 것은 아니었다. '악마의 손'이 여기저기에서 '기어 나오라, 자유를 줄 테니'를 외쳐대며 손짓하고 있다. '과학기술청사'의 '책벌레'들은 바로 그 '악마의 손'만 보고 질겁하고 있고, '댄스홀'의 '쓰레기'들은 그 '악마의 유혹'에 '방탕함'을 '자유'로 착각하고 만끽하고 있다.

그러나 그것은 '혁명적 대중'에서 보통의 '사회 인간'으로 다시 태어나는 과정에서 어쩔 수 없이 겪게 되는 아픔이요, 혼돈일 뿐이다. 한 번쯤은 과식해 봐야만 '과식은 불식보다 못하다'라는 이치를 깨달을 수 있는 것처럼, 역시 새로운 삶의 광장에서 스스로 부딪치고 경험해 봐야만 비로소 '자유'란 상표를 붙인 새로운 인생을 영위해 갈 수 있을 것이다.

자유의 낙원으로 가자. 하지만 낭만을 광열과는 바꾸지 말라.

입맛이 변했습니다

어느 유치원에서 겨우내 움에 저장해 두고 어린이들에게 먹이던 감자가 어느덧 진달래가 피는 새봄이 찾아왔는데도 다 먹지 못하여 싹이 움트도록 무드기 남게 되었다.

이때쯤이면 음지에서 시들고 속이 비어가던 가을 저장물들은 싱싱하고 파릇파릇한 봄 남새들에 밀려나 쓰레기장에 버려지는 것이, 건강원리가 음식문화에 자리매김함에 따라 거의 상식화되고 있다.

그런데 그런 건강원리를 교육자가 모를 리는 없건만, 이 유치원에서는 '세간살이'를 물이못나게 해서인지, 아니 저장하는 것부터 계산적으로 못되었으니 그냥 아까워 버릴 수 없다거나 낭비는 죄악이라는 순수한 절약원칙을 지켜서 인지 아무튼 생각을 굴리던 끝에 어린이들한테 감자떡을 해 먹이기로 하였다. 귀하면 보배라고 어쩌라고 해 먹이는 것이니 생활개선인 셈이다. 우리가 어렸을 때는 일 년 중에 감자떡을 해먹는 일이 한두 번뿐이었고 그것은 일종의 특식이었다.

온종일 팔이 시큰하도록 감자를 씻고 깎고 썰고 갈고 하느라 허기진 대가로 어른들이 먼저 지져 먹는 것도 당연한 일이겠다. 겨 가루가 섞인 옥수수떡이래도 배불리 먹을 수만 있다면 원 없던 세월을 넘어온 어른들이라 크게 입맛에 맞고 안 맞고 할 것도 없이 감자떡을 맛깔스럽게 먹었다.

그런데 여기에 유치원 어린이들이 등장하였다. 한 교양원이 학부모가 오지 않아 그냥 남아있는 두 어린이를 데리고 온 것이었다. 내일의 감자떡 소비자가 간식으로 좋아할지 미리 알아보자는 심산이었다. 이런 떡을 처음 보는 애들의 눈에는 호기심이 대롱대롱 매달렸고 입에는 군침이 감돌았다.

애들에게 떡을 쥐여준 어른들은 음식 대결에서 심사위원의 심사평을 기다리는 마음으로 그 결론이 궁금하였다. 그러면서도 마음속으로는 자기들이 어릴 때 그렇게도 애타게 기다려서 먹어보던 음식이니만치 꼭 맛있어할 거라는 강박 결론을 앞세우고 있었다.

그런데 그들의 생각은 보기 좋게도 빗나가고 말았다. 두 아이는 약속이나 한 듯이 떡을 도로 내려놓으면서 안 먹겠다고 하였다. 그러고는 그렇게도 유혹하던 그곳을 떠나면서 저희끼리 주고받는 것이었다.

"감자떡 맛이 없지."

"응. 난 별것인가 했어."

그 애들의 수작을 조마조마한 마음으로 살펴보고 있던 교양원들은 한동안 기가 막혀서 그냥 서로를 멀뚱멀뚱 쳐다보다가 마침내는 지뢰 터진 듯 일시에 폭소를 터뜨리고 말았다.

"애들두, 참"

어쩔 수 없다는 듯 그저 이 한마디뿐이었다. 그들이 종일 신고스레 만든 감자떡이 1차, 2차, 3차의 계획을 짜기도 전에 벌써 두 어린이한테 여지없이 외면당하고 만 것이다.

그 이튿날, 유치원에서는 그래도 과단성 있게 원래의 생각대로 감자떡을 빚어서 어린이들한테 간식으로 나눠주었다. 그런데 아이들은 호기심에 찬 눈길로 손에 쥔 감자떡을 이리저리 만져보기만 할 뿐 누구도 먹으려 하지 않았다. 교양원이 감자떡이 참 맛있다며 시범적으로 한입 뚝 떼자 아이들도 반사적으로 한입 뚝 떼 물었다. 그런데 한 어린이가 본능적으로 퉤 하고 뱉어버리자 아이들은 또 반사적으로 잇따라 뱉어버렸다. 그 이상 더는 교양원의 '상품광고'가 효력을 내지 못했다.

결국엔 교양원이랑 직원들이 '생활개선'을 하고 말았다. 물론 2차, 3차의 계획은 포기하지 않을 수 없게 되었다.

문득 이와 비슷한 일화 하나가 떠올랐다. 몇 년 전 북경에서 대학을 다닐 때 있었던 일이다.

그게 아마도 1980년의 여름방학에 휴가차 집에 왔을 때였다고 기억된다. 어머님은 1년 사이에 내가 몸이 반쪽이 되었다면서 하루는 보신시킨다고 암탉 한 마리를 사다가 닭곰을 하셨다. 그때 나까지 하면 아홉 식솔인 우리 집은 생활이 아주 가난했다. 사실 대학공부를 하고 있는 내가 제일 부담 거리 소비자였다. 그런 형편에서도 어머님은 큰맘먹고 며칠 분의 생활비를 털어 닭을 사신 것이었다.

그런데 그날따라 시교의 농촌에 사는 사촌 형수님이 '그전에 내가 좋아하던 옥수수떡'을 큰 대야에 가득 이고 5리길도 멀다하지 않고 일부러 나를 보러왔다. 그때까지만 해도 농촌에서 아직 '호도거리책임제'를 실시하지 않은 때라, 논이 없이 밭만 다루는 곳에서는 여전히 옥수수떡이라도 배불리만 먹을 수 있다면 괜찮은 셈이었다. 그러니 옥수수떡을 가져온 것도 최대의 성의가 아닐 수 없었다. 생활고를 겪을 대로 겪으신 어머님이라 그 마음을 얼마든지 헤아리시고도 남음이 있었다.

사촌형님은 고향에서 살기 어렵게 되자 우리 곁으로 이사를 왔고, 그때 우리 집 생활 형편도 말이 아니었지만, 그냥 가문의 일을 총괄하다시피 한 어머님은 가난한 농촌에서 입에 풀칠이나 겨우 하는 조카네 간장 살 돈마저 꼭꼭 챙겨주셨다. 그래서 어머님께는 언제나 감사한 마음인 사촌형님네였다.

어머님은 시동생이 방학이 되어 집에 왔다는 소식에 한달음에 달려온 사촌 형수님께서 공연히 면구해할까 봐 반갑게 옥수수떡 그릇을 받아놓으면서 일부러 목소리를 높여 말씀하셨다.

"아니 이거, 옥수수떡이 참 오래간만이구만."

사촌 형수님은 좀 계면쩍어하며 말했다.

"경철이 삼촌이 그전에 옥수수떡을 하도 반가워하길래."

나도 얼른 반가운 얼굴을 하면서 능청을 부렸다.

"그땐 두 주먹만한 것도 서너 개씩은 재꼈지요. 거의 1년 동안 못 먹었습니다."

그날 나는 옥수수떡 두 개를 먹었는데, 처음 한 개는 그래도 추억이 고명이 되어 '맛깔스럽게' 먹었지만 두 개째는 실토정하면 사촌 형수님의 체면을 세워주어야 하겠기에 울며 겨자 먹기로 삼켰다.

입맛이 변했다.

겉겨마저 섞인 옥수수가루를 빚어 만든 옥수수떡이라도 배불리만 먹을 수 있으면 감사했던 세월에 철없이 식욕만 잔뜩 늘어난 나는 거짓없이 옥수수떡을 좋아했고, 한 번에 손바닥 두 개를 합친 것만큼이나 큰 것을 서너 개는 게 눈 감추듯 먹어버렸다.

그런데 지금에 와서 생각해보면 그때 우리의 식생활에서 그것보다 더 맛이 있는 음식도 없었다. 말린 고구마 조각, 그것도 반은 떠서 곰팡이가 낀 것을 씻어서 삶아 먹는 것이 어찌나 싫던지. 그것에 비하면 그래도 옥수숫가루를 반죽하여 이 손바닥에 붙였다가 저 손바닥에 붙이면서 소똥처럼 둥글넓적하게 만든 다음 가마 굽에 찰싹 붙여 노랗게 굽거나, 아니면 쉬웠다가 묵은 밥을 넣어 버무려서 시루에 찌면 노란 것이 그런대로 보기만 해도 군침이 돌고 먹어도 과연 별미였다. 그것이 그때는 이밥이 지금 우리의 주식인 것 못지않게 매일 식탁에 오를 수 있는 주식이었다. 그것나마 배불리 많이 먹을 수만 있으면 감사했다. 그러니 사실은 옥수수떡을 맛있게 먹을 수 있은 것은 아마도 굶는 것보다는 낫다는 심리가 고명이 되었을 수도 있다. 아이스크림은 고사하고 창자마저 변변히 달랠 길 없었던 그때의 생활난이 굳혀준 입맛이라고나 해야 할 것이다.

물론 사촌 형수님이 자기는 이밥을 자시면서 '이쿠스텐(憶苦思甛, 쓰라린 과거를 회억하여 오늘의 행복을 생각한다는 뜻.)'하려고 나한테 일부러 옥수수떡을 가져온 것은 아니었다. 그런데 1년 넘게 수도 북경에서 이밥이나 새하얀 정제 밀가루로 찐 만두를 먹어온 내가 그냥 입맛이 변하지 않을 수 있겠는가.

언젠가는 연변대학에서 학생들이 옥수수떡을 먹이는데 항의하여 단식까지 하였다. 음식 생활에서 결국 나 한 사람만 사치한 수도 생활에 물젖어 입맛이 변한 것은 아니었다.

사회의 음식문화에 질적 변화가 생겼다. 우리가 어렸을 때의 음식 생활이나 음식문화 수준을 보여주는 하나의 눈금이었던 옥수수떡이 새하얀 입쌀밥이나 만두에 밀려나서 역사의 전시관에 진열되게 된 것은 우리 사회의 성장과 생활의 향상을 의미하는 것이 아니겠는가.

지금에 와서 우리 아이들은 입맛이 변했다. 아니, 그 애들은 나서부터 벌써 그런 맛을 몰랐고 아예 생활고란 걸 몰랐다. 가난의 상징이었던 이란 놈을 아이들한테 설명해주면 그 애들은 그저 신기한 눈빛이었고, 어쩌면 윗세대를 금방 동물에서 진화한 것으로 생각할 수도 있을 것만 같았다.

가난과 발전의 쓰고 단 맛을 겪을 대로 겪어본 부모들이라 그저 자식을 꽃과 같이 키우려고 모질음이다. 이제 우리에게는 자식을 고생 없이 행복하게 키울 환경이 마련되었으니 말이다. 아니, 굶주림에 모대기면서 우리의 두 손으로 드디어 '곡창'을 열고 말았으니 더욱 그러할 것이다. 유치원을 나서면 아이스크림이고, 집에 돌아오면 사탕, 과자, 과일들을 입에 달고 있는 아이들이다.

그러니 어떻게 이밥 한 끼 변변히 먹어보지 못하고, 감자떡이라야 1년 한두 번쯤 생활개선으로만 먹을 수 있었던 생활체험이 낳은 '감자떡에 대한 애착'을 느낄 수 있겠는가. 그보다는 가난이 굳혀준 입맛을 그 애들이 굳이 물려받을 필요는 없는 것이 아닌가.

지금도 어떤 음식점에서는 옥수수떡을 음식상에 올리기도 하지만, 그러나 그것은 '산은 옛 산이로되 물은 새 물이로다'하는 격이다. 즉 옥수수떡은 과연 옥수수떡이로되, 거기에는 전혀 겨가 섞이지 않은 대신 많은 재료가 첨가되었고 또 기름에 튀겨서 기름기 찰찰 넘치고 고소한 것이 별미다. 그런데도 역시 주식은 아니다.

아이들한테 '우리 때는…' 하고 '추억 식 교양'을 하는 것이 무조건 나쁜 건만은 아니다. 인생이 그렇게 행복하지만은 않다는 것을 알게 하는 건 아이들의 미래를 생각해서도 좋은 일일 수 있다.

그러나 그것을 마치 생활에서 가난을 되물림이나 시키려는 듯 현실적으로 받아들이라고 강요한다면, 아무래도 그건 해도 너무 한 것이라고 하지 않을 수 없다.

인류의 역사는 끊임없이 새로운 문명을 창조하는 역사이고 열심히 행복을 만들어 가는 역사이다. 우리 세대한테는 감자떡이 옥수수떡보다 별맛이었다면, 아이들한테는 이밥보다 별맛인 음식이 있어야 한다. 어제의 발전이 오늘의 기점이고 오늘의 발전이 내일의 기점인 것이 바로 인류의 성장 과정이다.

옥수수떡을 먹던 어제의 이밥이 음식문화의 향상 수준이나 희망 사항이었다면, 오늘에 와서 그것은 새로운 음식문화의 기점일 따름이다. 그렇게 음식문화가 서로 다른 시대에서 모두 새로운 음식문화의 기점이 되고 있다는 점에서 옥수수떡과 이밥은 동질성을 갖는다. 그러니깐 옥수수떡은 결코 그 시대 사람들의 검박한 정신의 상징이라기보다는 오히려 이밥이 오늘의 음식문화의 기점인과 같이 새로운 음식문화를 위한 기점인 것 외에 아무것도 아니다.

그러니 그때의 우리가 옥수수떡을 먹던 신세를 고치려고 강한 현실 극복 의지로 끈질기게 노력했다면, 오늘은 이밥만 먹는 신세를 고치려고 노력하는 그런 세계적인 인식을 키워가야 할 것이 아닌가.

서로 다른 시대는 서로 다른 이상이 있기 마련이고, 어제의 이상은 곧 오늘의 현실이다. 하물며 오늘을 함께 살아가는 지구촌의 다른 사람들은 우리보다 훨씬 앞서가고 있는데, 기어이 조상들이 걸어온 길만 되돌아본다면 우리는 내일의 떳떳한 조상으로 부끄럼 없이 나설 수 없을 것이다. 남들이 후대에 마련해주는 기점과 꼭 같은 기점을 우리 후대에도 마련해주어야 우리의 인생에 긍정적인 미래가 있을 것이다.

전통은 성장을 위해서만 보배로운 것이다. 물론 어제 창조한 전통이 없다면 오늘의 성장이 있을 수 없다. 그러나 전통을 다만 감상할 수 있는 '골동품' 정도나 허물 수 없는 '틀'쯤으로만 간주한다면, 그것은 아무런 쓸모도 없을뿐더러 오히려 오늘의 성장을 가로막는 걸림돌이 되어버릴 수도 있다.

'우공이 산을 옮긴 끈질긴 노력정신'은 게으른 자를 계몽하고 창업자를 고무할 것이지만, 그러나 오늘날 그 누군가가 만약 산 너머에 넓디넓은 벌을 두고도 우직스럽게 기어이 그 산을 파서 옮기려고만 한다면 그보다 더 미련한 자는 두 번 다시 없을 것이다.

경험은 과거에 있지만, 희망은 미래에 있다. 하기에 경험은 미래에 있는 희망으로 가는 길을 개척할 때에만 현실적 의미가 있을 수 있다.

그리고 내일엔 또 입맛이 변할 것이다.

소 잃고 외양간 고치기

자기보존과 종족 보존을 위한 자연적인 선택은 위대한 조물주가 마련해준 서식지에 적응해 살아가는 모든 생물에 부여된 가장 기본적인 생존본능이다.

자연적인 선택이란, 생물들이 생존과 번식을 억제하는 자연환경의 여러 가지 불리한 조건에 치열하게 저항하고 또 적응하면서, 마침내 자기에게 주어진 생태환경에 맞는 최적의 번식능력과 생존방식을 선택하는 것을 말한다. 결국, 서식지 조건에 적응하는 생물은 살아남게 되고 적응하지 못하는 생물은 도태되어 세상에서 소멸하고 마는 것이다. 인간도 처음에는 틀림없이 이와 같은 생존과 도태의 치열한 싸움을 거쳐 살아남았을 것이다.

그러나 인류는 사유가 점차 발달하여 자기보존과 종족 보존을 위한 창조적인 선택이 가능해지게 되었고, 따라서 인류의 생태환경 역시 자연적인 동물 세계로부터 창조적인 인간사회로 변천하게 되었다. 인간의 서식지는 더는 자연이 선물한 원시적인 생태환경 그대로가 아니라, 그것을 자기보존과 종족 보존에 유리하게 가공하고 재창조한 인간 지혜의 산물이다.

인간의 이러한 능동적이고 자주적인 생존능력과 다양하고 창조적인 생존방식의 선택은, 인간의 실천적 활동을 더는 생존을 위한 본능적인 저항이나 서식조건에 적응하기 위한 원초적인 행위에 국한하지 않고, 부단히 삶의 질을 향상하고 인생 가치를 실현하기 위한 인간만의 창조적인 생산과 정신적인 추구로 승화시킨 것이다.

서식조건의 창조적인 변화와 삶의 질적인 향상, 그리고 인생의 가치 추구의 제고에 따라 인간의 짝짓기도 더는 단순하게 원색적인 종족 보존의 생식수단에만 머물러 있지 않다. 남자와 여자가 결합하여 남편이 되고 아내가 되어 가정을 이루고, 아버지가 되고 어머니가 되어 자식을 키우는 것이 다만 대를 잇기 위한 본능적인 행위에 그치는 것이 아니라, 인간 스스로가 구축한 사회 환경에서 문명의 혜택으로 인간적인 삶을 즐기고 새로운 인생 가치를 실현하기 위한 하나의 사회성적인 생활방식으로 자리매김해 가고 있다.

그만큼 사회 환경이 만약 이런 희망 사항을 충족시키지 못할 때, 사람들은 짝짓기, 나아가서는 종족 보존의 생식수단을 쉽게 포기하고 그 생활방식마저 바꾸어버릴 수 있다. 왜냐하면, 자기보존과 종족 보존이 자연적인 선택이었을 때는 인간을 포함한 생물이 주어진 생태환경이나 서식 환경에 필사적으로 적응해야 하였지만, 인간 자신이 가공하고 재창조한 생태환경이나 서식 환경에서는 오히려 인간이 선택 주체가 되어 얼마든지 자기들의 수요나 희망 사항에 따라 사회 환경의 변화를 요청할 수 있기 때문이다.

결국, 인간으로 말하면, 이른바 종족 보존을 위한 원색적인 생존방식인 생식수단조차 사회 환경의 개선이나 변화를 촉진하는 촉매제가 될 수 있다. 삶의 질과 인생 가치를 추구하는 것만큼이나 인간은 짝짓기, 나아가서는 후대 번식조차 단순한 생존방식으로 생각하지 않고 사회성 실천 활동으로 간주함으로써, 그 '활동보장'을 자기들이 마련하고 가공하는 사회에 주문하는 것은 지극히 당연하다고 생각하기 때문이다.

실제로 사회는 그 구성원들이 참여하는 여러 가지 사회성 실천 활동을 통하여 변화 발전하는 것이기 때문에, 그만큼 사회구성원들이 더 적극적으로 사회성 실천 활동에 참여할 수 있도록 그들에게 모든 여건을 마련해주고 보장해주어야 한다.

짝짓기나 나아가서 생식행위마저 사회의 온당하고 지속적인 발전을 추진하거나 그 역으로 억제할 수 있다는 인간만의 특수성은, 인간은 사유하는 정신적인 동물이고 그가 '서식'하는 사회 환경은 인간한테 자연적으로 주어진 것이 아니라 인간 스스로가 만들고 완성해가는 생태환경이라는 관계에서 형성된 것이다.

인간의 후대 번식은 단순한 자연생산으로 끝나는 것이 아니고, '자연인'으로 태어나서 '문화인'으로 성장하도록 키워가는 길고도 어려운 육성과정을 거쳐야만 한다.

'문화인'으로서의 아버지, 어머니가 '자연인'의 아이를 낳아서 '문화인'이라는 동질성을 공유해가는 과정을 '교육' 과정이라고 한다면, 그 과정의 많은 것은 확실히 국가가 법적으로 담보해 주고 사회의 제도적 장치로 보장해주어야만 완성할 수 있는 것들이다. 직장인의 육아, 양육비, 교육비 등의 지원으로부터 시작하여 아동교육, 아동질병, 아동복지와 관련한 사회시스템 구축 등 적절한 사회 환경을 마련함으로써 어린이들이 신체적으로, 정신적으로 건강하게 성장하여 미래의 사회를 책임질 수 있는 새로운 사회역량이 될 수 있도록 제도적으로 보장해주어야 한다.

그러고 보면, '짝짓기'를 하지 않거나 '생식'을 하지 않는 사람을 일방적으로 몰아붙여 삶에 너무 이기적이라거나 공헌에 지나치게 인색하다고 하기보다는, 오히려 오늘날에 와서는 현실을 정시하면서 오늘을 딛고 미래를 당겨오는 것이 사람들의 삶의 신념으로 확고해지고 있다는 것을 우선 인정해야 할 것 같다. 뭐니 뭐니 해도 궁극적으로는, 인간의 최대 희망 사항과 인생 가치는 아무래도 후대에 더 좋은 삶의 환경과 행복을 선물하는 것이리라. 그런데 결코 소수가 아닌, 많은 사회구성원이 내 인생을 거울로 후대의 인생을 비관한다면, 국가나 사회는 공적으로 어느 만큼의 책임을 져야 할까.

문화 계승과 시대발전의 차원에서 우리는 어린이들을 미래의 나라를 책임질 '왕'이라고 일컫는 것이 아니겠는가. 그렇다면 우리는 그 '왕'들이 살게 될 '궁궐'을 구축하는 '신하'들이요, '백성'들이라 할 것이다. 그들을 잘 보호하고 건강하고 바람직하게 키우는 것이 우리의 '신하'된 책무요, '백성'된 도리이다.

우리 민족은 예로부터 "소 팔아 자식 공부시킨다"라는 참으로 빛나는 삶의 신조를 지켜왔다. 16~17세기 영국의 저명한 철학가 프란시스 페겐의 "지식은 곧 힘"이라는 명언이 좌우명으로 된 것에 비추어보면, 우리 민족은 훨씬 일찍부터 지식을 중시한 미덕이 있었다는 것으로 하여 자랑을 느낄만하다. 더욱이 지식과 능력으로 삶의 길을 개척해야만 하고 고도로 첨단적인 문명을 창조하는 시대에 생을 허락받은 우리이고 보면, 조상들이 굳히고 물려준 이 삶의 신조가 얼마나 보배롭고 미더운지 모르겠다. 하기에 파릇파릇 새싹같이 내일을 바라고 피어나는 어린 자식을 너무도 일찍 금전의 노예로 전락시키는 부모는 그 자식한테 죄를 짓기에 앞서 우리 조상님들 앞에 죄를 짓는 것이다.

그런데 그것이 어느 한 부모의 소행으로만 그치는 것이 아니라, 사회적인 병폐가 근원이 되어 온 사회에 만연될 때 그 위해성은 전체 민족의 건강에 미치게 되는 것이며 민족의 장래를 어둡게 하는 것이다.

사회적인 도시화 열기 속에서 날로 황폐화되어가고 있는 농촌에서 어린이들이 가장 기본적인 배움의 권리마저 박탈당하고 있다. 부모들이 가난 때문에 아이를 학교에 보내지 못하거나 아예 농촌을 떠나버리는 일도 있지만, 그보다 심각한 것은 정부의 재정지원 부족으로 교원들이 노임을 받지 못하여 교단을 떠나기 때문이다. 곳곳에서 농촌학교들이 폐허가 되고 쑥대만 무성히 자란다. 산업화사회의 필연적인 과정이라고도 하겠지만, 아직 독립인격을 갖추지 못하고 사회 자립능력을 갖추지 못한 아이들이 무능력, 무방비 상태에서 그대로 거리 바닥에 내동댕이쳐지는 현실을 보면서 정부는 과연 잘하고 있는 걸까, 사회는 정말로 속수무책일까 하는 회의와 함께 이 사회를 살아가고 있는 성인들에게, 특히는 직접 사회에 제도적 장치를 마련해가고 있는 공직에 있는 성인들에게 한 번쯤 성찰해 볼 것을 주문하지 않을 수 없다.

얼마 전에, 모교의 초청장을 받았었다. 학교에서 운동회를 하는데 이 학교를 졸업하고 사회에서 그래도 좀 활약하는 이른바 '유명인사'들을 초청했다는 것이었다. 법원에서 원장으로 있던 아버지가 농촌으로 쫓겨났다가, 아직 명예를 공식 회복하기 전에 이리저리 직장을 옮기는 바람에 어린 나이에 여러 개의 소학교를 다니던 내가 소학교 4학년 때 다른 학교에서 전학하여 2년간을 다니고 졸업했던 농촌소학교였는데, 그때는 그래도 재학생이 백 명을 훨씬 넘어 꽤 규모를 갖춘 학교였었다. 모교는 지금은 어떤 모습일지, 졸업한 지도 어느덧 십여 년이

지났으니 아무래도 많이 변했을 것만 같았다.

그런데 막상 가보니 실은 폐교를 앞둔 모교의 마지막 운동회였다. 그 사실을 알게 되는 순간 저도 모르게 가슴이 뭉클하면서 눈시울이 붉어졌다. 내가 다니던 그 당시, 학교 학생회를 책임지셨던 허리순선생님이 이거 학생회장이 반갑다면서 정겹게 맞아주셨지만, 이제 곧 정다운 교정을 떠나야만 하는 아쉬움과 사라져버릴 정든 학교에 대한 처연한 심정이 그대로 얼굴에 묻어났다. 시 정부에서 재정난 때문에 향 중심소학교를 중점적으로 지원하기로 하고, 몇 개 농촌소학교를 폐교하기로 하였다는 것이다. 학교는 오랫동안 아무런 지원도 받지 못하여 낡을 대로 낡아빠졌고, 그나마 적지 않게는 이미 다른 용처로 쓰이고 있었고, 벌써 많은 선생님이 아쉬운 마음을 품은 채로 학교를 떠나고 없었다. 허리순선생님도 퇴직 수속을 이미 마친 상태였지만, 꼭 마지막 한 명의 학생이 이 학교를 떠나는 걸 보고서야 떠나시겠다고 하신다. 나는 사나이의 눈물을 속으로 울컥 삼켰다.

산업화사회의 발전과 함께 이익계산이 사회 전반에 걸쳐 일순위로 사업의 가부를 결정하는 조건이나 근거가 되면서 금전 만능주의가 사회에서 판을 치고, 사회 복지와 인간화 작업마저 순 소비적이고 비현실적인, 이른바 먼 장래에나 실행 가능한 '미래사업'으로 밀려나고 말았다.

방직공장이나 식품공장같이 여성 종업원이 대부분인 기업에서 눈앞의 이익만을 위해서 이미 있던 어린이집마저 없애버리는 현실은 참으로 슬프고 가슴 아프다.

그런데 이처럼 돈이 1순위가 된 사회의 부조리한 현상은 가정교육에도 크게 부정적인 영향을 끼친다. 돈이 없어 아이를 공부시키지 못한다고 생각하여 돈을 벌려고 국외로 취업을 떠나는 사람들이 갈수록 많아지고, 그래서 가정이 깨지고 부모가 바라는 것과는 반대로 아이들의 일탈이 급증하고 있다. 그야말로 '산돼지를 잡으려다 집돼지를 잃는 격'이다. 사회가 초래하는 이런 악순환은 과연 사회의 변화 발전과 함께 어차피 피하려고 해봐야 피할 수 없이 부득이하게 겪어야만 하는 인간의 '운명'이란 말인가.

미래는, 우리 성인들의 희망 사항이면서 어린이들의 현실이요, 삶의 현장이다. 그런데 현재는 그 미래가 현재로 되었을 때의 과거라면, 결코 미래와의 인과관계에서 벗어날 수는 없다. 오늘 우리의 현재는 과거 우리 선배들이 살았던 그 현재를 기반으로 하여 마련된 것이라고 할 때, 우리는 어린이들의 미래를 위해 어떤 현재를 가꾸어 가고 있는지를 정직하게 반성해보아야 한다.

'궁궐'에 들어야 할 '왕', 미래의 주인인 어린이들, 이들은 더는 종족 보존의 원색적인 생식수단이나 번식능력의 단순한 생산물이 아니다. 자연적인 선택에 의한 종족 보존에서 벗어나 주체적으로 삶의 질과 인생 가치를 추구하는 인간에게 있어서 어린이는 역시 창조물 중에서도 가장 귀중하고 가장 가치 있고 가장 신통력이 있는 재부이다. 이 재부가 있는 한 미래는 역시 우리에게도 속한다. '세상 부모들의 불쌍한 마음'이란, 자식을 사랑하는 부모의 마음을 대변하는 말일진대, 만약 혹자가 돈을 위해 자식을 잃게 되었다면, 만약 혹자가 오늘에 집착하여 미래를 차버렸다면 과연 그보다 더 한심한 이기주의, 그보다 더 한심한 한치 보기가 또 어디 있겠는가. 그리고 그것이 사회의 제도적 장치에 의해 발생한 비극이라면, 시대적인 요청을 받는 것은 틀림없이 사회변혁일 수밖에 없다.

아이는 결코 한 가정의 재부만이 아니다. 아이는 세계가 존재하는 이유이고, 역시 현재를 살아가는 우리가 미래에 넘겨주는 '유산'이며 내일에 우리를 맞아줄 주인들이다. 더 고급적인 사유와 더 과학적인 사회는 계주봉을 넘겨주듯이 한 세대 한 세대를 거쳐서야 비로소 현실로 다가온다. 세계가 하나의 지구촌으로 좁혀지고, 문명이 정보에 의하여 창조되는 시대에 호미로 땅을 파 뒤집는 원시적인 노동력만 희망없이 생산해낸다면, 그 민족은 벌써 동화되기에 앞서 시대의 낙오자가 되어 도태당하고 말 운명이다. 이것은 서식지의 생태환경에 적응하지 못하는 생물은 도태되고야 마는 자연의 섭리와도 크게 다르지 않은 것이다. 하기에 윗세대가 아래세대에 가지는 사회적 의무감과 도덕적 책임감은 민족의 미래와 직결되는, 필수 불가결한 생존의식에서 비롯되는 것이라고 할 수 있다. 미래의 비극은 결국 오늘 우리가 심어놓은 씨앗이 싹튼 결과라는 것을 명심해야 한다.

어린이집이나 학교는 국가적으로나 사회적으로 볼 때 미래의 희망이 싹트고 행복이 창조되는 '궁궐'이다. 그만큼 그것의 인류학적인 생산가치는 눈앞의 이익보다는 긍정적으로 높게 계산되어야 한다. 그리고 이에 따라서 그것의 건설을 인류의 미래를 창조하는 뜻깊은 사회적인 과제로 확인하고, 그 과제를 완성하기 위해 전 사회적인 눈길과 지혜를 모아 더 미래지향적인 제도적 장치를 마련하여야 한다.

제발 '소 잃고 외양간 고친다'라는 속담을 잃어버린 어린이들 때문에 아프게 상기하지는 말자.

채취 능력과 선별능력

인간은 흔히 어떤 사실, 사물, 사태, 사정, 사상, 사유, 사람 또는 사회에 대해 선입견으로 긍정 또는 부정해버리는 오류에 빠지는 경우가 많다.

무턱대고 자기를 개올리는 아첨쟁이를 충신으로 잘못 믿었다가 발밑이 와그르르 허물어져 버리는 인간이 있는가 하면, 의리를 지켜 그릇된 것을 지적해주는 충신을 야심가로 잘못 진단하고 무자비하게 타도해버리는 인간도 있다.

어떤 기업인들은 나라의 경제 진흥을 자기들이 짊어지고 있다면서 선비님들을 기생충은 아니래도 식객은 틀림없다고 비웃는다.

그런가 하면 일부 인텔리들은 또 더 발전한 문명은 그래도 자기들이 창조하는 것이고, 기업인들이란 사실 인간본능의 한 욕구를 위해 발버둥 치는 저급한 인간에 지나지 않는다고 풍자한다.

어떤 이들은 소위 절대적인 진리를 사회현실이나 구체적인 생활에 강요하면서 인간의 자유와 개성과 인간성을 무시해버리는가 하면, 또 어떤 이들은 이른바 절대적인 자유 혹은 이른바 인권을 부르짖다 못해 퇴폐적이고 부진한 허무주의 인생관에 삶을 절이면서 무병신음에 영혼을 썩여간다.

서방문화는 자본주의 문화이기에 부패하고 썩어빠진 것으로서 배격해버려야 한다고 주장하면서 절대적인 방어관념을 앞세우고 있는 사람이 있는가 하면, 그것은 인류문명발전의 고차원을 상징하는 우수한 문화이기에 무조건 받아들여야 한다면서 맹목적인 숭배에 자신을 잃어가는 사람도 있다.

모두 극단성이 빚어내는 악과이다. 절대적인 긍정과 부정, 옳다와 그르다, 배척과 수용, 진압과 범람, 찬양과 비판은 흔히 주관적인 선입관으로 열 가지 특성에서 한 가지 특성을 잡아 그 열 가지를 일색화해버리는 잘못을 범하게 하는 것이다.

어떤 사물, 사상, 사유, 사람에 대해 우선 넓은 수용력과 관용의 태도를 보여야 한다. 그다음 가져야 하는 것이 진가를 가릴 줄 아는 선별능력이다. 그것은 어떤 사물, 사상, 사유, 사람이든 과연 절대적으로 긍정할 수 있다든지 아니면 그 반대로 절대적으로 부정할 수 있다는 것이 현실적으로는 도저히 불가능하기 때문이다.

광물을 캐내는 데는 우선 채취능력이 필요하다. 물론 선택하여 채취해낸 광물이라도 그 자체가 최종 가치를 가질 수는 없다. 그래서 요청되는 것이 캐어낸 광물 중에서 가치가 작거나 없는 것들을 골라내는 선별능력이다. 그러나 우선은 채취이고 그다음이 선광이다.

광산에서 직접 철을 뽑아낼 수는 없다. 그것은 우물에 가서 숭늉 달라는 격이다. 우선 광물을 채취해낸 다음 다시 선광작업을 거쳐 용광로에서 철을 제련해내야 한다.

또 달리 비할 것 같으면 우리가 수확하려는 것은 통통 영근 벼 이삭이지만, 그렇다고 아예 논밭에서 쭉정이나 피를 골라내며 추수할 수는 없는 노릇이다. 우선은 그런대로 와락와락 거둬들여야 한다. 그다음 낟알을 털어서 바람에 날려야 마침내 영근 낟알과 쭉정이나 피 따위를 가려낼 수 있다.

문화수용도 이와 다를 수는 없다. 우선 관용의 자세로 모든 문화유산, 문화적 재부들을 욕심스레 거둬들여야 한다. 그다음 우리의 제도적인 장치와 선별능력에 의해 알맹이와 쭉정이를 쭉 갈라놓아야 한다.

사실 인류문화의 본질적인 창조력이 민중이라고 확인하고 보면, 원래 문화는 그 무엇보다도 훨씬 쉽게 제도적인 장벽과 국경을 뛰어넘을 수 있다. 특히 대중문화의 경우 역시 문화적인 토양의 현격한 차이가 있지만, 그러나 그것보다는 우선 백성한테는 벌써 동질성이 훨씬 많은 삶의 광장이 마련되어 있으므로 짙은 공감대가 이루어져 있는 것이다.

그런 데다 지금 또 세계가 제도적인 차이와 이념적인 차이가 있음에도 한결음 시장경제 질서로 규범화되고 있으니 동질성보다 이질성이 더 커질 수는 없지 않은가.

'구더기 무서워 장 못 담그랴' 하는 아주 유명한 우리 민족의 속담이 있다. 그냥 신사 차림 하듯이 멋진 수식어로만 사용하는 겉치레에서 벗어나 심각한 인생 철리로 다시 받아들여야 할 것이다. 장맛을 보려면 여하튼 장을 담가야 한다. 장에 생겨서 구더기가 낄 수 있는 균을 어떻게 억제하는가 하는 것은 그다음으로 요청되는 일이다. 우리 민족은 그것도 훌륭하게 해냈지 않은가.

문을 활짝 열어놓은 후 우리는 문화적으로 훨씬 성숙하였고, 문을 닫아걸었을 때보다는 오히려 면역력도 더 뚜렷하게 강해졌다. 문을 열어놓았기 때문에 파리가 날아 들어와 이질에 걸렸다고 아우성치는 자를 대신해 우리가 다시 문을 닫아걸 수는 없다.

모든 것이 격리된 공간에서는 성숙이요, 면역력이요 하는 것을 운운조차 할 수 없는 일이다. 어차피 여닫는 것이 문이고 보면 우리가 문을 열고 밖으로 나갔다가 문을 열고 집으로 들어오는 것은 지극히 정상적인 생활이고, 그러다 보면 신선한 공기와 함께 변질된 냄새도 들어오기 마련이다. 그러나 문을 꽁꽁 닫아버린다고 해서 결코 집안의 공기가 그대로 깨끗하기만 한 것은 아니다. 그래서 문은 신선한 공기를 받아들일 때도 열게 되어있고, 반대로 집안의 혼탁한 공기를 빼버릴 때도 열게 되어있는 것이다. 그러므로 객관적인 법칙 혹은 사물의 기능을 어기고서는 정상적인 생활, 정상적인 성장을 꾀할 수가 없다.

절대적인 방어관념에 지나친 과민증을 앓으면서, 꽁꽁 닫아건 방안에 틀어박혀 밖의 공기와 접촉하기를 두려워하는 자는 적어도 자기의 선별능력을 부정하는 자이다. 그게 아니라면 진가를 가려내는 선별능력을 아예 잃은 자이거나 병균을 이겨낼 수 없는 면역력 결핍자일 수밖에 없는 것이다. 이런 사람은 문화수용 자세가 문제이기 전에 벌써 그 자신의 문화적인 토대와 삶의 자세가 문제인 것이다.

우리한테 우수한 선별능력과 든든한 면역력이 있는 한, 그리고 우리 사회에 문화발전을 담보할 수 있는 믿음직한 제도적인 장치가 마련되어 있는 한, 우리는 대담하게 문을 활짝 열어 신선한 공기를 받아들여야 한다. 선별능력이 없는 자, 면역력이 약한 자는 그 자신이 벌써 적자생존, 약육강식의 법칙에 따라 도태될 인간이며 사실 문을 닫아걸어도 조만간에 병들어 시들어버릴 인간임이 틀림없다. 그런데도 오히려 문을 열어놓는다면 그들에게도 새로운 기회가 올 수 있다.

지나친 방어관념을 앞세우지 말고 우리의 선별능력으로 들어오는 족족 진가를 가르는 작업을 본격적으로 벌여야 한다. 더 많은 광물을 캐내야만 더 많은 가치를 얻어낼 수 있음은 너무나도 투명한 이치가 아니겠는가.

그러나 우선은 채광이다. 채광은 해야 선별할 수 있지 않겠는가.

홀로서기

아빠 엄마의 손을 잡고 걸음마를 하던 아이가 마침내 손을 놓고 아장아장 걸음 발을 내디딜 때 부모는 아이가 마치 세상을 바꿀 만한 그 무슨 장한 일이라도 한 것처럼 감탄과 감동을 금하지 못한다.

지팡이를 짚고 걷던 사람이 흔연히 지팡이를 뿌리치고 우쭐우쭐 걸음을 뗄 수 있을 때 그 충격은 생명을 다시 얻은 것만 못지않게 큰 것이다.

이로부터 유추하면 사회적인 홀로서기를 독립적인 개체의 완성이나 독립적인 인격의 수립으로 풀이할 수 있겠다. 말하자면 누구의 힘에 기대거나 누구의 지배에 움직이는 것이 아니고, 나 스스로가 나를 지배하고 미궁 같은 사회에 몸 담갔어도 인생을 옳게 살아가는 정신적인 독방을 스스로 마련하는 것을 일컬어 홀로서기라고 한다면, 그것은 과연 인생을 살아가는 바른 자세라 할 수 있겠다.

카멜레온처럼 보호색을 쓰고 자기의 이해관계에 지나치게 계산적인 우정은 상업이지 참 우정은 못 된다. 상업이래도 실은 협잡에 더 가까운 것이다. 또한, 이용가치를 계산하거나 적어도 어떤 빚이나 혜택 때문에 강박관념이나 고마움에서 우정을 맺었다면 아직 뜻과 마음이 통하기에는 불의 시련이 남아있을 수 있다.

역시 지극히 계산적인 사람에게 있어서는 종교적으로 하나님을 믿는다는 것도 죄를 사면받는다거나 축복을 내려받는다는 것을 전제적인 약속으로 하는 교역인 듯싶다. 꼭 그렇지는 않다고 하더라도 결코 자기의 독립적인 인격의 지배에 의해서가 아니라 타력에 강요당하는 강박관념일 수 있는 것이다.

아무런 자각증상도 없이 사회 기성도덕이나 이념에 강요당하거나 마음에 두지 않은 종교적인 하나님을 의식하기에 앞서서, 그냥 자기의 마음속에 스스로의 인생을 결정하는 '하나님'을 모시는 것이 훨씬 주체적이고 바람직하다.

그러나 백 사람이 '이 세상에 누구도 믿을 게 못 된다. 타인이 곧 나의 지옥이다.'라고 한다면, 우선 그 백 사람이 문제이다. 지금 그 백 사람이 스스로 자신이 아흔아홉 사람의 지옥임을 시인하고 있으니 말이다. 이것은 역설적이게도 그 자신이 아직 타인에게 투명하게 보여줄 만한 정신적인 독방을 갖추고 있지 않음을 고백한 것이나 마찬가지이다.

물론 속담에도 '열 길 물속은 알아도 한 길 사람 속은 모른다'라고 했으나 말하고 있는 사람 스스로가 궤변적으로 자기까지 숨기고 그림자를 내세우는 짓거리는 하지 말아야 한다. 스스로 '열 길 물속은 알아도 한길 나의 속은 모른다'라고 억지를 부릴 수는 없지 않은가.

그리고 사실 인간은 만남으로 사회를 구축하고 있는 것이니, 그냥 삶의 현장에서 신변에 늘 가까이하고 그림자처럼 만나야만 하는 사람들 간의 마음이 얼마나 투명하게 열려있는가에 따라서 생활의 평화가 피어날 수 있다. 그런데도 만약 운명을 같이하는 사람마저 의심한다거나 역으로 의심을 받는다면, 그것은 곧 그들에게는 독립 인격의 부재에 따른 공적 또는 공동체적 인격의 결여가 문제임을 말해주는 것이다.

그렇게 삶의 현장에서 생활의 평화를 찾지 못한다면 그것보다 더 큰 불행도 없을 것이다. 무리 속의 고독이 산속의 고독보다 더 고통스럽다지 않은가. 인간이 사회의 집단적인 동물일진데 자기 자신만을 껌처럼 질근질근 씹어대는 인생은 벌써 절망에 앞서가는 순 소비적인 인생일 뿐이다.

물론 독립적인 인격이 없이는 홀로서기를 할 수 없다. 그러나 사회의 집단적인 동물로서 인간의 독립적인 인격이란 것도 결국 그 사회집단을 대상으로 할 때 성립되는 것이다. 사회집단 앞에서 떳떳이 나설 수 있는 그런 인격을 말하는 것이기 때문이다. 홀로서기라는 것도 독립적이고 자주적인 행위결정력을 말하는 것이지 결코 사회를 외면한 배타적인 홀로나기라는 말은 아니다. 그러므로 독립적인 인격은 사회의 공적인 인격수립에 이바지할 때라야만 바람직한 것이라고 할 수 있다.

그래서 독립적인 인격이나 홀로서기는 '소아'를 극복하고 '대아'를 추구하는 것을 기준으로 해야만 한다. 공적인 인격은 믿음의 바탕이요, 믿음은 우정의 다리이다. 국가적인, 민족적인, 그리고 사회적인 공익을 표준으로 하는 공적인 인격은 서로 간에 믿음을 주게 되고, 또 그런 인격적인 믿음은 뜻과 마음을 통하는 우정을 키워주어 하나의 공동체를 형성하게 되는 것이다.

자기의 마음의 창문을 꽁꽁 닫아버린 사람한테 남을 사랑하는 마음가짐이 있을 수 없다.

남을 사랑하는 마음가짐이 없는 사람한테 믿음이 있을 수 없다.

믿음이 없는 사람한테 우정이 있을 수 없다.

연역적으로 추리하면, 우정이 없는 것은 믿음이 없기 때문이요, 믿음이 없는 것은 사랑이 없기 때문이라는 말이다. 그러니 정신적인 독방을 갖고 홀로서기를 한다는 것은 남을 사랑하는 힘을 마음에 키운다는 말과도 통한다고 할 것이다.

마음에 사랑하는 힘이 없다면, 그냥 의심과 경계와 배타심을 앞세워 우정을 버릴지언정 친구조차 용서하려 하지 않는다.

'인민 내부 모순'에도 '피 값은 피로 갚는다'라는 적대적인 투쟁철학을 남용한다.

전하는 말은 눈덩이 굴리듯 하는데 그냥 스쳐 지나는 바람결에 귀동만 열심이다.

짐작이 생사람 잡는 것인데 자기의 총명과 판단력에 절대적인 권위를 세워준다.

도덕이니, 질서니, 법이니 하는 것이 서로의 평화를 위한 것이라고 보면 인격이란 것도 내가 다듬는 것이지만 역시 사회적인 평가를 받게 되는 것인데 그냥 자아 긍정에 남의 흉만 본다.

만약 이런 것마저 홀로서기라고 할 수 있다면, 그것은 적자생존이요, 우승열패요, 약육강식이요 하는 자연의 섭리를 그대로 인간사회에 도입하여 인정이 사막같이 메말라가는 현실에서 애타게도 인정의 오아시스를 찾는 갈망의 시대적 심리가 낳은 기형아임에 불과하다.

물론 이처럼 기계문명이 고도로 발달하고 상품경제가 지구촌을 휩쓰는 정보화한 현대사회에서 인간의 소외가 인간 스스로에 의해 자살적으로 감행되고, 인정에 굶주린 '비렁뱅이'가 급증하고 있지만, 결코 인간 녹지와 샘과 화원이 전혀 없는 것은 아니다.

도덕과 법과 질서와는 별도로 인간의 본성적이고 원초적인 사랑의 마음은 끊임없이 뿌리 깊은 인간애의 나무를 무성하게 키우고 있다.

백 사람이 나한테 사랑과 믿음과 우정, 그리고 평화의 마음이 있다고 확인할 수만 있다면, 그 백 사람이 바로 사랑의 숲이요, 우정의 호수요, 평화의 화원이다.

그런데 그 백 사람의 마음을 얻을 수 있는 것은, 우선 내 마음에 사랑의 나무가 자라고 있기 때문이다.

사회의 공적인 인격은 개체 인간들의 독립적인 인격이 사회적인 공명을 일으킬 때 뚜렷하게 두드러진다. 백 사람이 이 세상에 믿을 사람이 하나도 없다고 할 때는 벌써 백 사람이 스스로 그 자신을 부정하는 것이요, 백 사람이 '나'부터 시작하여 마음에 정신적인 독방을 꾸며갈 때는 그 한 사람 한 사람이 바로 사랑의 나무요, 우정의 샘이요, 평화의 꽃이 되는 것이다.

그 하나하나의 나무가 모여 숲을 이룬 것이요, 그 하나하나의 샘이 모여 호수를 이룬 것이요, 그 하나하나의 꽃들이 모여 화원을 이룬 것이다.

사랑과 우정과 평화를 위한 사회적인 공명을 불러일으킬 수 있는 정신적인 독방을 마련하는 것이야말로 더불어 사는 인정사회를 구축해 가는 바람직한 홀로서기이다.

사회구성원들의 홀로서기가 완성될 때 사회는 비로소 건강할 수가 있다.

가난뱅이와 게으름뱅이

기억의 저장고에 저장된 지 꽤 오래되어, 새로 수입되는 홍수 같은 정보들에 한쪽 구석으로 한참 밀려나 있던 일화 한 편이 오늘따라 새삼스럽게 기억의 쪽문을 빠끔히 열고 눈 앞에 펼쳐진다. 몇 해 전에 어느 신문에서 읽은 글인데 오늘 절친한 친구와 술을 마시면서 신세타령처럼 내뱉는 친구의 가정 이야기를 듣노라니 문득 떠오른다. 술상의 화제 때문에 떠올린 기억의 한 조각인지라, 도대체 술상 화제와는 어떤 연관성이 있는 건지 궁금할 테니 먼저 신문에서 읽은 오래된 그 일화 한 편부터 감상해 보자.

일자무식에 딸린 식솔 하나 없이 동냥을 직업으로 살아가는 한 비렁뱅이가 있었는데, 한번은 어느 오막살이 같은 집에 동냥주머니를 들이밀고 보니, 그 집에도 역시 혈혈단신으로 외톨이 신세타령이나 할 사나이가 홀로 사는 모양인데 보아하니 입에 거미줄이 칠 지경으로 가난을 밥 먹듯 하고 있더란다. 지푸라기 하나 주울 게 없을 정도로 거칠 것 하나 없는 살림 형편임에도 뱃가죽이 등에 가 붙도록 주린 창자를 붙안고 '태연히' 앉아있는 그를 보노라니 너무도 기가 막히고 보기가 민망하여, 비렁뱅이는 돌아서 나오더니 밖에 놓아두었던 쌀자루를 들고 다시 들어가 자루 그대로 주인한테 주면서 이걸로 얼마간 주린 배를 채우라고 했단다. 세상에나, 아이러니하게도 비렁뱅이가 가난뱅이를 구제했다는 웃지도 울지도 못할 일화였다.

인생을 긍정적으로 바라볼 때, 좀 더 적극적이고 긍정적으로 꾸며야 한다고 생각하면 물론 비렁뱅이 삶도 그리 신통치는 않다고 생각할 수 있다. 그러나 한편으로 생각하면, 재난이나 심지어 죽음의 현장에서조차 아무런 대응 없이 사는 인생이라면 위 일화에 나오는 가난뱅이와 같은 그만큼의 게으름뱅이도 다시없을 듯싶다. 그 가난뱅이의 모습에서 박지원의 "양반전"에 나오는 양반의 도식적인 준칙을 떠올리게 되는 것도, 양반의 유식함과 허례허식을 벗겨버리면 그 밑바탕에는 역시 게으름이라는 꼭 같은 원형질이 내포되어 있기 때문일 것이다.

이른바 '가난뱅이'는 '비렁뱅이'일 수도 있고 아닐 수도 있다. 한 걸음 나아가서 '비렁뱅이' 또한 더 적극적이고 긍정적인 의식으로 인생을 보람되게 살아가지 못한 것일 수도 있고, 녹록지 않은 사회현실과 초인간적인 재난이 한 인생을 가난의 구렁텅이에 밀어붙인 비극적인 결과일 수도 있고, 그보다는 본인이 가난해서가 아니라 '비렁뱅이'를 하더라도 근본적으로 자립능력을 상실한 어려운 사람들을 구제하기 위하여, 혹은 어떤 집단이나 사회적인 공익을 도모해서 기획한 보람 있는 목적이나 목표를 달성하기 위하여 '비럭질'하러 동분서주하는 선의적인 선택일 수도 있다.

물론 나라를 되찾고 민족을 구하려고 죽음의 현장에서조차 비장하게 부활의 의미를 적어가는 그런 비극적인 인간은 모든 것을 잃었을지라도 그 삶의 자세에서는 어디까지나 나라와 민족의 운명을 지키려는 대의와 직결되는 시대의 선각자이지 결코 '가난뱅이'는 아니다. 그런 선각자들은 다만 물질적으로 아무것도 가진 것 없거나 모든 것을 내놓았을 뿐, 마음에는 오히려 아무나 품을 수 없는 나라와 민족이 있는 것이다. 물질만 추구하는 사람은 한 소아일 뿐이지만, 나라와 민족을 가진 자는 한 대아이다. 마음이 가난한 사람, 정신이 뿌리 뽑힌 사람이야말로 참으로 가난한 사람, '가난뱅이'라고 할 것이다.

그런 의미에서 '게으름뱅이'는 명실상부하게 그냥 '가난뱅이'일 수밖에 없다. 이런저런 사회적인 원인, 객관적인 원인, 불가역적인 원인에 의해 경제적으로 어려운 '가난뱅이'가 아니라, '사회적인 동물', '정신적인 동물'이라는 인간의 원형질이 변질해가면서 마음이 피폐한 '가난뱅이'인 것이다. 그렇게 '게으름뱅이'는 삶의 의미와 용기를 잃은 사람이요, 사회와 소통하기를 포기한 마음이 닫힌 사람이요, 동물과 구별됨이 없는 정신이 뿌리 뽑힌 사람이다. 실로 게으름이 낳은 가난이야말로 인생몰락의 종착역이라고 할 수 있을 것이다. 왜냐하면, "범에게 물려도 정신만 차리면 살 수 있다"라는 속담처럼, 경제적으로 어려운 '가난뱅이'는 인생을 재조립할 수 있는 마음의 장치만 가지고 있다면 어느 땐가는 기회를 잡아 재도약을 할 수도 있지만, 마음이 가난한 '게으름뱅이'는 "건강도 게을러서 못 지킨다"라는 말과 같이, 삶의 의미를 잃고, 생의 의욕을 상실하고, 사회적 의무를 망각하였기에 환골탈태의 정신적인 치유가 있기 전에는 아무래도 온전한 생명조립이 불가능하기 때문이다.

이제 술상에서 했던 친구의 가정 이야기를 들어보기로 하자.

친구의 누님은 농촌에서 올라와 도시 변두리에 셋집을 내고, 순대 따위 음식물을 시장에 내다 파는데 매일 꼭두새벽에 일어나 음식물을 장만해서는 밀차에 싣고 시장에 나간다. 재래시장의 한 귀퉁이에 앉아서 해질 때까지 사람들이 그 앞을 오갈 때마다 '사구려'를 타령처럼 불러댄다. 동전 한 잎 한 잎 받아서는 옆구리에 꿰찬 돈주머니에 넣으면서, 시장에 그렇게 먹고 싶은 음식들도 많았지만 차마 사 먹을 엄두도 못 내고 그냥 손바닥 길이만한 순대 한 조각으로 점심을 때운다. 온종일 팔아봤자 몇 푼 안 되었지만, 그나마 빈 그릇들만 챙길 수 있을 때는 마음이 즐거웠다. 그렇게 매일매일 날이 저물어서야 지친 몸으로 밀차를 끌고 집으로 돌아온다.

그런데 집에 돌아오면 그를 맞아주는 건 또 집안일이었다. 석탄을 때는 집이라 부엌의 일도 고역이고, 석탄재와 매연에 그을린 집을 거두는 일도 쉽지 않았다.

그런데 매형 되는 사람은 아주 젊은 늙은이가 돼버렸다. 워낙 허약한 체질이라 무거운 일을 하기에는 무리라 하겠지만, 허약한 게 무슨 벼슬이라도 되는 듯이 얼싸 좋다고 아예 집안일에는 손가락 하나 까딱하지 않았다. 매일 매일을 마실 다니거나 늙은이들의 장기판에 끼어 붙어서 옥신각신 얼굴을 붉히기도 하면서 신선놀음에 도낏자루 썩는 줄 모른다. 정말 가난할수록 기와집 짓는다더니 그만큼 셈평이 좋은 인생도 있을까 싶다. 설령 집에 한가히 있을지라도 '가마 목 운전수'가 되어 소금을 더 넣어라, 미원을 더 넣어라 하고 한 치 혀만 잘 놀려댄다.

허약한 남편을 불쌍하게 생각해준 아내의 선량한 마음이 버릇을 잘못 굳힌 걸까, 아니면 남자는 집안일을 하지 않는다는 가부장적인 의식이 그의 허약한 몸뚱이에 대남자의 허울을 씌워준 것일까. 그 스스로는 여유롭고 행복한 나날을 즐긴다고 생각할지 모르나 하릴없이 무의미한 하루하루를 반복하면서, 가정을 위해 밤낮으로 맴돌아 치는 아내를 보면서도 마음에 톱질하는 아픔조차 느끼지 못하는 마비된 인생은 산송장임에 불과하다. 만약에 아내의 갸륵한 마음이 남편의 게으름 병을 낳았다면, 인생을 열심히 살아가는 아내가 그에게 찾아준 현주소는 오히려 산송장이 돌아다닐 수 있는 하나의 무덤이라고 할 수밖에 없을 것이다.

하지만 선량한 아내의 마음이 무슨 죄랴, 무덤 속에서 정신이 뿌리 뽑힌 살아 움직이는 송장이 되어 그런 아내의 마음을 읽지 못하는 스스로가 한심할 뿐이다. 아내는 가난의 때를 벗고 행복한 가정을 만들려고 애를 쓰면서 그에게는 인생 부활의 의미가 돋을 그러한 가능성을 열어 놓고 있음에도, 그 자신은 오히려 그 가능성마저 열린 채로 내버려 두고, 다만 어제, 오늘, 내일이 무의미한 반복만을 거듭하는 마비된 인생을 살고 있으니 그것은 인생 자체가 낭비된 생명의 찌꺼기임에 지나지 않는다.

그런데 친구가 들려준 동생들의 이야기는 또 이와는 아주 극명하게 대조를 이루었다.

친구한테는 누님 말고 또 아래로 쌍둥이 누이동생들이 있었는데 둘이 다 역시 음식물장사를 하고 있었다. 그런데 보배로운 것은 그들 쌍둥이는 두 집 모두 부부가 꼭 맞물린 톱니바퀴처럼 일손이 척척 맞아 돌아갔다. 남편들은 아침 일찍 아내와 함께 음식물을 만들어서는 밀차로 시장까지 밀어다 주고 나서는 다시 공사장에 일하러 나간다. 하루 일을 마치고 집에 돌아오면 아내가 오기 전에 미리 아궁이에 불을 지피는 등 집안일도 스스로 잘 찾아서 한다. 삭막한 세속의 풍진 속에서도 삶의 자세를 흐트러짐이 없이, 가난에 적극적인 대응을 하면서 부부가 손잡고 생의 강한 실천 능력을 키워가는 그들의 모습은 참으로 보기 좋았다. 그들의 이야기를 들으면서 가난 구제는 나라도 못한다는 속담과 함께, 게으른 놈의 가난은 죽어야 끝이 난다는 명언을 새삼스럽게 떠올리게 된다.

친구의 이야기를 듣노라니 또 지난번 추석에 아버지 산소를 찾아 투문으로 갔다가 기차역 광장 앞거리에서 목격한, 퍽 감동적이었던 정경이 뇌리에 선히 떠올랐다.

기차역 광장 앞거리의 광장 입구 양편으로 조금은 구석진 쪽에 구두닦이들이 있었는데, 지나가다가 구두닦이들이 손님들과 주거니 받거니 하는 말을 들으려니 그중에는 어린 조선족 소녀도 있었다. 실로 경천동지(惊天动地)할 만한 일이었다. 구두닦이 조선족 소녀라니, 우리 주변에서 구두닦이라고 하면 이 이전에는 조선족 소녀가 아니라 조선족 소년도 거의 찾아볼 수 없었다.

워낙 체면의식이 남달리 발달한 우리 민족은 빈부귀천에 너무도 격하게 과잉반응을 나타낸다. 비 민중적이고 비현실적인 고루한 양반의식이 우리 의식에 깊이 뿌리내려 굶어 죽더라도 체면 하나만은 버리지 못한다. 어지럽고 힘들고 초라하고 창피하다고 생각하는 그런 일에서는 조선족을 거의 찾아볼 수조차 없었다. 그래서 그런 일들을 관내(关内) 사람들이 싹 다 쓸어버려서 조선족의 돈을 그네들이 다 벌어간다고 했다.

그런데 큰길가에 앉아 체면을 무릅쓰고 길가는 나그네의 구두를 열심히 닦아주고 있는 조선족 소녀, 그냥 부드럽고 조용하고 깨끗한 것이 우리 조선족 여성의 참모습이라면 그 소녀의 처신을 어떻게 봐야 할까. 우리 민족의 체면의식에 대한 반역? 양반의식에 대한 반발? 시대적 변화에 따른 의식의 변질? 사람마다 생각을 달리하여 이러쿵저러쿵 시시비비를 할 수도 있겠지만, 나로서는 아무튼 인생의 아픔을 딛고 삶을 갈무리하면서, 자기 삶의 현주소를 확인하고 열심히 인생을 실천해 가는 어린 소녀의 모습은 누추해 보이는 것이 아니라 그냥 대견스럽기만 하였다. 모르긴 몰라도 구두닦이를 선택한 소녀의 처지와 가정형편에는 틀림없이 말 못 할 어떤 기막힌 사정이 있을 것이리라. 가던 길을 멈추고, 생각에도 없던 구두를 어린 소녀에게 닦으라고 시키면서 괜히 아픈 상처를 건드리는 것 같아 차마 그 사정을 물어보지는 못했지만 말이다.

물론 한 사람의 인생에는 현실의 삶과 이상적인 삶이 언제나 쌍둥이처럼 동반한다. 그런데 사람의 욕심은 흔히 실천 능력보다는 훨씬 크고 쉽게 팽창한다. 사람들이 흔히 순금보다 도금에 마음을 빼앗기는 것도 바로 지나친 욕심에 눈이 쉽게 어두워지기 때문이다. 그러나 현실의 삶을 외면한 '이상적인 삶'이란 그 자체가 벌써 인생의 무덤이다. 그만큼 현실의 삶을 외면하고 인생의 실천 능력을 초월한 이른바 '이상'이나 '꿈'의 종말은 오히려 그 사람이 자기가 지나온 삶에 대해 어떻게 갈무리하는가에 따라서는 새로운 삶의 시작을 의미할 수도 있고 비장한 인생 부활을 상징할 수도 있다.

우리의 고전에 "흥부전"이 있다. 전통적인 문학해석으로는 악덕의 상징 인물인 놀부와 선량함의 상징 인물인 흥부의 형상을 통하여 죄는 지은 데로 가고 덕은 쌓은 데로 간다는 인과보응 설을 말한다고 할 것이다. 그러나 삶의 현장에는 이른바 비천한 일은 하기 싫어하면서 토끼가 부딪쳐 죽은 나무그루터기를 지키고 앉은 인간들이 많은데, 어찌 보면 제비 다리를 비끄러매주고 벼락부자가 된 흥부를, 그 과정을 생략한 채로 결과만 추종하는 의식이 모름지기 자리매김한 것 같다.

언제는 누군가가 돈 많은 한국인을 사경에서 구해주고 보은을 받았다는 말에 왜 나한테는 그런 행운이 내리지 않을까 하면서 무심한 하나님을 원망하는 사람을 본 적이 있는데, 그냥 우스갯소리를 한다고 받아줄 수 없을 정도로 너무나 진지하고 안타까운 모습이었다. 또 누구는 2원짜리 유상증권 한 장으로 승용차를 획득했다는 말에 욕심이 팽창하여 도박심리를 발동했다가 본전만 몽땅 말아먹었다는 이야기를 듣기도 했다. 길을 가다가 행여나 보물을 줍지나 않을까 하는 요행 심리에 좀처럼 머리를 들고 다니지 못하면서 은근히 가슴을 달구는 못난 인간도 없지 않을 것이다.

지나치게 팽창한 욕심이나 현실의 삶을 외면한 '이상적인 삶'의 추구는 오히려 그대로 게으름을 낳는 것이고 그 게으름이 결국 가난을 몰아온다. 그런 요행 심리는 삶을 더 적극적이고 긍정적으로 실천 능력에 맞게 조립하여 현실에 대응하려는 마음을 죽여 버리기 때문이다.

우리 속담에 '게으른 년이 삼가라 세고 게으른 놈이 밭고랑 센다'라는 말이 있다.

어떤 재난이나 초인간적인 힘의 희롱도 아니고 그냥 달을 따려고 떼질 쓰는 천진한 어린이의 짓거리 같은 인생 자세가 문제라면, 그런 가난의 뿌리는 바로 정신적 독방이 없는 공허한 마음이요, 그런 '가난뱅이'의 별명은 바로 '게으름뱅이'이다.

갑 속에 든 사람과 '틀' 허물기

우리 생활에서 쓰고 있는 물건은 과학에서 물체라고 일컫는다. 정의하면 시각적으로 확인할 수 있는 일정한 크기와 모양을 갖추고 그 크기만한 공간을 차지하는 실존적인 사물을 말한다. 물체는 일정한 물질을 질료로 형성되는데, 단일한 물질로 형성된 것도 있지만 더 많이는, 아니 거의 절대적으로는 여러 가지 물질이 혼합되어 형성된다.

요는, 이러한 혼합물에 섞여 있는 여러 가지 물질은 서로 작용하면서 하나의 혼합물을 형성하면서도 그 본래의 성질 또한 그대로 가지고 있다는 것이다. 사과 주스, 딸기 주스, 오렌지 주스 등을 예로 들어도 사과, 딸기, 오렌지 등 과일과 설탕 등을 섞어 만든 혼합물인데, 그 각각의 혼합요소들은 이제 눈으로는 가려볼 수 없이 형태가 변한 상태이지만 그 본래의 성질을 잃지 않고 신맛, 향긋한 맛, 상쾌한 맛, 단맛들을 그대로 나타내는 것이다. 이보다는 조립한 물체, 또는 거푸집에 부어낸 물체는 그 구성 물질이 더 뚜렷하게 하나의 물체이면서 또 다른 혼합물의 구성요소로서의 물질로 작용하는 것을 볼 수 있다. 옷장 하나에서도 유리, 나무, 쇠붙이(못), 접착제 등 많은 물체가 옷장을 형성하는 물질로 혼합되어 있다.

거의 절대 부분의 물체가 여러 가지 물질의 혼합물이라고 할 때, 여기에서 또 중요한 것은 어떤 물체의 형성은 어떤 특정 물질의 혼합으로 되어있다는 것과 그러한 물질들은 또 임의적이 아닌 일정한 방식으로 혼합되었다는 것이다. 결국, 어떤 물질이든지 무릇 모이면 어떤 물체를 이루기 위하여 서로를 보충하고 제약하는 규칙이나 질서를 형성하게 된다. 일단 그 질서가 파괴되면 천지개벽이 일어나거나 적어도 구조적인 변질이 있게 되는 것이다.

인간사회의 변화도 이와 크게 다르지 않다. 그것은 자연의 변화와 마찬가지로 인간사회라는 이 물체를 구성하는 제 물질요소들의 변화와 재조합에 의해 변화, 발전해온 것이다. 인간사회는 국가라는 물질로, 국가는 사회집단이라는 물질로, 사회집단은 일정한 사람들의 무리라는 물질로 형성되었다. 인류의 발전 역사를 되돌아보면, 인간의 삶의 방식의 변화가 사회집단의 성격을 변화시켰고, 사회집단의 변화가 국가의 성질을 변화시켰고, 국가의 변화가 지역적인 변화를 통하여 인류사회의 단계적인 발전을 이끌어왔다.

여기에서 관건은 인간의 삶의 방식 변화이다. 이는 인류 발전의 가장 근본적인 원인이며 필연적인 결과이기도 하다. 그런데 이러한 인간의 삶의 방식 변화는, 보다 본질에서는 물질문명의 발전과 함께 인간의 의식이 부단히 제고되었기 때문이다. 왜냐하면, 인간은 인간사회를 구성하는 가장 작은 단위에 가장 본질적인 물질로서, 달리 일컬어 사유하는 정신적인 동물이기 때문이다. 즉 인간은 일정한 삶의 환경이나 생활영역을 구축하고 여럿 또는 집단이 함께 그 속에서 어우러져 사는 이른바 사유하는 집단동물, 정신적인 동물이다.

이른바 사유하는 정신적인 사회적 동물로서의 인간은 그 발전단계에 따라서 어떤 법과 윤리와 질서로 서로를 약속하고 제약하면서 서로의 피해에서 보호받을 수 있다. 자연에로의 회귀, 개성해방과 무한한 자유에로의 갈망이 인간의 궁극적인 희망 사항일지라도, 법과 도덕과 질서가 필요한 것은, 바로 인간은 무한대로 사유가 가능한 정신적인 집단동물로서 타인을 외면한 채 그냥 내 멋, 내 생각대로만 살 수는 없기 때문이다. 나 하나의 생각이나 행위가 여러 사람과 이해관계를 달리하거나 심지어는 타인에게 피해를 주게 될 때 그는 결코 집단의 용서를 받을 수 없으며 결국은 집단에 의하여 억제당할 수밖에 없다. 불평등 속의 자유는 타인의 피해를 전제로 하기 때문이다.

그런데 인간이 다른 동물과 구별되는 것은, 바로 정신적인 동물로서 이러한 집단 내의 피해를 극복할 수 있는 제도적 장치를 만들 줄 안다는 것이다. 이러한 제도적 장치가 없다면, 무한한 사유능력을 소유한 인간은 벌써 스스로 자멸하고 말았을지도 모를 일이다. 풍부한 상상력과 향상심을 가진 인간은 그만큼 무한한 욕심이 마음에 도사리고 있기에 브레이크가 없는 자유는 그만큼 벌써 방종이 앞서기 때문이다.

결국, 인간은 일정한 제도적 장치와 약속하면서 자기 억제능력을 키우게 되는 것이다. 그 약속을 어기면 자칫 자유가 아니라 억압을 받을 수 있다. 설령 그것이 제도적인 것이 아니고, 자그마한 무리, 동아리의 약속일지라도 일단 어기면 따돌림당하기가 십상이다. 그래서 정신적인 집단동물인 인간은 산중에서의 홀로의 외로움보다 무리 속에서의 고독이 최대의 불행이라고도 한다.

인간사회에는 타인이나 전체를 위해서라는 사회적 공익에 앞서 벌써 서로서로 피해에서 보호받기 위해서라도 어떤 약속이 필요한 것이다. 즉 상호보존의 원리로 나 자신이 타인의 과욕의 희생물이 되지 않기 위해서는 아무래도 어쩔 수 없이 법과 도덕과 질서 따위가 요청된다는 것이다.

그러나 또 그만큼 법이나 도덕이나 질서는 사유하는 정신적인 집단동물로서의 인간이 일정한 사회발전 단계에서 인간들의 보편적인 인식수준에 맞게 서로를 제약하고 경계하면서 평화롭게 살아가기 위한 상대적인 보호장치이지 절대적인 가치 기준은 아니다. 그러기에 그것은 그 시대의 도덕과 질서를 위해서 강압적인 성격을 띠는 것이고 따라서 때로는 인정과 사랑과 천륜마저도 외면해 버리는 경우가 없지 않다.

따라서 법, 도덕, 질서는 시대적 요청과 사회의 발전이라는 두 측면에서 관찰할 때 모순 속에서 변화, 발전하는 변증법적이다. 즉 그것이 당대 사회의 안정에 유효하고 현실을 살아가는 인간들의 보편적인 인식수준에 부합할 때에는 긍정적인 역할을 할 것이지만, 만약 그것이 시대의 발전을 저해하고 인간의 새로운 가치 추구에 역행할 때에는 부정적인 역할을 하게 된다.

어떤 제도적 장치의 제약을 받거나 어떤 약속의 지배를 받는다는 것을 개념화하면, 인간에게는 '틀'이란 것이 있고 인간의 모든 언어나 행위는 그 '틀'의 주조물일 때라야만 사회의 승인을 받을 수 있다는 것이다.

'틀', '틀'은 인간을 자연인으로부터 사회적인 문화인으로 성장시키는 유일한 수단이며 인간을 집단 속에서 평화 공존하게 하는 제도적인 장치이다. 이러한 '틀'은 국가 차원에서의 법규, 문화습관에 의한 도덕규범 및 사회적인 여러 가지 질서에 의해서 이루어진다.

생활의 일상에서도 이러한 '틀'은 수시로, 그리고 가는 곳마다 인간의 언어나 행위를 규제한다.

결혼식에 가서는 축하의 의미로 환한 웃음을 웃어주고 장례식에 가서는 애도의 의미로 슬픈 표정을 보여주는 것이 결코 허위적이 아닌, 문화인의 선의적인 '틀' 차리기라고 해야 할 것이다.

주인의 자리에서 따스함을 베풀고 손님의 자리에서 겸손함을 나타내는 것도 문화 인격에 따라 주객이 차리는 '틀'이라고 할 것이다.

수영장에서 비키니를 입으면 인체미를 보여줄 수 있지만 거리 바닥에서 알몸을 드러내면 진화가 덜 된 미개인의 표상으로밖에 보이지 않는다.

이른바 목적의 정당성(?)을 위하여 악의 수단도 가리지 않는다면, 나중에 인간실패는 그 자신이 당하게 된다. 악의 수단은 타인에 대한 피해를 전제로 하기에 궁극적으로는 '틀'에 의한 인간 약속의 판결을 받지 않을 수 없기 때문이다.

그런데도 '틀'이란 것이 변화가 없으면 그것은 역으로 인간을 속박하는 쇠고랑이 될 수도 있다. 사람이 성장하면 발도 크기 마련이므로 신도 그에 맞는 크기로 바꿔 신어야 하는 것과 마찬가지 이치이다.

인류는 '틀'과의 약속을 지킴으로써 평화 공존하지만, 역시 '틀'에 대한 부단한 개진과 파괴 속에서 성장하고 이상을 현실이 되게 한다. 흘러간 인류사회가 역사라는 '틀' 속에 갇힐 수밖에 없는 것은 오늘을 사는 인간들이 새로운 '틀'을 설계해 낸 까닭이다. '틀'이란 것이 어떤 가치판단 기준이 아니라, 사유하는 정신적인 집단동물이라고 하는 인간이 사회를 어우러져 살아가기 위한 약속인 만큼, 인간들이 문화의 성장과 함께 어제의 이상이 현실이 된 삶의 현장에서 새로운 이상을 실현하기 위하여 새로운 '틀'을 설계해 내는 것은 지극히 당연할 수밖에 없다. 인간의 보편적 인식수준의 제고에서 보면 부단한 '틀' 허물기가 인류사회를 발전시켰고, 또 사회의 발전에 따라 인간을 보다 더 자유롭고 온전한 인격체로 만들어 가고 있다고 할 것이다. 오늘의 현실이 어제의 이상이나 희망 사항이었다면, 오늘의 현실은 바로 어제의 '틀'을 혁신한 결과라고 할 수 있을 것이다.

사회가 개방적으로 개체의 자유와 성장을 보장해주는 현시점에서 '남녀칠세부동석'이라거나 허례허식 양반의 틀을 운운한다면 우리는 역사를 재현하는 배우의 연기를 감상하는 기분일 것이다.

우리의 전통적인 집 구조가 온돌에 이엉이라고 해서 서울의 번화한 거리에 초가집을 쭉 들여앉힌다면, 그것에 전통한옥마을이라는 민속학적 의미가 매겨지지 않는 한 우리는 학의 무리에 든 오리를 연상하게 된다.

축구에서는 문지기가 자기 쪽 선수가 고의로 차 넘겨주는 공을 손으로 받아 쥐면 반칙으로 페널티킥이 된다. 원래의 규칙에는 반칙이 아니었는데, 직접 몸과 몸을 부딪치는 치열한 대항적인 경기의 성격상 이는 경기의 공격성을 떨어뜨려 볼 재미를 잃게 하기에 새롭게 고친 것이다. 이런 규칙 때문에 소극적인 방어는 위험이 가중되게 된 것이고, 따라서 팀들은 전술적으로 좀 더 공격 위주의 축구를 구상하게 된 것이다.

세상 모든 것에 '틀'이 있다. 그리고 그 '틀' 속에 있던 것이 변화하고 변질되면서 부단히 그 '틀'을 깨뜨리고 또 다른 '틀' 속에 갇힌다. 지진, 화산 폭발, 홍수 범람 등 자연현상도 결국은 그 '틀' 속에 있던 것이 '틀'을 차고 넘친 결과로 폭발한 것이고 폭발 후엔 또 다른 '틀'을 형성한다.

인간사회도 그렇다. 결국, 인류사회 발전 역사는 부단히 기성된 '틀'

을 허물고 또 다른 '틀'을 만들고, 그 새로운 '틀' 속에서 그에 맞는 새로운 질서를 잡아가는 과정이다. 그런데 이러한 '틀' 허물기는 무분별하고 무질서하게, 그리고 무시로 아무렇게나 이루어지는 것이 결코 아니다. '틀'의 변화, 나아가 '틀' 허물기는 사회발전과 인간의 보편적인 인식수준의 제고 및 현실적 삶의 정당한 요청에 따라 이루어져야 하지, 개미가 제방을 허물 듯이 어떤 개체의 욕심팽창이나 어떤 집단의 배타적인 이익계산에 의한 파괴로 기인한다면 그 사회는 오히려 퇴보하거나 혼란에 빠져버리게 될 것이다.

인간은 집단의 행위규범과 사유방식으로 자리매김한 문화의 자아공제능력과 자아조절능력에 의해 사회질서를 안정시키기도 하고 재정립하기도 하면서 인류사회를 더 완성된 자유의 왕국으로 한보 나아가게 한다. 문화의 자아 공제능력이 없다면 인간사회는 혼돈에 빠지게 될 것이고, 반대로 문화의 자아조절능력이 없다면 인간은 답보상태에서 '형틀'에 매인 고통스러운 삶을 살게 될 것이다.

삶의 현실적인 질서로 자리매김하고 있는 '틀'의 약속을 총체적으로 지켜가면서도 문화성장적이고 미래지향적인 창조력으로 기성적인 '틀'을 허물고 새로운 이상적인 '틀'(신생 사물은 언제나 이상적인 농도가 짙을 수밖에 없다)을 구축하려고 노력하는 사람이야말로 창조적인 삶, 성장적인 삶, 미래지향적인 삶을 살아간다고 할 수 있을 것이다. 이런 삶은 오직 법과 도덕과 질서 등 사회의 기성된 '틀'에 자기를 순종적으로 매어놓으려고만 하지 않고, 그것을 하나의 삶의 방식으로 접수하되 정신건강에 노력하여 마음의 부자가 되고 자신의 정신적인 독방을 화려하게 꾸며가는 사람에게만 있을 수 있다.

아무튼, 인류사회 발전의 법칙에서 보면, 변질되고 낙후되고 도태된

'틀'은 과감하게 허물어야 한다. 그렇게 하지 않을 때, 그 '틀'은 사회의 약속보다는 인간에 대한 억압적인 힘으로 작용하여 시대의 발전을 저해하게 되는 것이다. 거듭 말하거니와 인간이 성장하였는데 '발을 깎아 신에 맞출 수는 없지 않은가'.

네 마음에 내가 있고 내 마음에 네가 있는 것, 다시 말하면 자타가 어우러져 아름다운 협화음을 울릴 수 있는 자율적인 삶을 위한 '틀'을 마련하는 것이 인간의 가장 바람직하고 이상적인 희망 사항일 것이다.

인간은 '틀'이 필요하다. 그러나 이제 역사로만 남을 '틀'은 과감히 버려야 한다.

거짓말 이설

인간을 일컬어 흔히 사유하는 정신적인 동물이라고 한다. 자연의 울타리에서 살아가는 생명체로 말하면 역시 동물에 속하지만, 여타의 동물과는 달리 무한한 상상력과 종합적이고 논리적인 사유능력을 가진 유별난 '동물'이라는 것이다.

인간만이 가진 호풍환우(呼风唤雨)의 힘은, 인간을 자연에 더 지혜롭게 대응하면서 우주의 은혜를 마음껏 누릴 수 있게 하기도 하고, 지나친 욕심에 자연의 섭리를 어겨 인위적인 재앙을 불러 벌을 받게 하기도 한다. 그만큼 인간에게 있어서는 마음, 영혼 또는 정신이라고 하는 비물질적이면서도 실재적인 의식의 생산수단이 인간의 운명을 결정하는 근원이 되는 것이고, 이 근원은 결국 우주의 근원에 뿌리를 두고 있다. 마음, 영혼 또는 정신이 바르게 서야만 정확한 의식을 생산할 수 있고, 정확한 의식이 수립되어야만 세상을 바르게 인식할 수가 있다.

사람이 세상에 갓 태어났을 때는 여타의 동물과 크게 다를 바 없다. 그저 자연의 섭리에 따라 종족 보존의 본능으로 생산해 낸 단순한 생명체에 불과한 것이다. 어른과 영아, 문화적인 차원에서 보면 그들 사이는 아직 '세대 관계'이기 전에 우선은 '문화인'과 '자연인'의 관계이다. 그들은 인간이라는 동질성과 '문화인'과 '자연인'이라는 이질성을 동시에 갖고 있다. 본의 아니게 어른이라는 사회구성원의 '도움'을 받아 점차 '문화인'으로 성장해 가는 아이는 당연히 '문화인'인 어른을 보기로 삼을 수밖에 없다. 결국, 이질성을 극복하고 동질성을 공유한다는 것은, 어른의 문화인격을 닮아간다는 의미가 되겠으니, 그래서 부모는 자식의 거울, 보기라고 하는 것이다.

그만큼 부모의 문화인격 또는 마음, 영혼, 정신이 생산해 낸 의식이 어떤 것인가는 아이의 성장에 직결되는 가장 기본적인 학습조건이 된다고 하겠다. 그래서 역으로, 어른은 또 아이를 거울로 삼아 자기를 반성하게 되는 것이다. 아이라는 거울 속에 비친 자기를 새삼스럽게 발견하게 되는 수도 있기 때문이다.

아들애는 이제 다섯 살이다. '자연인'으로 태어나 어른을 '흉내' 내면서 '문화인'으로 성장하는 과정을 5년을 거쳤다는 얘기가 된다. 역시 우리와 함께 '문화인'과 '자연인'이라는 이질성을 극복하면서 '문화인'이라는 동질성을 더 많이 공유해가는 과정이었다고 할 것이다.

그 애한테 우리는 어떤 '문화인'일까. 우리는 애한테 어떤 문화인격을 수립시키고 있었을까. 우리의 의식, 사회인식에는 어떤 잘못되거나 왜곡된 것들이 있을까. 사회 신입생을 받아들이고 그 성장을 책임져야 하는 사회구성원으로서는 한 번쯤은 생각할 법한 문제이다.

아이의 마음, 즉 동심은 파란 잔디밭이라고나 할까, 아름다운 그림을 그릴 수 있는 하얀 백지와 같다고나 할까. 이제 그 잔디밭에 무엇이 자랄지, 하얀 백지에 어떤 그림이 그려질지, 걸음마를 떼는 아이의 손을 놓아줄 때부터 부모로서는 항상 생각하게 되는 것이다.

우리는 아이 앞에서 일거수일투족을 애써 아름답게 꾸미려고 모질음을 쓴다. 마치도 흰 종이에는 어떤 색깔이나 다 옮을 수 있듯이, 고운 말이든, 미운 말이든, 옳은 행동이든, 그른 행동이든 아무튼 그것이 문화인인 어른이 한 것이라면 고스란히 그대로 아이한테 '접수'될 수 있기 때문이다. 그런데 지나친 조심성이 더 부자연스러울 때가 많다. 몸에 배지 못한 '공식화'된 규범을 지키노라니 자연 그 배역이 서투를 수밖에 없다.

게다가 아들애는 나이를 한 살 한 살 더 먹어가면서 호기심에 찬 질문도 많아졌고 성인사회에 대한 불신(회의?)도 훨씬 커진 듯싶었다. 그 애의 엉뚱한 질문이나 간단한 추리, 판단에 문득문득 놀라움을 금치 못할 때가 한두 번이 아니었고, 그래서 전에는 예사롭게 지나쳤던 사회현상에도 새삼스럽게 철학적 사색까지 굴리지 않을 수 없는 경우도 종종 있었다.

얼마 전의 어느 휴식일이었다. 금방 아침을 먹고 밖에 나가 산책하고 돌아오는데 아들애가 무슨 큰일이라도 생긴 것처럼 떠들어댔다.

"아버지, 아버지, 아까 어머니가 거짓말 했습다."

"응, 무슨 거짓말을 했는데?"

나는 아내를 핀잔주려는 듯 쳐다보았다.

"아까 아버지 친구한테서 전화가 왔을 때 어머니가 아버지를 화룡 갔다고 거짓말했습다. 어머니 거짓말쟁임다."

거짓말을 했다는 아들의 말에 나는 대뜸 언짢은 기색으로 아내한테 눈총을 쏘았다. 그러자 아내는 얼굴을 붉히며 아들애를 흘겨보더니 바삐 변명하였다.

"마작 놀러 가자고 전화 왔더군요. 오늘 해야 할 것들이 많아 하루 종일 바쁠 것 같다기에 둘러댄 거예요……"

한순간은 할 말을 찾지 못했다. 아내와 아들애가 다 접수할 수 있는 표정을 골라잡지 못하고, 조금은 당황한 마음에 그런대로 침착한 척하면서도 멍청한 상을 하고 말았다.

그런데 아들애가 또 떠들어댔다.

"그런데 어째 나를 보고 거짓말을 하면 나쁜 사람이 된다고 했슴까?"

순간, 이거 우리와 아이 사이에 '문화인'으로서의 동질성을 공유한다면서 뭔가 잘못 소통되고 있다는 생각이 들었다.

아직 말귀도 채 알아듣지 못하던 어릴 때부터 귀에 못이 박이도록 주입한 것이 도둑질하면 나쁜 사람이다, 거짓말을 하면 나쁜 사람이다… 하는 식의 훈도였으니 어느덧 그런 것들이 그 애가 문화인으로 성장하는 데 각인된 것이다.

결론적으로 분별력도 없는 어린아이한테 극히 피상적이고 추상적인 도리를 아무런 해석이나 여과도 없이 하나의 절대적인 진리인 것처럼 말해버렸다.

그런데 지금 어른이 그 내용과는 빗나간 행위를 아이 앞에서 공공연히 저지른 것이다. 엄마는 지금 아이가 믿고 있는, 그러나 왜곡된 잣대 탓에 비난당할 처지에 놓이고 만 것이다. 아이한테, 거짓말을 하는 사람과 거짓말을 들은 사람과의 사이에 인과적으로 나쁜 일이 생겼는지 안 생겼는지, 피해가 있었는지 없었는지 따져보아서 그 말을 이해해야 한다고 설명해줄 필요가 있었다.

하지만 이처럼 오묘한 도리를 아이한테 어떻게 하면 알아들을 수 있게 해줄 수 있을까. 한참 망설이다가 아이한테 되물었다.

"너 아버지가 공부하는 게 좋니? 마작 노는 게 좋니?"

"공부하는 게 좋습니다."

그러던 아들애는 갑자기 무슨 신대륙이나 발견한 듯이 눈을 반짝 빛내며 소리치는 것이었다.

"아, 그런 건 좋은 거짓말임다. 예?"

"엉?"

다섯 살짜리 아이의 너무도 엉뚱한 추리에 잠깐은 어안이 벙벙했던 나는 마침내 아내와 함께 웃어버렸다. 어떻게 아이를 이해시킬지 몰라 쩔쩔매던 차에 오히려 아이가 너무도 쉽게 철학 명제 못지않게 심오한 문제를 보기 좋게 푼 것만 같았다.

"그래, 네 말이 맞아. 남을 아프게 하는 거짓말은 나쁜 거짓말이고, 남을 아프지 않게 하는 거짓말은 좋은 거짓말이야."

좋은 거짓말, 참 유치하면서도 멋스러운 말이다. 거짓말에도 좋고 나쁨의 구별은 있다는 말이 된다. 구태여 단어의 합리성을 추상적으로 따질 필요가 있는가. 아니, 따진다고 해도 틀린 말은 아닌 것 같다.

사실 거짓말이란, "사실 아닌 것을 사실인 것처럼 꾸며서 하는 말"이라는 사전적인 정의로 봐도 "거짓말하면 나쁜 사람"이라는 결론과 직결되지는 않는다. 여기에는 무엇 때문에 거짓말했는지 목적어가 필요하기 때문이다.

그러고 보니, 그동안 우리가 오히려 거짓말이란 단어를 개념적으로 왜곡하였던 것 같다. 사실 아닌 것을 좋은 뜻에서, 선의적인 의미에서 사실인 것처럼 꾸몄는지, 아니면 나쁜 뜻에서, 악의적인 의미에서 사실인 것처럼 꾸몄는지 확인하는 핵심적인 분석과정을 생략한 채로 그냥 거짓말을 나쁜 개념으로 왜곡해서 아이한테 "거짓말하면 나쁜 사람"이라는 의식을 심어주었다.

"엄마 찾아 삼만 리"(영화)에서 오빠는 얼마 되지 않는 동냥한 음식을 어린 여동생한테 그대로 몽땅 내주면서 자기는 먼저 먹었으니 어린 너나 많이 먹으라고 한다. 그러면서 게걸스레 먹어대는 여동생을 바라보면서 군침을 꼴깍 삼킨다. 분명 자기도 여러 끼니를 굶어서 배고프면서도 어린 여동생을 위해 겨우겨우 동냥해 온 음식을 입에 대지도 않고서 먹었다고 거짓말을 한 것이다.

굳이 목적을 나타내는 수식어를 붙인다면 희생적인 거짓말이라고 할까. 아무튼, 타인을 위해 자기를 희생하는, 지극히 도덕과 인정에 젖은 거짓말이라 하겠다.

거리에서 워낙 관계가 그리 투명하지 못하고 심지어는 알력까지 있는 두 사람이 만났는데 얼굴에 웃음을 피우며 아는 체를 한다.

남의 결혼식에 참석해서는 자식이나 형제가 결혼하는 것처럼 조금은 과장된 웃음을 웃어주고, 또 남의 장례식에 참석해서도 부모나 형제가 돌아간 것처럼 과장된 슬픔을 나타내는 등등...

이런 거짓말은 뭐라고 명명할까? 문화인격이란 말이 성립된다면, 생각나는 대로 먼저 선의에 의한 문화적인 거짓말이라고 해보자.

'백 사람이면 백 가지 성미'라고 남남에 아니, 심지어는 혈육지간에도 생각이 착착 맞물리는 것은 아닌데, 그렇다고 사사건건 부딪치면서 내내 얼굴을 붉히고 심지어는 드잡이 따위를 한다면 인정이란 무엇이고 질서란 또 무엇인가. 그러니 문화적인 거짓말이란, 작은 알력을 숨기고 큰 화목을 도모하며 예의와 문화인격을 수립하기 위해 문화의 '틀'에 맞추는 거짓말이라 하겠다. 그러고 보면, 원시인격이란 것이 보다 진실하면서도 대항적이거나 배타적인 것이고, 문화인격이란 것이 더욱 가식적이면서도 평화적이고 도덕적인 것이 아닐까 싶다.

사실 '거짓말쟁이' 하면, 이 세상에서 가장 능수능란한 '거짓말쟁이'는 엄마라고 할 수 있을 것이다. 이 세상에서 모성애가 가장 위대하다면, 그만큼 엄마는 또 가장 '노련한 거짓말쟁이'이기도 한 것이다. 가장 강렬한 보호 본능에 토대한 모성애는 엄마에게 자식을 위해서라면 희생적인 거짓말도 주저치 않게 한다.

그런데 앞에서 말한 좋은 거짓말, 선의적인 거짓말, 희생적인 거짓말, 문화적인 거짓말은 아니면서도 또한 결코 남을 해치고 자기 욕심을 채우는 악의 소산으로서의 거짓말도 아닌 그런 중간 부류의 거짓말도 있다. 이런 거짓말은 거짓말을 하는 사람을 동정하게 되고 그가 처한 사회, 시대 또는 삶의 신변환경을 비난하게 되면서도, 아무래도 거짓말 자체는 바람직하게 받아들일 수 없는 거짓말이다. 보는 사람에 따라서는 부조리에 대한 저항으로 긍정할 수도 있겠지만, 어찌 됐든 인간적으로 정직하지는 못하다는 비평을 할 수도 있는 그런 거짓말이다.

한 대학생이 우수한 성적으로 대학을 졸업하고 나라의 시책에 따라 기층에 내려가 일하게 되었는데, 때는 마침 그가 인사배치를 받게 되는 시 정부에서 백 명의 대학생을 농촌으로 내려보내 향 정부 산하 각 부서에 배치하기로 하던 시기였다. 조직배치에 복종하지 않으면 불이익이 생기던 때라 선택이랄 것 없이 무조건 복종이었다. 그래도 특정 개인에게만 가해지는 일도 아니므로 여기까지는 별로 불만이 없었고 있을 수도 없었다. 다 함께하는 기층단련이므로 자신의 능력과 성과로 얼마든지 진급이 가능한 것이었다.

몇 년간 밤낮없이 꾸준히 일한 보람으로 그는 맡은 업무에서 눈에 띌 만큼 뚜렷한 실적을 쌓아 올렸고, 뛰어난 능력과 인간관계로 부문

평가에서는 언제나 그에게 엄지를 척 들어줬다. 그는 여러 번 향과 시 정부의 표창을 받았고, 매번 무슨 선거가 있을 때마다 그가 당선되리라는 것은 표결하기도 전에 벌써 불 보듯 뻔한 노릇이었다. 그런데 어쩐 일인지, 그는 부문의 영광을 독차지하다시피 하면서도 몇 년이 되도록 부향장의 물망에만 여러 번 올랐을 뿐, 도저히 향장의 관문은 통과할 수가 없어서 번번이 탈락하고 말았다. 아무리 생각해 봐도 자기와 향장 사이에는 아무런 알력도 없었고, 향장도 늘 자기를 칭찬하고 만날 때마다 반갑게 대해 주었었다. 향장이 워낙 성격이 털털하고 아랫사람들의 '충언'을 좋아하는지라 만나면 늘 향 정부 사업의 문제점들을 말씀드렸을 뿐이었다.

그러던 어느 날, 시 정부의 관련 부서에 공무차로 올라왔다가 시에서 일하는 대학동기를 만나 같이 술 한 잔을 나누면서 그간에 있었던 이야기를 하던 중, 취중진담이라고 무심하게 신세타령을 하게 되었다. 그 말을 들은 친구는 동정하기는커녕 오히려 네가 아무런 뒷배도 없는 신세에 향장한테 잘 보이지는 못할망정 왜 그렇게 불편하게 심기를 건드렸느냐고 핀잔하는 것이었다. 그때 아차 싶었다. 향의 모든 일을 관장하는 향장한테 제 잘난 멋에 나댔으니, '노반 앞에 도끼질'이요, '주인한테 감 놔라 배 놔라' 하는 격이 아닌가. 마음의 금이란 것이 그렇게 쉽게 봉합되는 것도 아닌데, 게다가 아무런 뒷배도 없고.

이튿날, 그는 향장한테 전화를 걸어, 자기는 모 부시장인데 자기의 먼 조카뻘 되는 아무개가 일 잘하느냐고 물었다. 그 전화 이후 그의 신변에는 돌변이 일어났다. 그로부터 얼마 후에 그는 영광스럽게도(?) 부향장으로 승진하였다.

이 이야기가 어디까지 사실인지는 확인되지 않았지만, 굳이 따질 필요도 없을 것이다. 사회적 비리를 풍자하여 확대 가공한 것일 수도 있는 것이다. 도리대로 하면 이것은 없어야 할 거짓말이다. 그러나 그런 생활 현장에서는 있을 법도 한, 아니 있을 수밖에 없는 필연성까지를 가지고 있다는 것이 오히려 안타깝지만, 비극적으로 받아들이게 되는 결론이다. 그것은 악의 범람이나 사회적 비리가 제도적으로 극복되지 못하고, 정당한 경쟁과 노력의 가치가 사회의 정의와 공정함에 의해 보장받지 못하는 한, 어느 한 개인의 정직한 노력만으로는 도저히 극복 불가능하기 때문이다.

더욱이 권력이란 한 사람이 만 사람을 다스리는 것이요, 또 층층이 구슬처럼 꿰어져 있는 것이기에, 권력이 있는 자 덕을 행하면 만 사람이 복을 입게 되고, 반대로 권력이 있는 자 악을 행하면 만 사람이 해를 입게 되는 법이다. 그런데 또 권력에 매달린 자들은 촉매제에 대해서는 놀라울 정도로 쾌속 반응을 나타낸다. 특히 권력 자체가 어떤 일에서 직접 촉매제로 나설 때 그 일은 에누리 없이 성공을 미리 축하할 수 있다. 그런 의미에서는, 만약 거짓말의 대상물이 사회적인 부패 또는 제도적인 악이라면 그런 거짓말이 어느 정도로는 진실과 정의의 가면이나 저항수단이 될 수도 있지 않을까?

도덕에 어긋나고 악의 소산으로 된 이른바 나쁜 거짓말, 또는 악한 거짓말은 그 거짓말을 경멸하고 뿌리 뽑을 수 있는 처방을 내는 것이 지당할 것이지만, 사회적 부패와 악을 대상으로 한 거짓말은 설령 그것이 합리적으로 받아들일 바는 아닐지라도 그 처방은 틀림없이 사회적 부패 또는 악을 척결할 수 있어야만 할 것이다. 오직 그것만이 '칼로 부추 베기'가 아닌, 화의 뿌리를 아예 송두리째 뽑아버리는 장거라고 할 수 있을 것이다. 왜냐하면, 이런 경우에는 병의 뿌리가 거짓말에 있는 것이 아니라 사회적인 부패나 제도적인 악에 있기 때문이다.

악을 대상물로 한 거짓말은 무엇보다도 먼저 그 악을 제거해야만 그런 거짓말의 필연성이 소실될 것임은 당연하지 않은가!

글을 마무리하면서 경종으로 '신을 신고 발바닥 긁기'란 속담을 추천하고 싶다.

인간의 본성과 동물적인 속성

인간의 본성은 선한 것인가 악한 것인가를 두고, 동양의 성인들로부터 서양의 철인들에 이르기까지 오랜 세월을 두고 성선설이니 성악설이니 하고 각자 나름의 주장을 펼쳐왔다. 동양에서는 맹자의 성선설과 순자의 성악설이 극명하게 대조를 이루고 있다.

맹자와 같이 성선설을 주장하는 이들은 사람은 태어나면서 모두 본성이 선한 것이지만, 성장 과정에 선을 건강하게 키우지 못하고 문화인으로 변모해가는 길에 현실적으로 부조리한 현상과 부딪치면서 관능적 욕망이 팽창하여 악이 조장되는 것이라고 보았다.

이에 반해, 순자와 같이 성악설을 주장하는 이들은 사람은 태어나면서부터 원래 관능적인 점유욕(또는 소유욕)과 우승열패에 의한 생명보존의 충동으로 개인의 이익을 추구하게 된다고 여겨 이것을 악이라고 규정하였다. 다만 인간은 후천적인 노력으로 악한 것을 선한 방향으로 교정할 수 있는 능력을 갖추고 있으므로 그 능력을 충분히 발휘한다면 얼마든지 선한 사람이 될 수 있다는 것이다.

그러나 현실적으로 삶의 광장에서 한창 인생을 영위해가고 있는 실존의 인간들을 상대로 하여, 인간의 본성을 두고 성악이니 성선이니 하고 시야비야하는 것은 어찌 보면 무의미하고 순 소비적인 입씨름에 지나지 않는 것만 같다.

만약 인간의 본성이 선한 것이라 한다면, 우리는 도덕과 질서와 법을 부단히 개진하고, 인(측은지심), 의(수오지심), 예(사양지심), 지(시비지심)를 널리 펼쳐 얼마든지 악의 생장을 미연에 방지할 수 있다. 그러나 역으로 생각하면, 바로 악은 수시로 머리를 쳐들 수 있으므로 도덕과 질서와 법이 요청되는 것이고 인, 의, 예, 지를 바로 세울 필요가 있다. 그러니 악은 원래부터 존재하지 않는 것이 아니라 서식 환경만 주어지면 언제든지 자라날 수 있는 것이므로, 모든 지혜를 동원하여 미리 방지하고 제때에 제거해야 한다.

만약 인간의 본성이 악하다고 하면, 우리는 아무리 도덕과 질서와 법을 굳건히 세우고 인, 의, 예, 지를 널리 펼친다고 해도 도저히 원초적인 본능으로서의 악을 억제하고 제거할 방법이 없다. 그러나 역으로 생각하면, 우리는 도덕과 질서와 법의 확립과 부단한 개진을 통하여 얼마든지 사회적인 악의 조장을 억제할 수 있고 인, 의, 예, 지를 바로 세워 마음속에서 미리 악을 제거할 수 있다.

성경에 따르면, 태초에 조물주가 인간을 창조할 때는 세상 만물을 다스리라고 특별히 지혜를 불어 넣어준 것인데, 아담과 이브가 금단의 열매를 따 먹고 유혹에 빠져 욕망이 팽창하면서 하나님께 죄를 짓게 되었다고 한다. 이로 보아, 인간의 지혜는 그 자체가 선과 악으로 나누어지는 것이 아니라, 그것이 인간에게 무한한 사유를 가능케 하여 선을 선택할 수도 있고 악을 선택할 수도 있게 한 것이다. 선이냐 악이냐 하는 것은 선택의 문제라고 한다면, 결국 인간은 지혜로 마음을 다스려

선을 세우고 악을 억제할 수 있다는 말이 될 것이다.

인간에 대한 사전적인 해석을 보면, '직립 보행을 하고, 사고와 언어 능력을 바탕으로 문명과 사회를 이루고 사는 고등 동물'이라고 한다.

자연의 생명체를 크게 동물과 식물로 나눌 때, 인간은 틀림없이 동물에 속한다. 그러므로 인간의 본성에는 동물적인 속성이 포함되지 않을 수 없다. 인간사회의 적자생존, 우승열패는 동물의 원초적인 생존 욕구에서 비롯된 것이라고 볼 수 있다. 심지어는 강탈이나 강간 같은 폭압도 어찌 보면 약육강식의 동물의 본성이 인간사회에서의 존재 형태라고 할 것이다.

그런데 이러한 것들이 원래 동물의 세계에서는 결코 악의 표현이 아니라, 안정된 생태계를 위해 먹고 먹히는 생명의 먹이사슬 현상일 뿐이다. 대부분 식물은 직접 영양소를 합성하여 살아가지만, 동물은 식물이나 다른 동물을 소비하여 생명을 유지하기 때문에 초식동물이 육식동물의 먹이가 되고, 그 육식동물이 더 강한 육식동물의 먹이가 되는 것은 자연이 생태계에 준 생존의 법칙이요 균형의 원리이다.

'고등 동물'인 인간도 어쨌든 동물인 것만큼 이와 같은 동물적인 속성이 있을 수밖에 없고, 식물이나 동물을 먹이로 생명을 유지하지 않을 수 없다. 그런데 인간은 아무래도 식물이든 동물이든 모두 소비하는 가장 손이 큰, 최종적인 소비자라고 해야 할 것이다. 가장 용맹하고 사나운 짐승이라도 인간은 얼마든지 사냥하고 정복할 수 있으니 말이다.

문제는, 인간은 '사유하는 동물'이라는 데 있다. 하나님이 인간에게 특별히 지혜를 줄 때는 하나님이 창조한 세상 만물을 잘 다스리라고 준 것인데, 금단의 열매를 따 먹은 인간은 쉽게 유혹에 빠져 욕망이 팽창할 수 있게 된 것이다. 무한한 사유가 가능하고 자유로운 상상을 펼칠 수 있는 인간은 자칫 자연의 섭리에 반하여 생태계를 파괴하고 하나님 앞에서마저 죄를 지을 수 있다.

특히 인간의 죄, 인간의 악은 동물적인 속성을 인간사회에 여과 없이 그대로 재현할 때 발생한다. 동물계의 적자생존, 우승열패의 생존원리를 문명한 사회를 위한 긍정적이고 발전적인 경쟁원리로 승화시키지 않고 거리낌 없이 '사람이 사람을 잡아먹는' 약육강식의 악의 수단으로 쓰는 것이다. 생태계에서는 서로 다른 종의 동물들이 자연이 준 생존법칙에 따라 먹이사슬 관계를 형성하는 것인, 인간사회에서는 인간들 스스로가 서로 간에 '먹이사슬' 관계를 형성함으로써 '사람이 사람을 해치고 잡아먹고 있다'는데 인간의 죄, 인간의 악이 존재하는 것이다. 동물에게서는 악이 아니라 자연의 원리일 뿐이지만, 인간에게서는 인간이 인간에게 행하는 악이 되고 만 것이다. 그것은 인간이 자연의 섭리를 따르는 생태계에서의 동물적인 본성을, 비틀리고 왜곡된 사유로 변질시켜 인간사회에 잘못 적용한 탓이다.

이처럼 인간의 선이나 악이 인간의 사유에 의해 나온 것이라면, 인간의 본성은 그 선이나 악을 산생하고 조장하는 사유에서 확인해 봐야 마땅하다. 그런데 무엇을 어떻게 생각하고 궁리하는가 하는 것이 사유라면, 인간은 어떻게 되어 사유할 수 있는가 하는 문제가 아직 남아있다. 그러니 사유를 인간의 본성이라고 할 수는 없고, 그 사유를 가능케 하는 것이야말로 과연 인간의 본성일 것이다.

인간의 사유를 가능케 하는 것은 곧 마음, 정신, 또는 영혼이라고 하는 것이다. 흔히 '그 마음에 길을 물어라'라고 하는 것은 어떤 일을 선택하거나 결정할 때 늘 하는 말이다. 마음, 정신, 또는 영혼이라고 하는 것은 그만큼 인간의 사유가 일어나는 발원지이며, 선이나 악을 잉태하는 자궁이다. 그런 마음, 정신, 또는 영혼이 올바로 서는 것과 어지럽혀지는 것은 결국 문화인으로 성장하고 사회구성원으로 살아가는 과정에 발생하는 사건이요, 후천적인 산물이다. 그러니 문명사회를 만들어 가고 참된 인간성을 바로 세우는 과정은 곧 인간의 본성을 되살리고자 잃어버린 영혼의 고향을 찾아가는 과정이라고 할 것이다.

인간은 오랜 세월의 진화를 거쳐 이미 동물의 세계를 떠나서 마침내 그들을 정복하고 주재하는 주인으로 군림하였고, 총명과 지혜로 광활한 지구마저 하나의 작은 촌락으로 전락시키고 있다. 더불어 사는 사회를 만들고 더 높은 차원의 문명을 이루어가는 인간은 이성을 바탕으로 하는 인간성을 추구하면서 점차 동물적인 속성에서 벗어나려 노력하고 있다.

그리하여 인간의 성조차 다만 성적 본능의 원초적인 행위수단이나 종족 보존의 원색적인 생존방식에 국한되지 않는다. 인간은 짝짓기, 나아가서는 후대 번식마저 사회적인 실천 활동으로 간주하고, 사회가 그에 맞는 '생태환경'을 마련해주어 정상적인 '활동'을 할 수 있게 보장해 달라고 요구하기도 한다. 그렇지 않을 때 인간은 단연 그 '실천 활동'을 포기하고 마는 것이다.

동물의 성생활을 관찰한 연구결과에서 영장류의 으뜸으로 치는 인간 본래의 동물적인 속성을 엿볼 수 있다. 그 중에도 인간과 같은 영장류에 속하는 성성이과에서 고릴라가 가장 인간과 닮아있다고 하는데, 그것들의 가족 구성과 성의 추구를 보면 저것이 인간의 애초의 모습과 비슷하겠다고 생각하게 된다.

고릴라 사회는 철저하게 '일부다처'의 가족으로 구성되었는데, '가장'은 성에서조차 절대적인 지배권과 소유권을 가진다고 한다. 다 성장한 가족성원들은 '가장'의 성행위를 보면서 자위를 한다고 한다. 그래도 금번에 외면당했던 암컷은 다음번에는 '가장'의 사랑을 받을 수 있으나 수컷은 완전히 성에 소외된 자가 되어 자위행위로 애타는 가슴을 달래고 마침내는 독립생활에 나선다고 한다. 가족한테서 당한 성적 억제 때문인 듯 독립생활에 나서는 첫 행위가 짝을 얻는 것이라고 한다. 그런데 고릴라 사회에서 중매결혼이란 있을 수 없는 일이고, 직접 '처녀'와 연애하거나 납치하는 것은 거의 불가능하다고 한다. 그래서 하는 짓이 다른 가족한테서 '엄마'의 젖먹이를 빼앗아 '엄마'를 유인하는 것이라고 한다. 젖먹이를 찾는데 가족성원들은 나서지 않고 '엄마'만이 하늘 끝까지라도 찾아간다고 한다. 결국, 젖먹이는 죽임을 당하고 '엄마'는 총각의 아내가 되고 만다고 한다. 젖먹이를 죽이는 것으로 '엄마'의 미련을 철저히 없애고 새로운 욕망만을 남게 하는 잔인하리만치 극단적인 수단이라 할 것이다.

조물주가 생명을 만들 때 종족 보존이나 후대 번식의 수단을 성의 결합으로 만든 것이 잘못일 것이다. 그것보다는 그런 수단을 쓰도록 하면서 '가장'한테 절대적인 성의 지배권이나 소유권을 준 게 잘못일 것이다. 고릴라가 죽은 아기에 대해 단념하고 다시 성적 결합으로 아기를 만들어야 한다고 생각했는지는 모르겠지만, 종족 보존이나 후대 번식이 성을 우선하지 않으면 안 되는 것이 조물주의 조롱이 아닐 수 없다.

지금 인간은 어쩌면 종족 보존을 위한 그런 본능적인 성행위에서 벗어나고 있는 것 같다. 프로이드가 인간의 모든 행위를 성으로 풀이한 것은 인간의 동물적인 속성으로 볼 때는 지극히 원색적인 파악이라고 해야 할 것이다. 생명이 성으로부터 시작한다고 보면 인간 역시 고릴라처럼 성의 욕구가 가장 기본적이고 원색적인 생명 욕구일 수밖에 없다. 그러나 죽음의 동굴 속에서 두 남녀가 재생의 등불이 꺼져버리는 상황에서조차 서로를 꼭 끌어안고 죽음을 맞이하였다는 이야기, 빙하 충돌사고로 배가 침몰하자 사랑하는 여인 로즈를 구하기 위해 자기를 서슴없이 희생하는 잭(영화 "타이타닉")의 비장한 모습은, 오늘에 와서 성이 인간에게 있어서 더는 동물적인 본능이나 종족 보존을 위한 수단만이 아니라 삶의 열망이고 정신의 승화임을 보여준다고 할 것이다.

그렇게 인간이 동물적인 속성에서 벗어나려고 노력하면서 사회의 문명은 발전하는 것이지만, 인간의 삐뚤어진 사유는 여전히 사회의 곳곳에서 끊임없이 인위적인 악을 만들어내고 있다.

온전히 길을 갈 때는 큰길 한가운데서 급회전하여 '사냥물'을 찾는 택시나 사거리에서 신호등을 무시하고 종횡무진하는 차들을 보면 미개인 취급을 하고 욕설까지 해대지만, 급한 일로 차를 기다릴 때는 교통질서를 무시하고 자기한테 달려와 주는 택시기사가 도리어 한없이 감사하기만 할 뿐이다. 인간의 간사한 이기심의 발로라고 할 것이다.

기차역 같은 공공장소에서 정탐꾼처럼 숨어있다가 침을 뱉거나 담배꽁초를 던지는 사람을 죄인 잡듯 덜미 잡아 벌금을 부과하는 관리일군을 사악하다거니 치사하다고 욕하는 사람은 많아도, 너나없이 공공장소에서 위생을 자각적으로 지킨다면 그네들의 '일자리'는 필요 없을 거라고 생각하는 사람은 별로 없다.

사람들은 흔히 자기한테는 관대하고, 자기가 한 일에는 언제나 합리성을 부여하려 한다. 이는 그 마음에 참다운 인간성이 부재하기 때문이다.

부단히 정신적인 승화를 추구하고 영혼 속에 인간다운 모습을 그려 넣을 때에만 비로소 인간의 본성은 선한 모습으로 드러날 것이다.

한밤중에 교통순경이 자리를 비운 때에도 신호등에 따라 움직이는 차가 많아지고 있는 것을 보면서 교통법규 위반으로 내는 벌금도 이제 많이 줄어들었겠다고 생각했다.

백두산에 올랐다가 여행객들이 자발적으로 쓰레기를 치우는 걸 보면서, 머지않아 공공장소에 포장이 고운 쓰레기통만 놓으면 벌금을 노리는 관리원은 더는 필요 없게 될 것으로 생각했다.

하긴 서울에 가면 벌써 공공버스에 차장이 없어도 승차권을 속이는 사람이 없는 것을 보고, 우리의 한참 뒤떨어진 삶의 현장을 반성하게 되는 것도 아직은 현실이다.

그러나 아무튼 세상은 변하고 사회는 발전하면서, 사람들의 인생에 대한 추구와 인간성에 대한 인식은 마음에, 정신에, 영혼에 물어서 점점 정화되고 아름다워지고 있는 것만은 틀림없다.

오늘날에 와서 더는 인간성을 외면한 채 '목각남편'을 모시면서 재가하지 못하는 오청화는 없으며, 남녀칠세부동석을 도덕 기준으로 삼으려는 사람도 없다.

그리고 법과 질서도 인간의 자유를 최대한 보장하는 방향에서 부단히 인간화되어 가고 있다.

도덕과 법과 질서를 인간의 인식수준에 따라 점차 바꾸어가는 과정은 인간이 인간성을 완성해가는 과정이다.

정직한 삶이란 바로 인간성이 살고 있는 영혼의 고향을 찾아가는 과정이다.

수레는 두 바퀴가 다 잘 돌아가야 한다

'역사의 수레바퀴'라는 말이 있다.

역사란 인간사회에서 일어난 개개인의 어떤 시시콜콜한 사건을 말하는 것이 아니라, 사회구성원 전체의 운명을 결정짓거나 바꾸며, 인류사회를 발전시키고 인간의 인식능력과 삶의 가치를 제고하는 데 결정적이고 절대적인 역할을 한 중대한 사건을 말하는 것이다.

따라서 '역사의 수레바퀴'라고 하면, 바로 그와 같이 중대한 사건이 일어나게 하는 거대한 힘, 즉 '역사의 수레'를 앞으로 나아가게 하는 가장 근본적인 원동력을 '수레바퀴'에 비유한 것이다.

그렇다면 그 '수레바퀴'로 상징되는 원동력이란 도대체 무엇일까?

인간을 자연의 생명체에서 분류하면 동물에 속하는 것이지만, 여타 동물들과 비교하여 본질적으로 구별되는 것은 바로 인간은 사유하는 정신적인 동물이라는 것이다. 무한한 사유능력을 가진 인간은 자연의 서식지에 수동적으로 순응하고 적응하는 여타 동물과는 달리 주동적으로, 능동적으로 서식지를 개조하고 변화시키고 새로 창조하여 자기에게 편하고 유리한 생활환경으로 만들어 간다.

인간의 능동적인 사유는, 인간에게 기술적으로 자연을 가공하고 개조할 만한 능력을 부단히 키워가도록 해주었다. 그리고 그러한 기술적 능력에 힘입어 더 고급스럽게 가꾸어 가는 사회의 발전은 또 인간의 삶에 대한 인식능력을 부단히 제고시켜 주어, 인간들이 더 멋지게 더 보람 있게, 그리고 더 값지게 살고 싶은 희망 사항과 함께 계속 새로운 기술개발에 정진할 수 있도록 해주었다. 이처럼 인간의 무한한 사유능력이 인간의 기술능력을 높여주고, 기술능력의 부단한 제고 또한 인식능력을 끌어올려 주면서, 그 두 능력의 조화로운 결합과 운동으로 인간 사회를 끊임없이 발전시켜온 것이다.

결론적으로 말하면, 인간의 인식능력과 기술능력이야말로 서로 힘을 주고 연동하면서 '역사의 수레'를 굴려 가는 원동력, 즉 '역사의 수레바퀴'인 것이다. 그 두 바퀴가 앞을 향해 평행선을 이루면서 끊임없이 돌고 돌아, '역사의 수레'는 고대에서 근대를 걸쳐 현대까지 굴러오게 된 것이다.

흔히 물질적인 발전을 문명이라고 하고, 정신적인 승화를 문화라고 하기도 하지만, 문명이란 것이 미개에 반하는 개념이라고 할 때, 그리고 물질적인 발전이나 정신적인 승화에 의해 비로소 인간이 문명해지는 것이라고 할 때, 그 문명의 하위개념에 '물질문명'과 '정신문명'을 두어도 무방할 것이다. 그런 다음 그것을 무엇을 돌리거나 굴러가게 하는 바퀴라는 물건에 비유하면, 곧바로 '역사의 수레바퀴'가 되는 것이다.

과연 '물질문명'과 '정신문명'이 '역사의 수레바퀴'라고 한다면, 그 어느 하나의 바퀴가 잘못되거나 빠져 버려도 '역사의 수레'는 금방 삐꺽거리거나 연자매 돌리듯 하면서 제대로 굴러갈 수 없게 되는 것이다.

'정신문명' 건설을 틀어쥔답시고, 온 나라가 매일 계급투쟁을 말하고 사상개조를 말하고 전례 없는 '문화대혁명'이라는 태풍까지 휘몰아치던 나날에, 우리는 다 함께 가난한 사회에서 금욕주의로 욕망의 마음에 빗장을 지른 채, 가난해서 오히려 '깨끗하고 말끔한 생활'에 만족하면서 살아왔다. 국가에서 주는 배급이나마 있어서 굶지 않는 것이라고 믿어 의심치 않아 항상 부모가 주는 용돈에 감사해 하는 마음으로 국가에 충성을 다하였고, 지주 자본가의 착취를 받지 않는 것만으로도 정말 행복하다고 생각하였다.

그렇게 오랜 시기를 물질문명을 외면한 어두운 터널을 달리다가 드디어 개혁개방이라는 정책에 바깥세상을 알게 되고, 그 떨쳐버릴 수 없는 황홀한 유혹에 가난한 생활에서 벗어나려는 욕망이 날이 갈수록 커지자 사람들의 마음의 빗장도 마침내 벗겨져 버렸다. 그제야 이제껏 얼마나 못살고 초라한 삶이었던가를 알게 되면서, 꼭 남보다 잘 살아야 한다는 욕심이 불끈불끈 솟구쳤다.

그런데 지나친 물질적인 욕구는 이제 또 금전만능의 물결을 끌어들여 소박하지만 아름답던 인품을 휩쓸어가 사회에 정신적인 피폐를 초래하고 있다. 하나의 바퀴를 고쳐놓으니까 금방 또 다른 하나의 바퀴가 고장이 난 격이다. 한쪽 바퀴가 고장 나거나 아예 망가진 수레가 굴러가는 모습을 상기한다면, 이 사회는 결코 정상적으로 굴러가고 있는 것은 아니리라.

'지금은 경제, 경제할 때야. 까짓것 밥도 안 생기는 사회과학이요, 인문과학이요 하는 따위를 배워선 뭘 해, 학교에 가려면 이과대학을 가고, 그렇지 않으면 차라리 아무 기술이라도 배우는 게 나아…'

부모가 그렇게 돈을 벌 수 있나 없나를 자식들 대학지망의 가늠자로

들이대고 있고, 자식 또한 부모의 강요를 거역하지 못하거나 아주 많이 세뇌가 되어버려서 소질이 있든 없든 무작정 이과 아니면 아니란다.

과연 그 말에 전혀 일리가 없는 건 아닌 것 같다. 지금 나라는 어떻게 하나 가난에서 벗어나려고 모질음을 쓰고 있고, 경제적으로 도약을 하여 세계적인 절주에 발을 맞추려고 모진 진통에 신음하고 있다. 임산부한테는 산부인과 의사나 산파가 필요하듯이 경제개혁에는 역시 과학, 경제 및 기술인재가 대량으로 수요될 것만은 자명한 일이다. 적은 것, 또는 급히 수요되는 것이 곧 귀중하고 값진 것이다. 미구에 태어날 영아-현대화 사회를 생각하면 누군들 기쁘고 격동하지 않으랴!

그런데 다만 물질적 재부와 물질적 생활에서 창조와 발전을 가져왔다고 해서 인생의 목적에 도달하고 인간의 가치를 실현하였다고는 할 수 없다. 인간의 생산 활동과 사회적 실천은 정신적으로 추구하는 희망사항들을 실현하기 위한 수단과 행위에 지나지 않는다. 그래서 인간은 정신적인 승화와 인성의 완성을 위해 노력하지 않으면 아무리 물질적 재부가 넘치고 물질적 생활이 풍족하다고 해도 결코 만족을 모르게 되고, 심지어 마음이 비뚤어지면 욕심만 팽창하게 되어 돈의 노예로 전락해서 불행해질 수조차 있다.

그에 앞서 벌써 물질문명 창조 자체가 정신적인 비약이 없이는 이루어질 수가 없다. 하나의 시대가 다른 하나의 시대를 탄생시키는 것은, 의식의 갱신과 관념의 변화로 새로운 사회와 삶의 가치를 추구하는 인간 가치의 구조적인 재조합을 전제로 할 때라야만 비로소 가능한 것이다. 정신적인 변화와 각성 없이는 생활 비전이라는 것도 있을 수 없다. 생활의 비전, 즉 삶의 목표가 없는데, 어떻게 참다운 사회실천이 있을 수 있겠는가. 목표가 없는 실천은 과녁이 없는 활쏘기나 마찬가지이다.

미래에 대한 설계는 언제나 새로운 정신적 추구를 바탕으로 할 때만 비로소 정당하고 가치 있는 희망 사항을 선택할 수 있다.

인류가 발전해온 역사를 돌이켜 보아도, 그 첫걸음부터 지금에 이르기까지 그것 인류 문명의 발전사는 틀림없이 정신문명과 물질문명의 상호 보완과 추동으로 발전한 역사였다.

오천 년의 역사를 자랑하는 문명 대국이 열강의 총칼에 찔려 처참하게 피를 흘려야만 했던 역사적 교훈은, 단지 경제적 낙후 때문이었다고 결론짓기에는 아직 그 역사적 뿌리가 남아있다. 화약은 일찍 중국인이 발명한 4대 발명 중의 하나이다. 그런데도 자기가 발명한 화약에 의해 자기가 망하게 된 비극적인 결과에는 의식의 변질과 정신적인 낙후라는 치명적인 인식적 착오가 아프게 묻어있는 것이다. 폐쇄된 공간에서 자아도취에 빠져 과거에 대한 집착으로 어제, 오늘, 내일이 아무런 비전도 없이 공전하는 새에 어제의 문명은 새로운 문명 앞에 미개로 전락하고 말았다.

정신적인 각성이나 관념적인 변화가 없을 때 우리는 과학의 비약적인 돌파를 운운할 수 없다. 서구에서도 그리스도교적 이념이 생활 전부의 내용에 지배적으로 작용할 때 과학의 꽃이 피려고 해도 필 수가 없었고, 그런 독선적인 지배이데올로기의 통치 속에 과학자는 이단으로 몰려 처참하게 죽어갔다.

어제의 희망이나 이상이 현실로 된 오늘에 대한 극단적인 집착은, 새것에 대한 절대적인 거부의식을 낳을 수밖에 없다. 오늘의 현실을 여전히 그것이 원래는 희망이나 이상이었을 때의 아름다운 것, 또는 최고의 가치로 착각할 때 새로운 희망이나 이상이 태어날 산실을 마련할 수가 없고, 마침내 이런 사람들은 새로운 희망이나 이상 앞에 도리어 복고주의자로 전락하고 만다.

인간의 본능적인 생존의식이나 인간성마저 박탈당했던 전대미문의 시대가 마침내 종말을 고하였다. 인간의 주체의식이 주장되고 사회의 밝은 미래가 약속되는 오늘 우리에게 급선무로 나서는 것은, 어제의 상처를 아물리고 강요된 기계적인 관념을 청산하여 창조적 삶을 위한 참신한 정신적 기틀을 마련하는 것이다. 내일을 지향하는 정신적 각성이 없다면, 그들의 눈에 새것은 금이래도 돌로 보일 수밖에 없다.

정신문명은 인간사회의 독점물이고 역시 인간이 동물과 구별되는 가장 근본적인 특성이다. 그러므로 정신이 뿌리 뽑히면 인간은 그대로 그냥 동물이 되고 마는 것이다.

여기서 문학을 예로 들어 말해보자.

옛날부터 예술을 하는 사람을 '풍각쟁이'로 비하하듯 문학을 하는 사람을 '거짓말쟁이'로 비하하였다. 그만큼 예술이나 문학은 온전한 사람이 할 짓은 아니라는 것이었다.

그러나 사실 문학도 인간 정신의 창조물이다. 그뿐만 아니라 인간의 정신적 생활에서 문학은 홀대할 수 없이 뚜렷한 자리를 차지한다. 문학은 그것이 산생되던 때로부터 벌써 인간의 쾌락과 함께 정신적 생활의 욕구를 만족시키기 위한 간단하면서도 주요한 수단으로 되어왔었다. 그 후 인류 문명의 간단없는 발전과 함께 문학은 인간의 사상, 감정, 도덕, 습관, 사랑, 우정, 미학관 등 모든 정신적인 것에 작용하고 따라서 인류사회 발전에 거대한 역할을 하게 되었다. 문학은 자신의 특유한 교양적 작용을 통하여 사람들에게 바르고 건실한 사상, 감정, 도덕을 수립하고 바람직한 인생관을 세우게 함으로써 물질문명 건설을 자극하고 힘 있게 추동한다. 문학은 사회 전체를 무대로 하여 활약하고 그가 창조한 형상은 바로 사회의 물질문명을 건설하는 인간 자신이기 때문에 그것이 사람들의 사상, 사업, 이상, 분투에 직접적인 작용을 불러일으키지 않을 수 없다.

주체 민족의 중앙문화 속에 자기 민족의 지역 문화를 영위하고 있는 우리 민족으로 말하면, 문학은 그 본체론적인 의미를 훨씬 초월하여 사회구조적인 측면에서도 민족교육과 함께 민족의 운명까지를 확인하는 필수불가결한 장치로 된다. 문학을 통하여 우리는 아름다운 우리말을 살려 갈 수 있고 민족의 문화권을 튼튼히 정립해 갈 수 있으며 건강한 민족정신을 키울 수 있다.

물질문명은 순결한 가치를 지향하는 사람에게서만 인간적인 향기로 채색될 수 있다. 정신적으로 뿌리 뽑힌 사람에게는 의식주가 예나 지금이나 목적이지 수단일 수 없다. 의식주가 목적 그 자체로 되는 것은 동물성이지 인간성은 아니다. 인간의 모든 행위는 이제 더는 생존을 위한 본능적인 수단에만 머물지 않으며, 그만큼 인간성의 아름다움을 추구하는 것은 인간의 영원한 이상이요 목표이다.

이상이 없는 동산에 문명의 꽃이 필 리 만무하고 문명의 꽃이 피지 않은 동산에 참다운 인간의 삶이 있을 리 만무하다. 고도화하는 물질문명과 정신문명을 건설하는 것이 지금 우리의 분투 목표이다. 그거야말로 이른바 현대화의 꽃동산이다. 물질문명이든 정신문명이든 그 어느 하나를 홀시한다면, 그것은 스스로 하나의 '수레바퀴'를 포기해 버리는 미련한 짓거리가 아닐 수 없다.

수레는 두 바퀴가 다 잘 돌아가야 거침없이 앞으로 나아갈 수 있다.

실수와 죄, 그리고 악

조물주 하나님의 뜻을 거역하고 금단의 열매를 맛본 아담과 이브의 죄를 인간의 원죄라고 한다면, 이는 역설적으로 태초에 하나님이 생명을 창조할 때는 세상 만물을 다스리게 하려고 인간을 다른 동물과 마찬가지로 죄가 없는 생물로 만들었다는 말이 된다. 이 말은 역시, 인간은 태어날 때부터 본성적으로 죄와 악을 갖고 태어난 것은 아니란 뜻으로도 풀이할 수 있을 것이다.

그런데도 사탄의 유혹을 물리치지 못하고 감히 창조주의 뜻을 위배한 인간은 또 쉽게 실수하거나 과오를 범하거나 죄를 짓거나 심지어는 악을 조장할 수도 있음을 말해 주기도 한다. 결국, 죄가 없이 만들어진 인간이 사탄의 유혹에 죄를 범하게 되었다는 것은 인간은 태어나서 후천적으로 선이나 악을 선택할 수 있다는 것을 의미하는 것이다.

선택할 수 있다는 것은, 인간은 사유할 수 있고, 그래서 무엇이든 분석할 수 있고 판단할 수 있고 결정할 수 있다는 것이다. 그런데 무궁무진한 상상력과 세상 만물을 지배할 수 있는 지혜를 가지고 있으면서도 쉽게 유혹에 넘어가는 인간은 결국 마음, 정신 또는 영혼이라고 하는, 이른바 심적 또는 영적인 것이 바로 섰느냐 서지 못했느냐에 따라 선을 선택하거나 악을 선택하게 되는 것이다.

일정한 사회구조 속에서 집단으로 살아가는 인간은 통속적으로 말하면 백 사람이 백 가지 성미요, 철학적으로 말하면 인생관 또는 세계관이 천차만별이기에 그 사회적 행위선택 또한 일인 일색이다. 이런 행위선택이 부정적인 측면에서는 실수일 수도 있고 과오일 수도 있고 심지어는 죄가 될 수도 있고 악이 될 수조차 있다.

사람들의 행위선택은 주관적으로, 또는 절대적으로는 그 자신의 도덕 수양과 문화 함양에 따른 인생관 또는 세계관의 지배를 받게 되는 것이고, 객관적으로, 또는 상대적으로는 삶의 환경과 외부 충격의 영향에서 벗어날 수가 없다.

어느 때인가, 세계가 '지구촌'이라는 별명을 가지면서부터 갑자기 모든 것이 신변에 가까워지면서 인간 세상도 훨씬 좁아진 듯싶다.

전에는 나와 아무런 관계도 없던 삶의 공간과 그 공간 속에 사는 사람들이 이웃 동네, 이웃 사람들이 되면서 사람들은 포용과 배타의 선택에 그 어느 때보다 심한 가슴앓이를 하고 있다. 그리고 동물적인 생존본능에 의한 우승열패의식이 팽창하여 무분별한 경쟁이 치열하게 벌어지고 있다.

물질문명이 발전할수록 거리거리는 차들로 꽉 미어지고 고층건물들이 높다란 담장처럼 길 양옆을 덮칠 듯이 막아서서 워낙 좁다랗던 길이 그냥 개미 길처럼 좁혀졌다.

무한경쟁 속에 팽창하는 인간의 욕심 때문에 연기와 기름과 알코올이 머리 위를 전쟁터의 포화처럼 뒤덮어 인간들이 청신한 자연의 공기로 한껏 뱃속의 오물을 세탁할 수 있는 공간도 훨씬 좁혀졌다. 어디로

가나 숨만 콱콱 막힐 뿐이다.

불야성을 이루며 명멸하는 네온등 아래 야성과 본능, 그리고 그래서 풍겨나는 타락과 윤락의 악취가 노래방, 나이트클럽, 술집, 무도장 등등과 함께 우리의 시각과 마음, 그리고 인생을 좁혀온다.

이처럼 새로운 문명의 도래와 함께 문명의 사생아인 '문명악'도 청신한 대기 속의 병균처럼 요사스럽게 우리의 삶의 광장을 배회하고 있다. '문명악'은 문명 그 자체가 내장한 병균이 아니라 영혼이 부재한 인간의 마음이 문명과의 사이에서 낳은 사생아이다.

그렇게 지금, 인성과 도덕, 그리고 철학적인 가치판단에서 많은 사람이 일종의 도착증에 걸려 정신질환을 앓고 있다.

그러나 세상에는 원래부터 나쁜 것이란 없다. 모든 것이 인간의 마음가짐에 따라 좋은 것이 될 수도 있고 나쁜 것이 될 수도 있다.

화약이 살상무기에 쓰인다고 하여 그 발명 자체를 악의 선택이라고 할 수는 없을 것이다.

또 놀이가 도박수단으로 쓰인다고 하여 그 놀이 자체가 악의 수단이라고 할 수는 없을 것이다.

꽃이 아름답다고 하는 것도 인간의 마음이요, 잡초를 쓸모없다고 하는 것도 인간의 마음이다.

신라시대 기왓장은 귀중한 것이고 저 담 모퉁이에 버려진 기왓장은 무의미하다고 하는 것도 인간의 역사인식에서 출발한다.

그만큼 인간의 행위선택이 실수나 과오로 이어지든, 죄나 심지어는 악으로 규정되든 그것은 결코 절대적인 것이 아니라, 상대적으로 인간이 특정한 어떤 가치 기준에 의해 결정된다. 그리고 그 가치 기준이 인간에 의해 세워지는 것이라고 할 때, 가치 기준의 선택은 벌써 인간의 인식능력과 가치판단하고 무관하지 않다. 결국 마음이 바르게 서고, 영혼 심처에 선이 자리 잡아야만 인간의 행위선택은 인류의 보편적인 가치를 기준으로 삼을 수 있다.

그런데 지금, 사람들은 집단동물로서 서로가 어우러져 살아가야 하면서도 서로 간에 화해의 접점을 모색하지 못한 채 그냥 평화로운 대화의 상대를 잃어가고 있으며, 집단 속에서 홀로의 고독보다 더 외롭고 참혹한 배타의 고독을 씹어 삼키고 있다. 따라서 인간의 마음속에 본성적으로 깃들어있는 관용마저 자기보존의 중압 아래 수증기처럼 증발되어 버리고, 의심과 시기와 질투로 하여 다른 사람을 배타적으로 받아들이지 못하거나 바람처럼 스쳐지나가는 풍문에마저 견뎌내지 못한다.

어떤 사실이나 사건에 대해 자기 본위로 지나치게 계산적인 판단은 그 개인이나 특정 집단의 이익을 가치판단의 기준으로 내세우게 됨으로써 인류의 보편적인 가치에 배치되는 결론을 내릴 수가 있다. 이런 결론은 개인과 개인 사이, 나아가서는 집단과 집단 사이에 인식적 착오에 의한 시비나 충돌을 몰아오기도 한다.

자기 자신에 대한 관용보다는 타인에 대한 관용에 인색하지 말아야 한다. 자기를 기준으로 타인을 판단하고 개조시키려 할 것이 아니라, 이질성 속에서 동질성을 찾아내어 소아를 자아로 확대하고 나아가서 인류의 보편적인 가치로 승화시켜야 한다. 오직 인류의 보편적인 가치를 추구하고, 그것을 가치판단 기준으로 실수와 죄, 그리고 악의 본질을 규명할 때 세상은 더 평화로울 수 있고, 사람들은 더 관용으로 타인을 포용할 수 있을 것이다.

그렇더라도 인류의 보편적인 가치를 판단기준으로 하고 사람들의 현실적인 인식수준과 접수능력을 행위근거로 하여 확인된 실수는 될 수록이면 극복되어야 하고 죄와 악은 억제되어야 한다. 실수와 죄, 그리고 악은 서로가 본질적으로 다르고 그것을 유발하는 동기나 목적도 다르지만, 경우에 따라서는 똑같은 결과를 낳는 수도 있기 때문이다.

생사고비에서의 순간적인 실수 따위는 그대로 말로 할 수 없는 참극을 빚어낼 수도 있다.

인간성을 상실하고 부모를 학대하며 폭행까지 주저치 않는 자식의 생명을 '되찾아간' 부모의 행위는 그 비장함에 동정이 가더라도 역시 벌을 받을 수밖에 없는, 도의에서 벗어난 범죄라고 하지 않을 수 없다.

그리고 살인, 강간, 강탈과 같은 행위는 더 말할 나위 없이 인류의 보편적인 가치를 훼손하는 도저히 용서받을 수 없는 죄악이다.

여기에서 범죄나 죄악은 다 생활의 일상적인 질서 속에서는 용인할 수 없는 행위로서 어차피 질서를 지키는 법의 단속을 받지 않을 수 없다.

그러나 실수는 불문곡직하고 그대로 법을 적용할 수는 없다. 인간은 연습이 없는 인생을 살아가면서 기약 없는 미래를 설계하는 과정에 아무래도 헤아릴 수 없는 시행착오를 거듭할 수밖에 없기 때문이다. 오히려 인간은 그 시행착오를 거쳐서야만 성숙하고 완성되어 갈 수 있는 존재이다.

그렇게 인간은 생활의 일상에서 너무나 자주, 그리고 본의 아니게 무의식적으로 실수하는 수가 있다. 그래서 비평도 있고 반성도 있으며 가르침도 있고 깨우침도 있는 것이다. 인간은 원래가 벌써 잘못을 저지르지만 그것을 반성하고 새롭게 출발하고 승화할 수 있는, 그런 불완전한 미완성의 존재임이 틀림없다.

그만큼 인간에게는 '인생 연습'은 없더라도 시행착오와 같은 '생활

실습'은 있어야 하고 또 있을 수밖에 없다. 그리고 타인의 눈에 나 역시 타인이므로 이러한 '생활실습'의 과정에서 발생하는 실수에 대해 서로가 이해하고 용서하는 관용의 마음이 있어야 한다.

그런데 현대인은 물질문명에 따르는 '문명악'의 회오리바람 속에서 욕심이 팽창함에 따라 공연히 의심병만 잔뜩 심해져서 날이 감에 따라 진솔한 대화의 상대를 잃어가고 있으며 사랑과 우정에서조차 계산과 감각과 추측을 앞세운다. 좁아진 길, 좁아진 공간 속에 마음마저 좁아져서 비좁은 길에서 차들이 서로 양보하지 않아 급기야는 충돌하고 말듯이 서로가 어쭙잖은 일로 반목하고 말 매를 맞는다. 그냥 배타적이거나 계산적인 마음이 남의 실수 따위를 도저히 받아들이지 못하기 때문이다. 이제 우리는 말의 과잉 속에서 또 서로가 믿고 화목하던, 아름다운 삶의 공간을 잃어가고 있다.

더욱이 세계가 하나의 '지구촌'으로 되어가면서 문화 차이를 비롯한 여러 가지 이질적인 요소에 의해 서로에게 실수하는 기회가 훨씬 많아지고 있다. 그만큼, 타인의 실수를 용서하는 관용의 마음을 넓혀가지 않는다면 이 '지구촌'은 결코 평화로울 수 없을 것이고, 다채로우면서도 이질적인 문화 속에서 인류의 보편적인 가치로 승화시킬 수 있는 동질성을 찾아낼 수 없을 것이다.

세계가 지구촌이라면, 세계화라는 것도 결국은 인류 전체를 우주의 한 부분으로 통합하려는 노력이라고 할 수 있을 것이다. 워낙 삶의 공간을 넓히고 자기가 발 딛고선 현실을 초월하려는 것이 인간의 상승적인 힘 또는 이상이라면 이제는 우주의식을 키워가야 하는가 보다.

그럼 우리의 마음에 우주를 담아보자. 따사로운 태양과 아름다운 달과 그리고 무수한 별을 두루 너그럽게 품어주는 우주의 관용을 배워보자. 인간은 삶의 일상에서 자주 그리고 무의식적으로 잘못을 저지를 수밖에 없는 존재라고 보면, 우주의 마음으로 타인의 잘못이나 실수를 좀 더 너그럽고 따뜻한 말로 타이르고 보듬어주는 지혜가 필요하지 않겠는가.

나의 눈에 남이 타자이면 남의 눈에 나 또한 타자일 뿐이다. 그렇게 서로를 타자로 의식할 때 인간은 서로의 감옥이 될 수밖에 없다. 오직 남을 나와 같다고 생각할 때라야만 남도 또한 나를 자기와 같다고 생각할 수 있을 것이다.

죄와 악은 법으로 다스려야 하지만 실수는 관용으로 치유해야 한다.

한 만화가가 그린 과학자의 머리

어느 한 만화가는 "과학자의 머리"라는 만화에서 과학자의 머리를 '?'(물음표)로 그렸다. 참으로 신통하고 간결하면서도 투명하게 과학자의 전부의 함의를 형상화해 낸 것이라고 감탄하지 않을 수 없었다. 그 하나의 물음표로 과학자의 삶의 자세, 태도, 추구, 또는 사유나 행위의 전개방식, 나아가서는 자연과 사회에 대한 인식수단을 그렇게도 보기 좋게 콕 집어낼 수 있다니. 문득 어린 시절에 즐겨 읽었던 어린이 과학교육도서 시리즈인 "십만 가지는 무엇 때문에?"라는 책을 떠올리면서 새삼스럽게 과학의 정신에 대해 생각해보게 되었다.

과학의 정신, 그것은 틀림없이 회의의 정신이다. 철학적으로 말하면 문제의식이라고 할 것이다. 어떤 결론에 연연하지 않고 언제나 회의와 문제를 가지고 오히려 그 결론의 정당성이나 합리성을 재확인해 보는 것이 과학자 본연의 사명이요, 존재의 당위성이다.

인류 문명의 발전은 바로 과학자들이 이 회의의 정신에 바탕하여 선행된 연구와 그 결론에 과학적으로 문제를 제기하고, 스스로 그 문제의 답을 찾기 위해 부단히 시행착오를 겪으면서 한 걸음 한 걸음 물체의 본질에 접근하고 한 층 한 층 사회의 인식적 가치를 높인 결과이다. 말하자면, 오늘의 과학의 성과와 사회의 발전은 과학자들의 그러한 묻고 답하기의 무한반복이 이루어 놓은 결과물이자 또 새로운 문제 제기를 위해 내놓은 과제물이다.

이러한 회의의 정신은 자유로운 사유를 그 바탕으로 한다. 오직 자유분방하고 시공간적으로 무제한적인 사유에 의해서만이 자연과 사회의 천태만상이 가렸던 베일을 벗어 던지고 원래의 모습을 그대로 투명하게 드러내 놓게 된다. 그래서 고급 두뇌들의 총집합이라고 할 수 있는 치열한 학술논쟁, 그것은 벌써 새로운 문명의 탄생을 예고하는 것이다.

그런데 이러한 학술논쟁에서조차 과학자 본연의 사명이 외면당하고 존재의 당위성이 변질되어 논쟁이 사회적 힘의 겨룸이 되어버린다면, 이른바 권위나 권력이 학술의 위에 군림하여 마치 씨름판을 판가름하듯 그 본래의 취지를 무색하게 하고 만다. 과학의 정신에 충실하여 문제 제기에 대해 학술적으로 충분한 이유를 들어 상대방을 수긍시키는 것이 아니라 그 어떤 외부적인 힘, 이를테면 권력이나 권위 등으로 상대방에 재갈을 물릴 때 과학의 꽃은 속절없이 요절하고 만다.

서양의 찬란한 문화도 이런 비극을 극복한 토대 위에서 현대문명을 창조한 것이었다. 역사적으로 서양의 중세문화는 '그리스도교적 통일문화'라고 일컬어진다. 이 정의를 풀어보면 서양의 중세문화는 그리스도교의 이념에 의해서 통일되어 있었다는 말이 된다. 그만큼 이때의 그리스도교는 사회생활 전체에 스며들어 모든 것을 감독하고 지배하였었다. 하나님의 뜻을 전달하던 교리가 한낱 한 시대의 통치사상으로 변질하였다. 하여 당시에는 정치, 경제, 문학, 예술 등 문화의 각 분야 모두가 하나하나 그 자신 안에 자기의 존재적 이유나 고유의 원리, 또는 가치를 가진 것이 아니라, 그리스도교 교회의 힘으로 지탱되고 그리스도교의 이념에 의해 가치판단이 가능하였다. 교회는 과학의 이론이 자기의 교리에 배치되지 않는 한은 일정한 자유를 허용하였으나, 조금이라도 중세교리의 권위를 침범하는 자는 이단이라고 하여 가차 없이 처참하게 탄압하였다. 브루노가 강경하게 코페르니쿠스의 "지동설"을 지지하여 교리에서 인정하는 "지구중심설"을 부정한 대가는 참으로 비참한 것이었다.

문제는 바로 교회가 순수한 과학에 자기의 이념을 강요한 데 있다. 교회는 절대적 권위를 요하던 나머지 모든 것에 대하여 분별없이 자기의 이념을 진리로 접수시키려 하였다. 그리하여 문화의 각 분야는 각기 독립하여 그 하나하나가 그의 존재 이유와 고유의 발전 법칙과 원리를 갖고 있는데도 교리에 의해 그것이 전혀 무시당하고 오직 교리의 채찍 아래 순종할 수밖에 없었다. 창생을 끌어안았던 교리가 한 시대의 통치사상으로 변질하고, 최고의 권위와 절대적 권력을 자랑하며 인간의 자유를 속박하고 개성의 발전을 저해하던 이때의 교회는 도리어 과학정신의 발아와 확산에 가장 큰 장애물로 전락하고 만 것이었다.

이런 역사적 상황을 배경으로 하여 종교개혁과 함께, 14세기에서 16세기에 걸쳐 르네상스, 즉 문예부흥이 일어나게 된 것이다. 개성해방, 정신적 개인, 신에서의 해방, 자유의식에 입각한 문화 이것이 르네상스가 추구한 바였다. 이는 인간의 자유로운 전개를 가능케 함으로써, 이에 따라서 자연계와 인간계에 대한 자유로운 관찰과 합리적인 비판도 가능하게 되었다.

오늘 우리한테도 바람직한 것은 바로 그와 같이 자연계와 인간계에 대한 자유로운 관찰과 합리적인 비판이다.

우선 학술에서 지나치게 통일만을 주장하는 것은 이론의 고갈을 초래할 뿐이다. 물질문명과 정신문명은 모두 과학정신에 의해 발전한다는 것을 염두에 두고, 또 과학정신이란 바로 회의의 정신이라고 전제할 때, 지나친 통일은 도리어 과학정신에 배치되는 것이다. 왜냐하면 과학자의 육체에서 과학의 정신, 즉 회의의 정신, 또는 '?'(물음표)를 그의 생명과 함께 지워버리지 않는 한은 학술적으로 절대적인 통일이란 있을 수조차 없는 일이기 때문이다. 한 과학자로 놓고 말할 때, 회의의 정신, 또는 '?'(물음표)를 자기의 머릿속에서 지워버리는 것은 곧 그의 과학생명의 종말을 알리는 것이 될 수밖에 없다. 두말할 것 없이 '?'(문제의식을 상징하는 물음표)는 과학자의 얼굴이자 인생의 전부이며 삶의 내용 그 자체이다.

이데올로기가 인간의 모든 것을 좌지우지할 때, 자연과학에서마저 브루노나 코페르니쿠스와 같은 '이단자'가 가공되어 '색출'당했으니, 하물며 사회과학이나 인문과학은 항상 이념대립의 희생물이 되기 십상이다. 왜냐하면 사회과학이나 인문과학은 말 그대로 사회와 인간에 대한 인식적 가치를 추구하는 학문인만큼, 어떤 특정 사회나 그 사회구성원에 대해 과학적 사명을 안고 부득이하게 가치판단을 하지 않을 수 없기 때문이다. 그런데 그 자신이 그 특정 사회에 몸담고 있는 구성원이라면 그 입지는 더욱 좁아질 수밖에 없다.

그럼에도 불구하고 사실 복잡한 사회를 하나의 통일된 안목으로 밝혀보고, 공통된 결론에 이른다는 것은 너무도 아름차고 도저히 불가능한 일이다. 시대의 발전이나 어떤 사회의 형성은 그 시대를 살아가는 인간들의 보편적인 인식적 가치의 높이를 말해주는 것이며, 이런 인식적 가치는 부단한 학술적인 탐구를 통해 다듬어진다. 그것이 학술적

탐구의 결과물이라면, 당연히 과학의 정신, 즉 회의의 정신, 또는 철학적으로 말하는 문제의식을 바탕으로 하여 이루어진 것임에 틀림없다. 그만큼 과학정신에 입각한 자유로운 학술논쟁은 사회발전과 인간완성을 위한 가장 바람직한 과학적인 수단이라고 하지 않을 수 없다.

그러니 과학탐색이나 학술연구에서 가장 바람직한 자세는 '상호텍스트'적으로 상대방의 탐색과 연구의 성과를 공유하고 서로 보완하면서 가장 합리적이고 창조적인 결과물을 도출해낸다.

그런데 우리에게는 아직도 학술논쟁에서조차 '학술용어'들은 그냥 내 팽개쳐버리고 급급히 정치적 발언을 하는 고약한 버릇이 남아 있다. 이것은 아마도 자각적이든 비자각적이든, 우리의 머리는 아직까지도 사람들의 의견을 흑백논리에 따라 무조건 하나로만 통일시키던 과거의 기억에 지배당하고 있기 때문인 것 같다.

과거의 이른바 이분법, 즉 흑이 아니면 백, 좋은 것이 아니면 나쁜 것이라는 흑백논리대로라면, 무슨 일이든 간에 통일된 결과를 보지 못하면 잘못된 듯싶어서 께름칙하게 생각되었다. 아니 께름칙한 정도가 아니고, 만약 '흑'으로 판정이 나면 그 후폭풍으로 몸서리칠 비극이 곧 막을 열게 되었던 것이다.

권위나 권력은 어떻게든 사람들의 인식을 통일시키려 한다. 그런데 과학의 정신으로는 도저히 통일을 가져올 수 없다. 왜냐하면 과학의 정신은 회의의 정신이요, 학술토론의 과학적 태도는 자유로운 사유의 전개이지 결코 절대적인 통일이 아니기 때문이다. 워낙 과학에는 절대적이고 유일하고 불변적인 해답이란 있을 수조차 없다. 자연과학이 그렇고, 사회과학이 그렇고, 인문과학은 더구나 그렇다. 백 사람이면 백 가지 성미라고도 하거니와, 주로 사변적인 논리에 따라 대상을 분석,

비판하는 인문학은 그 어느 과학보다도 백화제방, 백가쟁명(百花齐放, 百家争鸣)으로 열려 있는 학술공간이다. 만자 좌우밖에 안 되는 단편소설 한 편이 수십, 수백 편의 평론을 생산해 내는 것도 이른바 고급독자라고 하는 평론가들이 '백 사람이 백 개의 시각'으로 관찰하고 분석하였기 때문이다.

그런데 아이러니하게도, 그처럼 열려있는 공간일수록 권위나 권력의 힘은 더 크게 작용하는 것이다. 이것은 원운동에서 구심력과 원심력의 크기는 같다는 원리로 설명이 가능할 것이다. 원 밖으로 벗어나려는 힘의 크기만큼 원 중심으로 끌어당기는 힘도 따라서 그만큼 커진다.

하물며, 사회적인 집단동물로서의 인간은 집단생활에 길들여진 만큼 무엇보다도 먼저 사회집단의 조직체계에 민감하게 반응한다. 그리하여 학술 그 자체보다는 '학술집단'이라는 조직체계에 일차적인 반응을 보이면서 직위고하나 학술적인 권위 등에 과민증상을 앓으면서 과잉충성을 나타낸다.

하지만, 그것보다도 더 한심한 것은 과학을 연구하는 학자가 어처구니없이 정치적인 힘을 학술의 구심력으로 착각하는 일이라 하겠다. 학술에서 정치적인 힘을 구심력으로 착각할 때 결국 학술적인 논쟁을 정치적인 원심력으로 오판할 수밖에 없다. 그리하여 이런 정객 아닌, 이른바 '학술정객'들은 몸은 학술의 장에 담고 있으면서도 흔히 학술의 울타리를 뛰어넘어 정치적인 힘을 빌려 학술의 통일을 꾀하는 것이다.

문학이 '예술적 진실의 인식적 가치'를 추구하는 것이라면, 궁극적으로는 인간이 인간을 포함한 사회와 세계에 대한 인식을 한층 더 높은 차원에로 끌어올리는 작업이라고 할 수 있다. 이러한 작업은 부득불 기성 도덕, 법, 질서에 대한 반성과 비판을 선행하지 않을 수 없다. 그러나 그것은 결코 기성 도덕, 법, 질서에 대한 부정이나 반대가 아니라 긍정적으로 계승, 변화, 발전을 약속하는 적극적인 성찰이다. 그런데 이런 작품을 마주한 '학술정객'들은 이게 무슨 큰일 날 일이냐, 어찌 감히 우리가 지켜야 할 도덕, 법, 질서에 반기를 들고 세상을 어지럽히려 든단 말인가 하고 노발대발한다. 하지만, 학술보다는 정치적인 민감성을 앞세운 그들인지라, 이미 학술적인 승패는 결정이 난 것이고, 그래서 제 무안에 찾는 것이 학술의 장밖에 있는 정치적인 구심력이다. 그런 사람들은 콩을 팥이라고 우길 만큼 학술에는 무디지만, 승부욕만은 오히려 남달리 강해서 어떤 수단으로든지 이겨야만 자기 체면과 위신이 선다고 생각하는 것이다. 그러나 결국 '본의' 아니게 '남의 칼을 빌려 살인'하는 '범죄'를 범하고 마는 것이다.

이제는 그만! 동란의 세월에 중국에는 코페르니쿠스나 갈릴레이, 또는 브루노와 같이 과학을 위해 비극적으로 생을 마감한 사람이 얼마였는지 모른다는 것을 기억의 뒤안길에서 아프게 떠올린다면, 우리는 다시는 그것을 재연하지 말아야 한다. 더욱이 현대화의 공정을 벌려놓고 세계적인 절주와 발을 맞추려고 과학기술을 '선봉장'으로 내세운 오늘, 우리는 결코 다시는 자기의 사유를 얽어놓고 모든 것을 흑백논리로 재단하는 그런 미련한 짓거리를 되풀이할 수는 없다.

노벨문학상 수상자(1950) 러셀은 '과학이 지식을 제한할 수는 있으나 상상력을 제한해서는 안 된다.'라고 했다. 이는 과학의 정신, 즉 회의의 정신에 대한 명언이라고도 이해할 수 있다. 과학에 의해 정리된 지식은 선행된 과학의 결과물이면서도 새로운 과학이 풀어가야 할 과제물이기도 하기 때문이다. 과제물인 만큼 그것을 풀어내기 위한 과학자의 '?'(문제의식)과 상상은 여전히 필요하고 유효하다. 그 '?'(문제의식)이 과학적인 근거를 찾고 그 상상이 현실에 정착할 때 새로운 지식이 발견되는 것이고, 한 과학자는 성공한 것이고 하나의 문명도 그와 함께 태어난다.

과학자의 얼굴이 '?'(물음표)로 되어 있다면, 그 '?'(문제)를 풀어가기 위한 과학자의 상상은 쓸 데 없는 것이란 하나도 없는 것이며, 그것은 바로 인류의 미래와 직결되는 것이다.

아이는 깨진 창문으로 깨진 세상을 보았다

어느 때였던가, 연변작가협회 아동문학창작위원회에서 결성한 문필모임이었던 것으로 기억된다. 어느 한 아동분과 책임자가 어린이들의 동요창작에 대해 이야기하면서, 한 소학교 학생이 깨진 창문으로 깨진 세상을 보았다는 시를 썼는데 참 시적인 착상이 기발하고 어른만 못지않게 사유가 성숙되었더라고 하면서 연신 찬탄을 금치 못해 하였다. 자리에 함께 있던 다른 어른 작가님들도 그 이야기를 듣고 저저마다 싹수가 보이는 '문학소년'이라면서 머리를 시계추처럼 좌우로 흔들며 연신 혀를 내둘렀다.

그런데 어른 작가님들의 감탄을 들으면서 어쩐지 속으로 이 세상 제일 깨끗하고 파란 동심마저 어른들의 낙서로 하여 저렇게 어지러워지고 마구 찢겨지는구나 하는 안타까움과 함께, 과연 이 인간세상이 어느 만큼이나 타락의 낭떠러지를 굴러 떨어지려는지 모르겠다는 두려움에 가슴이 뭉클하면서 소름마저 오싹 돋았다. 깨진 창문으로 깨진 세상을 보았다는 말에 문득 "깨진 유리창 법칙"이 생각나서 말이다.

"깨진 유리창 법칙"이란 미국의 범죄학자 제임스 윌슨과 조지 켈링

이 1982년에 내놓은 범죄 심리와 관련된 개념인데, 사회 무질서가 범죄를 낳는다는 이론을 정립하면서 깨진 유리창을 예로 들어 사소한 문제가 큰 문제를 일으킬 가능성이 높고, 국부적인 사건이 전체적인 현상으로 변질할 수 있다는 것을 입증한 것이다.

가령 어느 한 건물의 유리창이 깨졌는데 하루, 한 달, 심지어는 일 년이 지나도록 새것으로 바꾸지 않고 그냥 그대로 내버려 둔다면 사람들은 어떤 반응을 보일까. 아마도 사람들은 처음에는 그 주인이 게으르다고 생각할 것이다. 그리고 시간이 좀 더 지나면 사람들은 그 주인이 그 건물에 대해 별로 관심이 없을 거라고 생각할 것이다. 그렇게 또 시간이 흐르다 보면 사람들은 마침내는 주인한테 외면당한 건물이니 아무렇게 다루어도 괜찮을 거라고 생각할 수도 있는 것이다.

사람들의 심리는 흔히 객관적인 관찰에서 출발하여 주관적인 판단을 걸쳐 어떤 편견이 생기거나 자칫 어떤 욕망으로 변질될 수도 있는 것이다.

예를 들어 어느 누가 쓰레기를 집 모퉁이에 버린 채로 며칠이 지나도록 치우지 않고 그냥 방치해 두었다고 하자. 사람들은 처음에는 그 주인이 비위생적이고 게으르다고 생각할 것이다. 그다음에는 아마도 거기가 쓰레기를 버리는 곳인가 보다 하고 생각할 것이다. 그러다 마침내는 자기도 거기에 쓰레기를 버려도 괜찮겠다고 생각할 수 있는 것이다. 심지어는 그렇게 쓰레기들이 쌓이다 보면 지나가는 사람들조차 거기에 휴지를 던져버린다거나 심지어는 방뇨를 해도 괜찮겠다고 생각할 수도 있는 것이다.

그 '문학소년'은 현실적으로 어떤 사회부조리를 보았기에 깨진 창문으로 깨진 세상을 보았다고 하였을까.

그것이 문학지도교원들의 지나친 성인화교육의 결과이든, 아니면 이 사회가 너무나 현실적으로 적나라하게 아이들한테 아픔과 어두움과 비리와 부정과 폭력과 물욕을 절감케 했든, 아무튼 깨진 창문을 보고 깨진 세상을 보았다는 너무나도 기발한 '시적 착상'에 어른들은 한번쯤은 깜짝 놀라면서 저들의 성인사회나 저들이 아이들한테 마련해주고 있는 성장환경을 성찰해보아야만 한다. 왜냐하면 동물적인 생명을 갖고 자연인으로 태어난 아이들은 어른들이 만든 사회 환경 속에서 어른들의 관심과 영향을 받으면서 사회인, 문화인으로 성장하기 때문이다. 그래서 어른들은 아이들의 거울이 되고 본보기가 되는 것이다.

자연인으로 태어나 어른들을 '흉내'내면서 사회, 문화인으로 성장하는 아이들의 심령세계는 아직 아무런 그림도 그려져 있지 않은 도화지 같은 깨끗한 백색의 세계이다. 이제 거기에 어떤 그림이 그려질지는 어쩔 수 없이 아이들의 '흉내'의 대상이 되어버린 어른들의 형상이 본보기가 될 수밖에 없다. 아이가 태어나면서부터 시종 본보기가 되어온 부모의 언행은 모방을 통해 그대로 아이한테 교육적 효과를 일으킨다. 또 유치원, 소학교, 중학교, 그리고 고중을 다니면서 학교에서, 또는 사회에서 선생님을 비롯한 어른들의 언행을 통하여 사회를 인식하고 인생관을 수립하면서 성격 또는 인격 형성에 영향을 주는 특정 습관을 양성하게 된다.

결국 현재의 사회 건설을 맡은 어른들과의 영향관계에서 형성되는 아이들의 인격과 도덕성이 미래사회의 명암을 결정한다고 할 때, 그들의 보기가 되는 어른들은 그 스스로가 우선 부단한 인격수립과 도덕성 제고에 노력하면서 아이들 앞에서 일거일동을 아름답게 꾸미고 밝고 미래지향적인 사회적 이미지를 창조하여야 한다. 왜냐하면 마치도 흰

종이에는 어떤 색깔이든지 다 물들 수 있듯이, 어른들의 고운 말, 미운 말, 옳은 행동, 그른 행동이 죄다 쉽게 아이들한테 고스란히 '전염'될 수 있기 때문이다.

특히 소학교를 지나 중학교에 진입하면 아이들은 상대적으로 독립성이 뚜렷해지면서 호기심에 찬 의문도 많아지고, 적지만은 않은 십여 년의 인생 경험에 점차 세상물정에도 눈을 뜨게 되다 보니 어느덧 어른들의 교육이나 성인사회에 대한 회의와 불신도 훨씬 커진다.

깨진 창문으로 깨진 세상을 보았다는 그 소년은 취생몽사에 허송세월하면서도 자식을 교육한답시고 떵떵거리기만 하는 부모를 보고 그런 계시를 받은 걸까. 아니면 뒤에서는 부모들이 몰래 찔러주는 촌지를 슬쩍 챙기고는 그 촌지의 크기나 가치에 따라 학생들을 차별시하면서도 앞에서는 교육자랍시고 자못 '진지'하게 인성교육을 하는 선생님의 위선적인 모습을 보고 그런 계시를 받은 걸까. 그것도 아니면 양으로는 애국주의, 집단주의, 봉사정신을 떠들어대면서도 음으로는 사리사욕만 챙기는 부패한 관리들의 파렴치한 행태에서 그런 기발한 '시적 착상'을 하게 된 걸까.

부모의 문제이든, 선생의 문제이든, 아니면 공직자의 문제이든 그런 것들이 우리 사회에 보편적으로 존재하는 문제들이고, 더욱이 그 문제적 인간들이 아이의 성장과 가장 직접적이고도 밀접한 영향관계에 있는 사람들이라는 데 문제의 심각성이 있는 것이다.

가정이라는 '사회세포' 속에서, 학교라는 '사회집단' 속에서, 그리고 국가라는 '삶의 광장'에서 '경영자'로 막중한 '책임'과 '권력'을 가지고 있는 그들이 한창 자라나고 있는 아이들한테 '깨진 창문'을 그대로 내버려 두는 것과 같은 무책임하고 무능력한 행태를 밥 먹듯이 심심찮게 보여줄 때, 감수성이 뛰어난 아이들은 '하나를 보면 열을 안다'라는 속담처럼 그와 같이 대표적인 성인들의 '사소한 일'들을 통해 성인사회의 전체적인 이미지를 바람직하지 못한 모습으로 그려보게 된다.

나아가서는 이처럼 가정, 학교, 사회를 영위해가는 대표적인 기성세대들의 일그러진 모습은 아이들에게 인간은 워낙 그저 그렇고 그런 존재라고, 아예 전체적인 확대 해석을 하는 데 현실적인 근거를 제공해준다. 따라서 아이들은 그런 성인들의 가르침을 결코 액면 그대로 받아들이지 않고 '내가 하면 로맨스요 남이 하면 불륜'이라고 하는 철면피한 인간들의 뻔뻔스럽고도 구차한 변명 정도로나 치부해버리고 마는 것이다. 이로 말미암아 생기는 인간에 대한 절대적인 불신이 어떤 결과를 초래하리라는 것은 불 보듯 뻔하지 않은가.

깨진 창문으로 깨진 세상을 본 소년의 풍부한 상상력이나 뛰어난 감수성, 또는 남다른 문학 천부에 대해 감탄하기에 앞서 암울한 미래사회를 보는 것만 같아 안타까운 마음이 먼저 드는 것은 아마 이런 이유 때문이리라.

번데기마냥 자연인에서 사회인으로 변신을 가져오는 아이들이 하얀 백지같이 깨끗한 마음에 아름다운 인생 그림을 그려갈 수 있을지, 아니면 부조리한 성인사회의 비뚤어진 모습을 보면서 인생낙서를 할지는 현재의 사회를 건설하고 책임져야 하는 어른들의 인격과 도덕성에 정비례한다고 해도 결코 과언은 아니다. 그만큼 어른들은 아이들의 교육에서 무엇보다도 우선 자기의 언행이 보기가 됨을 늘 자각해야 한다.

우리는 흔히 아이들을 미래의 주인이요, 나라의 동량이라고 한다. 사실 그들의 부모가 된 우리도 어렸을 때는 부모의 그런 관심이나 관념의 약속을 받으면서 자랐다. 그런데 사실 이러한 사회적 공리성에 입각한 추상적인 효용론 때문에 절대적인 경쟁의식에 머리가 뜨거워진 어른들은 아이에 대한 교육을 근본적으로 더 많은 지식을 주입시키는 것만으로 잘못 이해하고 있는 것 같다.

자식이 용이 되기를 바라는 것은 천하의 어진 부모님들의 사랑심이겠지만, 꼭 그렇게 되기만을 바라는 것은 어느 정도 벌써 사랑을 넘어선 이기적인 강박관념이 아닐 수 없다.

왜냐하면 부모 된 우리가 누구나 용이 되어 자식을 용으로 키우려 하는 것은 아니므로, 어른은 아이의 거울이요, 보기라고 확인할 때 불행하게도 용이 되지 못한 우리와 같은 부모는 자식을 교육할 아무런 자격도 없기 때문이다. 자기가 해내지 못한 일을 그예 자식이 해내야 한다고 하는 것은 자기의 부족함을 자식을 통해서 미봉하려는 강박관념이요, 따라서 그것은 염치없는 과대욕망, 대리만족이라고 할 수밖에 없다.

그렇다면 이른바 용이 되지 못한 부모는 과연 자식을 교육할 자격이 아예 없는 것인가. 결코 그런 것이 아니라 근본적으로는 우리의 교육관념에 문제가 있는 것이다.

아이의 교육에서 지식의 전수는 극히 일부분에 지나지 않는데 우리는 전부인 것처럼 착각하고 있다. 그리하여 학교에서 하루 종일 지식을 배우고 온 아이를 붙들고 부모가 또 집에서 죽도록 공부를 시킨다. 그렇게 오직 지식을 가르치는 것만이 교육이라고 생각하다보니, 모르면 아이를 교육할 수 없다는 강박관념에 마음을 졸이면서 자기가 오래 전에 벌써 선택적으로 포기했거나 수준 미달로 흘려버린 지식마저 아이를 위해 다시 배우려는 시행착오를 범한다.

그런데 아무리 성공한 어른이라고 하더라도 자기의 전공 분야가 아니고는 그렇게 박학다식할 수는 없는 노릇이다. 그럼에도 자식이 용이 되기를 바라는 부모들의 보기 좋게 빗나간 교육 관념에서는, 아이의 거울이 되어야 하고 보기가 되어야 하는 어른으로서 아이가 배우는 지식을 모른다는 것은 얼마나 불행하고 처참한 일일까.

참으로 잘못된 교육 관념이라고 하지 않을 수 없다. 아이의 교육에서 가정, 학교, 사회는 삼위일체가 되어야 한다고 말한다. 그렇다면 가정, 학교, 사회의 교육내용은 전체적으로는 사회적 공익성을 공통분모로 하고, 부분적으로는 각각의 교육측면과 교육목표가 있을 수밖에 없는 것이다. 그리고 그에 따라서 교육방법이나 교육방식 또한 다를 수밖에 없다.

그럼에도 아이들에 대한 교육이라고 하면 공리주의에 빠져 오직 지식을 가르치는 것이 유일한 것처럼 여기다 보니, 많은 어른은 아이들의 거울이나 본보기가 될 수 없는 것이다.

그러나 전체적으로 사회적 공익성을 교육의 공통분모로 할 때, 인격수립과 도덕수양이 가장 근본적인 교육내용이라고 할 수 있으니, 이때 부모, 선생님, 공직자들은 아이들의 거울이 되고 그들의 언행 또한 아이들의 본보기가 된다.

그런데 밤낮으로 티격태격 싸우는 부모, 취생몽사 허송세월하는 부모, 이런저런 민망한 일로 이혼하는 부모 등등, 그런 부모들은 아이들한테 과연 어떤 본보기가 될까.

학부모가 찔러주는 촌지에 민감한 교육자, 좋은 학생 나쁜 학생을 편 가르는 교육자, 심지어는 학생에게 불순한 행위까지 하는 교육자 등등, 이런 교육자들은 아이들한테 또 어떤 보기가 될까.

매관매직하는 공직자, 공금을 횡령하는 공직자, 만 사람에게 해를 끼치는 공직자 등등, 이런 공직자들은 또 아이들더러 어떤 세상을 그려 보게 할까.

결국 이런 어른들은 아이들의 거울, 보기가 될 인격과 도덕성에는 노력을 게을리 하면서도, 오히려 어른이라는 이유 하나만으로 아이들의 위에 지배자로 군림하려고 하는 것이다. 그들의 언행 불일치가 아이들에게 미치는 악영향과 역효과는 얼마나 치명적이랴.

지식을 배움에 있어서도 역시 잘못된 교육 관념으로 하여 우리 부모들은 아이들의 장래를 설계하면서 흔히는 자기가 이루지 못했던 바를 성공시키려 하는데, 아예 아이의 소질, 특장, 애호 또는 지력을 외면한 채 그냥 발을 깎아 신에 맞추는 격으로 부모들이 만들어놓은 틀에 맞게 자식이 성장하기만을 바란다. 또한 사회적 병폐로 되고 있는 이른바 지식제일, 점수제일을 교육의 가장 기본적인 또는 유일한 목표나 목적으로 생각한다. 그 결과는 오히려 아이들의 소질을 발견하고 키워서 건실한 성장을 이끌지 못하고, 나중에는 부모 자신의 지식수준의 제한으로 자식교육에 실패의식을 느끼면서 자기 무안에 될 대로 되라 하고 두 손 들어버리는 경우도 적지 않다.

사실 부모가 자식의 공부를 책임지고 가르치는 것도 공리주의에 의한 비뚤어진 목적에서가 아니라면, 궁극적으로는 사회적 공익성을 위해 자식을 훌륭한 사회성원으로 성장시키는 과정에서의 하나의 방식이나 방법임에 다름 아니다.

가정을 사회의 가장 기본적이면서도 가장 작은 단위의 세포조직이라고 한다면, 부모는 사회나 교육기관에 앞서 훨씬 더 많은 범위에서 자식에 대한 교육을 틀어쥐어야만 한다. 그리고 그것이 동물적인 생명으로 태어난 아이가 사회 문화적인 인간으로 성장하는 데는 결정적인 역할을 한다고 할 수밖에 없다.

부모로부터 동물적인 생명을 부여받고 한 자연인으로 태어난 아이는 갓 태어났을 때는 그저 하나의 생명체에 불과하나, 부모의 손을 잡고 걸음마를 떼고 옹알이로나마 엄마 아빠를 부를 때부터는 번데기 껍질을 벗고 나오는 성충마냥 점차 사회인으로, 문화인으로 변모되어간다. 그렇게 부모는 아이가 한 독립적인 인간이 되기까지 아이의 육체적인 건강뿐만 아니라 정신적인 건강까지도 챙겨주어야 한다.

그렇다면 부모의 건강한 정신세계는 직접 어린이의 보기가 되는 것이고, 성인사회의 한 축도이자 어린이가 몸을 담고 생활하는 작은 사회인 가정의 건실함과 투명함은 그대로 보기가 되어 아이의 미래와 직결될 수조차 있다.

결국 가정교육의 기본은 아이의 정신건강을 틀어쥐는 것이다. '마음에 길을 물어라', 또는 '범에게 물려도 정신만 차리면 산다'는 말처럼 인간만이 가지고 있는 도덕적인 사유능력과 정신력은 우선 가정교육에서부터 수립시켜야만 제대로 영혼 심처에 뿌리를 내릴 수가 있다. 이는 말하기는 쉽지만, 그것이 아이의 미래를 결정하는 것만큼은 어렵고, 우선 부모 자신의 꾸준한 인격수립과 도덕수양을 요청한다.

가정교육에서의 부모의 역할이나 바람직한 모습으로부터 학교교육에서의 선생님, 또는 사회교육에서의 공직자들의 역할이나 바람직한 모습을 유추할 수 있다. 왜냐하면 가정, 학교, 사회가 삼위일체라는 논리체계에서는 부모, 선생님, 공직자는 어른의 대표임에 다름 아니기 때문이다. 결국 어른과 아이라는 영향 관계에서 보면, 우선 부모가 자신의 인격수립과 도덕수양에 꾸준히 노력해야 하듯이 선생님, 공직자 또한 부단히 자신의 인격수립과 도덕수양에 게을리하지 말아야 한다.

부모는 자식의 보기이며 거울이다. 역시 어른들은 아이들의 본보기이며 거울이다.

그런데 깨진 창문으로 깨진 세상을 보았다는 풍부한 상상력을 갖고 있는 그 아이는 어른들로부터 벌써 사회의 한 축도를 보게 된 것이고, 그래서 그런 삶의 광장에서 자기의 인생 자세를 정립하고 정신적인 자리매김을 하게 될 것이다.

나이 어린 학생이 어린이답지 않게 그처럼 깨진 창문으로 병들어가는 사회, 나아가서는 허황한 세상을 보았다는 것은 어쩌면 풍부한 문학적 상상력을 보여주는 것일지도 모른다. 허나 어쩐지 우리 아동문학이 아이들한테 문제의식을 키워준답시고 너무나도 성인화교육을 하고 있는 건 아닌지 하는 근심이 어지러운 사회현실 다음으로 마음속에 밀려든다. 그리고 또 순간적으로나마 그런 교육자의 참 모습은 어떠할까 하는 생각이 들어서 공연히 그분한테 미안스럽기도 하다.

작은 것으로부터 큰 것을, 국부적인 것으로부터 전체적인 것을 볼 수 있다고 할 때, 그 하나가 백 가지를 부정하는 것보다는 백 가지를 긍정할 수 있는 것이라면 훨씬 더 긍정적이고 바람직한 것이 아니겠는가.

설령 어떤 유리창 하나가 깨졌더라도, 이 세상은 그래도 아직은 살맛이 나지 않는가!

우화는 어른들이 봐야 한다

부엉이는 온 힘을 다해 동쪽을 향해 날아간다. 얼마나 날았는지, 기진맥진한 부엉이는 울창한 수림 속 어느 한 나뭇가지에 털썩 내려앉아 헐떡거리며 잠시 숨을 돌렸다.

때마침 수림 속에서 쉬고 있던 산비둘기가 부엉이의 씩씩거리는 꼴을 보고 말을 걸었다.

"당신은 이리 급히 어디로 가시나요?"

"난 동쪽으로 이사를 하려고 하오."

"왜 이사를 하려고 하나요?"

"흥, 글쎄 몰상식한 서쪽의 사람들이 내 목소리가 듣기 싫다며 나를 욕하질 않겠소. 그래 내 그들이 싫어서 아예 이사를 해버리려는 거요."

그 말을 듣고 한참 생각하던 산비둘기가 의미심장하게 말했다.

"이사를 하면 문제가 풀릴 것 같아요? 내 보건대는 당신이 자기의 목소리를 고치지 않는다면 동쪽의 사람들도 결국 마찬가지로 당신을 싫어할 거예요."

산비둘기의 사리 밝은 말에 말문이 막힌 부엉이는 꿀 먹은 벙어리마냥 냉가슴만 앓았다.

이것은 우화 "부엉이가 이사하다"에 나오는 이야기이다. 우화란 사람들에게 그 어떤 진리와 생활의 철리를 가르쳐 주고, 어떤 사람들에게는 그 행위에 경종을 울려주고자 엮은 이야기이다.

그런데 많은 사람은 우화란 것은 공민권을 가진 사람들이 크게 기침을 떼고 수염을 쓸면서 자손들이나 아이들한테 들려주어 그들을 교양하는 훌륭한 수단이라고만 여기고 있다.

그러나 사실은 만약 총명하고 글 잘 읽는 어떤 아이가 '총명한 잇규'처럼 제 구실을 못하는 공민권을 가진 사람들에게 그들의 행위를 성찰하게 하는 우화를 들려주어 경종을 울려준다면 그것이 도리어 훨씬 멋지고 흥미가 있을 것 같다. 인간에게 어떤 교훈이나 계시를 준다는 의미에서 보면 우화란 것이 어쩌면 원래부터 어른들을 위해 지어진 것 같기도 하다.

사회를 살아가는 기성세대에게 경종을 울려준다는 것부터가 의사가 병을 치료하는 것과 같은 것이라고 할 수 있다. 직접 사회 건설 현장에서 '벽돌'을 쌓고 있는 어른의 잘못을 깨우쳐 준다는 것은 결국 사회란 이 '인간마천루'의 질적인 보장과 관계되는 것이요, 그만큼 그것은 인간의 미래와 직결되기도 한다.

앞에서 들려준 우화의 경우만 봐도 그렇다. 그것을 아이들한테 들려준다면, 자기의 결점이나 착오를 깨끗이 시정하는 것만이 바르게 성장하는 길이지 부엉이처럼 자기의 듣기 싫은 목소리는 고치려 하지 않고 못나게도 집을 옮기는 것으로 문제를 해결하려 해서는 어딜 가나 마찬가지로 환영받지 못한다는 도리를 깨우쳐 줄 수 있다.

그러나 이제 그것을 어른들에게 들려준다면, 그것도 제 잘못은 모르고 남의 일깨움을 도리어 자기의 흉을 보거나 공격하는 것으로 오해하여 반목하거나 복수심에 앙앙불락하는 어른한테 들려준다면 어떨까. 아마 그더러 한번쯤은 자신을 성찰하고 상대방의 마음을 헤아려 서로의 마음을 열 수 있는 밝은 생활환경을 마련해가도록 기회를 주게 될 것이다.

아이들은 어른들이 꾸며주는 삶의 현장에서 어른들의 행위를 모방하면서 사회 문화인으로 성장하게 된다. 그만큼 어른들은 아이들의 본보기가 될 수밖에 없다. 바꾸어 말하면 아이들에게 아름다움을 선사하고 푸른 꿈을 키워주는 것도 어른들이요, 동심에 상처를 주고 낙서하는 것도 역시 어른들이다.

그런데 우리 어른들이 가꾸어 가고 있는 사회의 현주소는 어떻고 또 기성세대의 현 모습은 어떠하던가.

자아를 찾는 인간들-우리는 과연 철저하리만치 자아를 찾았다. 봉건 윤리도덕에 의하여 부모(자식)의 자식(부모), 남편(아내)의 아내(남편), 형님(동생)의 동생(형님), 자(매)의 매(자), 시어머니(며느리)의 며느리(시어머니)...로 아주 자아를 잃어버리고 남의 '노예'로 봉사적이고 희생적인 삶만 살아가던 사람들이 어느 날인가부터 갑자기 자아를 찾기 시작하더니 마침내 자유를 획득하였다.

인간의 주체의식인지 개체의식인지 하는 것들이 극단적으로 절대화되다 보니 자아중심적인 생명욕구가 둑을 터뜨린 홍수마냥 강한 '생명력'으로 사회를 변질시켜 버렸다. 결국 배타적이고 자아중심적인 사유는 인간으로 하여금 인간의 노예로부터 해방되어 다시 물질의 노예로 전락되게 하였다. '돈의 노예', '권력의 노예', '사랑의 노예', '향락의 노예'..., 그러나 어쨌든 인간사회에서 인간의 '노예'가 아니라는 것은 충분하게 자아를 찾은 것이다. 그리고 위험하기는 하지만 '절대적인 자유'에 한걸음 다가선 셈이다.

서로의 감옥—그러나 절대화된 자아와 자유는 인간 대 인간을 불신이라는 장벽으로 막아버렸다. 그리하여 자아중심적인 홀로서기가 이 시대를 살아가는 인간들의 정신적인 기틀이 되어버렸고, '이 세상에 믿을 놈이 한 놈도 없다'는 것이 그런 자아중심적인 '인생철학'이 내린 결론이었다. 나에게 좋은 말을 하는 것은 간교한 아첨이요, 잘못을 일깨워 주는 것은 음험한 도전이다. 그렇게 모든 것을 믿을 수 없으니 모든 것을 배척하게 되고, 자아중심적인 판단에 자기를 반성하지 못하고 관용의 마음으로 남을 이해하고 접수할 수 없다.

인성에서 다시 본능에로—그와 같이 철저한 자아중심적인 삶의 자세는, 원래 선과 악에는 관계없이 다만 자연의 먹이사슬 법칙이었던 적자생존, 우승열패, 약육강식의 생존원리를 불행하게도 인간 대 인간의 싸움이라는 피비린내 나는 인간의 생존법칙으로 탈바꿈시켜 인간사회 전체에 그대로 적용시키고 있다. 선의에서 출발한 발전적이고 상승적인 경쟁이 아니라 내가 죽지 아니하려면 네가 죽어야 한다는 악의적인 생존논리에 생사를 가리며 동류상잔이다. '남편 죽이기', '아내 죽이기', '아이 죽이기', '천재 죽이기'... 아무튼 나한테 걸림돌이 되면 주저 없이 제거해버려야 자기보존을 할 수 있다고 생각한다. 언젠가는 아마 누군가 자기의 그림자를 죽였다는 뉴스도 듣게 될 것이다.

두려움이 부실 부실 가슴에 내려앉는다. 하얀 백지 같은 동심세계에 우리 어른들이 어쩌면 아름다운 '인생그림'을 그리는 것이 아니라 낙서를 하고 있지나 않을까. 못난 부엉이처럼 자아중심적인 판단에 자기 영혼을 세탁하려는 생각은 조금만큼도 없이 그냥 마음가는대로 마구 남을 쥐어박고 인생을 찢어발기는, 사냥물을 노리는 포수 같은 어른들이 아이들한테 도대체 어떤 삶의 자세를 가르쳐 줄 수 있을까.

그럼에도 어린 아이한테 우화를 들려주고 있는 어른들은 흔히 우화를 그냥 아이들의 호기심을 만족시켜주는 재밌는 이야기쯤으로만 여긴다. 또는 잠이 와서 칭얼대는 아이를 달래어 잠들게 하는 자장가쯤으로 여긴다.

그런데 그러기에는 인간사회에 대한 우화의 도덕적인 참회나 인간행위에 대한 준칙, 그리고 인간비리에 대한 신랄한 풍자와 교훈적인 지적은 너무도 철학적으로 심오하다. 아이들이 이해하기에는 무리일 만치 오히려 어른들에게 주는 계시가 훨씬 더 크고 심각하고 직접적이지 않을까.

아이한테 우화를 들려주다가 아이가 잠들면 책을 덮으면서 한번쯤 그 이야기를 진지하게 음미해보자. 의도적이 아니라도 좋은 인생 공부가 될 것이다.

어른들이여, 우화를 보라.

'엘리트정신'

동방이 빨갛게 물들며 '빨간 태양'이 솟아오르자, 나라를 되찾은 이 땅의 사람들은 경건한 마음으로 하나같이 '빨간 태양'만을 따르는 '해바라기'가 되었다.

사람들은 낮이나 밤이나 빨간 책을 들고 빨간 마음으로 빨간 사상을 학습하면서 경외의 마음으로 이 땅의 유일한 우상인 '빨간 태양'만을 숭배하고 충성하였다. 오직 '빨간 태양'만을 따르는 '해바라기'들은 '최고지시'를 절대적인 진리로 여겨 빨간 사상으로 자기를 무장하려고만 애쓸 뿐 잘 먹고 잘 사는 것 따위에는 전혀 관심이 없었다. 아니 잘 먹고 잘 살려고 하는 것은 썩어빠진 자본주의의 퇴폐한 생활방식과 물질만능사상에 물젖은 것이라 하여 잡초를 뽑아버리듯이 사정없이 제거해버렸다.

그리하여 이 땅의 모든 사람은 '빨간 태양'의 따사로운 햇볕을 받으며 다 같이 가난하지만 그래도 평등한 생활을 누릴 수 있었고, 하룻강아지 범 무서운 줄 모르고 언감생심 '빨간 사상'에 저촉되는 언행을 저지른 자는 직위 고하를 막론하고 타도 당하고 말았다. 그러니 누가 감히 내노라 하고 잘난 척하겠는가.

그런데 장장 십 년을 회오리바람처럼 이 땅에 휘몰아치던 전대미문의 '문화대혁명'이 서산으로 지는 '빨간 태양'을 따라 결말 없이 사라지면서, 이 땅의 사람들은 한때 키잡이를 잃은 선원의 신세가 되어 사상적 혼돈 속에서 갈팡질팡하게 되었다.

그러다가 '개혁개방'을 한 요즘 들어 우리 주변에서는 사회주의시장경제니 사상해방이니 엘리트니 어쩌고저쩌고 하면서, 전에는 전혀 들어보지도 못한, 아니 감히 입에 담을 수도 없었던 '신 개념'이 금욕주의에 결박당해 있던 사람들의 입에서 입으로 심심찮게 회자되고 있다.

사회주의에서도 시장경제를 할 수 있다, 사상적 속박에서 해방되어야 한다, 유능한 두뇌가 시대를 이끌게 해야 한다, 모두가 경천동지(驚天動地)할 만한 폭탄급의 '선언'이다. 이 땅의 사상이 변질되고 있다. 이 땅에서 사는 사람들의 의식이 변질되고 있다.

특히 '엘리트론'의 대두는 노동자, 농민이 국가 부총리까지 될 수 있었던 이 땅의 '인간평등'을 송두리 채 뒤엎어버렸다. 하긴 그때는 '최고지시'만 따라야 했기에 유능한 두뇌들의 독립적인 작동은 필요 없었고, 혹 이를 범한 경우는 오히려 반역죄로 낙인 찍혀 타도되었었다.

'엘리트론'이 대두하자 이 땅에는 순식간에 수많은 엘리트가 우후죽순(雨后竹笋)마냥 솟아났다. 전에 '온갖 잡귀신이 다 뛰쳐나왔다'고 하던 정경 그대로이나, 지금은 '잡귀신'으로 투쟁당하는 것이 아니고 '엘리트'로 떠받들려 융숭하게 대접받고 있다.

낯선 외래어라서 사전을 찾아보았더니, '엘리트'란 프랑스어에서 차용한 개념인데 우리말로 순화하면 '정예'라고 할 수 있다. 사회에 선택된 인간, 그러니깐 사회에서 집단적인 의미보다는 한 개체로서의 자리매김이 더 뚜렷한 사람이라는 뜻으로 이해할 수 있으니, 좁게는 뛰어난 능력이 인정된 사람이거나 지도적 위치에 있는 사람을 이르는 말이겠으나, 넓게는 공직자, 지식인 모두를 아우르는 지칭이라고 할 수 있다.

전에는 '구린내 나는 아홉째'로 농촌에 내려가 빈농의 재교육을 받아야만 했던 '지식분자'들이 이제 과연 시대를 이끌어가는 '엘리트'가 되었단 말인가. 참, 세상은 그래서 살고 볼 일인가 보다. 이런 걸 두고 고진감래라고 할 것이다.

얼마 전까지만 해도 문을 꽁꽁 닫아걸고 세상을 등진 채, 가난 속에서도 행복을 노래하던 '신화' 속에서 뛰쳐나와 보니, '현대문명'은 능력이 있으면 한번 따라와 보라는 듯 저 멀리 앞에서 손짓하고 있다. '우승열패'의 위기감 속에서 경쟁의식이 사회적으로 고조되고 유능한 두뇌들의 지혜와 총명이 최대한으로 총동원되어야 하는 현실을 감안하면, 아닌 게 아니라 '엘리트론'의 대두는 필수 불가결한 시대적인 요청인 것만은 틀림없는 것 같다.

이제 다시 무지몽매한 '신화시대'로 돌아갈 수는 없다. 모르면 몰라도 앞서가는 바깥세상을 알게 된 이상, 돌아간다는 것은 선택이 아닌 도태이니까 말이다. 하기에 세계적인 속도와 경쟁하면서 지혜를 모아 과학으로 국가를 부흥시켜야 하는 시대에, 유능한 두뇌가 국가의 여러 지도층에 선택되어 사회발전과 국가의 성장을 이끌어가는 것 역시 국가적인 생존원리 또는 민족적인 생존의식에서 출발한 것이라고 할 것이다.

그만큼 엘리트의 사회적 위치는 나날이 높아만 가고, 따라서 엘리트들이 내노라고 잡는 폼도 예전 같지가 않다. 그런데 그와 함께 사회적 불평등도 갈수록 커지면서, 어쩐지 엘리트들이 가진 힘과 우월감이 이

사회에 새로운 '문명악'을 몰아올 것 같은 증후가 나타나기 시작했다.

워낙 지혜로운 자 선하면 만 사람이 덕을 보기 마련이고, 반대로 지혜로운 자 악하면 만 사람이 해를 입는 법이다.

'인류영혼의 공정사'라는 미칭을 가진 '인민교사'들이 아이들의 교육보다는 학부모들이 주는 촌지의 크기에 더 관심을 갖는 것을 보면서 과연 그들의 '영혼'이 아이들을 교육할 만큼 그렇게 순수하고 깨끗할까 의심스럽다.

공직에 있으면서 공금을 횡령하거나 매관매직으로 사회를 어지럽히고 직권으로 백성을 괴롭히는 부패한 공직자들이 도리어 뻔뻔스럽게 길거리를 활보하는 것을 보면서, 시대가 요청하는 '엘리트'는 결코 이와 같이 양심에 곰팡이가 낀 변질된 자거나 기회주의자, 또는 이기주의자는 아니라고 생각된다.

쌀알을 훔치는 좀도둑도 역시 사회악이기는 마찬가지겠으나, 사회지도층에 있는 이른바 '엘리트'가 사회적으로 비리를 저지른다면 그가 인민에, 사회에, 나아가서는 국가에 끼치는 해악은 독성이 훨씬 강하거나 심지어는 치명적일 수 있다.

과장이요, 처장이요, 행장이요, 국장이요, 시장이요, 성장이요, 부장이요 하면서 사회 각 지도층에서 특권을 부리다가 심심찮게 덜미 잡혀 나오는 큰 도둑들을 보면서, 이 시대의 '엘리트론'에 대한 회의와 함께 뭔가는 그런 '엘리트'들을 양성해내는 교육에서부터 벌써 문제가 있지 않을까 하는 생각이 든다.

지금 우리가 흔히 말하는 '엘리트'는, 지식이 있고 능력이 있고 남달리 총명한 그런 사람들이다. 결국엔 '능력지상주의'인 셈이다. 그러고 보면 인격 또는 인간성, 그리고 도덕성은 마치도 '엘리트'의 필수조건이 아닌 듯싶다. 그런데 사회적 비리를 저지른 자들 병의 근원을 찾아 한번 넝쿨 따라 뿌리를 찾아보았더니 결국은 견물생심이라고 지나친 욕심 때문이었다. 아이러니하게도 인간성, 도덕성의 부재가 바로 영혼을 잃고 타락한 '엘리트'들의 결격사유다.

이른바 '엘리트'들의 인간성, 도덕성 부재가 우선은 그 자신의 자아 수양과 직접 관계되는 것이겠지만, 그것이 몇몇 개인에 국한되지 않고 사회의 보편적인 현상으로 파급되었을 때는 역시 우리의 교육이념이나 교육체제와 무관하지 않다.

지금 우리의 교육은 철저하리만치 주입식의 지식교육, 점수 제일의 응시교육이다. 공리주의가 공공연히 판을 칠만큼 학교 교육의 궁극적인 목표는 학생들더러 좋은 점수를 따내게 하는 것이고, 학생들의 공부 목적 역시 성적이 뛰어나서 크게 출세하는 것이다.

미래의 '엘리트' 지망생들은 그렇게 사회 문화인으로 성장하는 과정에 처해 있는 한창때에 지식 제일, 점수 제일의 소용돌이 속에서 허우적거리다 보니 인격 함양과 도덕 수양을 위한 올바른 가르침을 제대로 받지 못하고 마는 것이다.

'아이 적 버릇이 여든까지 간다'라는 속담이 있지 않은가. 그만큼 어릴 때 어떤 버릇을 키우는가가 인생을 좌지우지할 수도 있다는 말이다.

자연의 한 생명체로 태어난 영아는 결코 사회적인, 또는 문화적인 습관이란 것이 있을 수 없다. 처음에 영아는 그저 '용타 용타' 하는 부모님의 칭찬 소리를 들으면서 걸음마를 떼고, 부모님을 따라 옹알이를 하다가 차츰차츰 말을 배운다. 그것이 아이가 한 자연인으로부터 사회 문화인으로 변화하는 과정의 시작이라고 할 수 있다.

그런데 그 과정이 적어도 독립적인 인격체로 거듭나서 사회에 진출하기 전까지는 쭉 이어져 가야 하는 건데, 공교롭게도 바로 그 시기에 해당하는 소학교, 중학교, 고중, 심지어는 대학교에 이르기까지의 전 교육과정에서 이것이 빠지거나 성적 제일주의로 하여 별로 중시를 받지 못하고 있는 것이 현실이다. 오죽하면 인격 수양과 도덕 함양과 관련한 품성 항목조차 성적이 좋고 나쁨에 의해 '좋은 학생', '나쁜 학생'으로 판별되겠는가.

자기 아이가 선생님의 눈도장을 맞지 않게 하려고 선생님께 이것저것 챙겨드리고, 생활 형편이 안 되면 교실 청소도 해주고 운동회 때면 선생님의 심부름이라도 해주면서 몸으로 때우는 부모님들의 모습이 정말 안쓰럽고 눈물겹다. 이런 선생님들이 아이들한테 과연 어떤 인성교육을 할 수 있을까 하는 의구심은 공연한 노파심만은 아닐 것이다.

그래서 천하의 불쌍한 부모님이 집을 팔아서라도 자식을 공부시켜 출세시키려는 마음이 자식에 대한 지극한 사랑임을 백번도 더 충분히 긍정하면서도, 한편으로는 그것이 어쩌면 공부해야 출세하고 출세해야 용이 되는 거라는, 이 세상에 만연된 공리주의적인 교육이념에 따른 강박관념과도 무관하지는 않다는 생각에 마음이 석연치 않다.

그러니 교육현장에 만연된 공리주의적인 교육이념을 바로잡아, 사회적 공익성을 체현한 바른 교육이념으로 재정립하는 작업이 무엇보다 급선무로 나선다. 결국, 인재양성의 목적과 목표를 어떻게 설정하느냐 하는 것인데, 이를 위해서는 선행 작업으로 어떤 사람을 인재라고 할 수 있는지 먼저 확인해야만 그런 인재를 양성하기 위한 목적과 목표가 명확할 수 있다. 그것은 시대가 필요로 하는 인재는 도대체 어떤 조건을 겸비해야 하는지 탐구하는 작업이라고 할 것이다.

앞에서 보았듯이, 공리주의적인 교육이념 아래에서 양성한 인재는 풍부한 지식을 소유하고 남달리 총명하여 뛰어난 능력을 갖춘 사람들이다. 그러나 그들이 갖춘 조건은 천부적인 기질을 바탕으로 한, 순수 기능적이고 기술적인 것들일 뿐이다. 그들의 결격사유는 바로 사유하는 정신적인 동물로서의 인간이 바른 마음으로 무한한 사유능력을 공제하여 지나친 욕심을 억제할 수 있는 인간성과 도덕성이다.

'엘리트'가 겸비해야 하는 이러한 필수조건은, 사회적인 효용론에서 보면 선수가 스포츠게임에서 프로정신이 있어야 하듯이 '엘리트'도 사회적인 공익활동에서 헌신 정신이 있어야 한다는 것을 말해 준다. '엘리트'란 시대적 요청을 받아 선택된 사람들인 만큼, 향수나 권력에 앞서 우선 이 시대를 이끌어 발전시킬 사명감을 지니고 책임과 의무를 다해야 마땅하기 때문이다. 정당하게 누리는 향수는 꾸준한 노력의 대가이고 권리에는 언제나 책임이 따르기 마련이다.

선수가 보여주는 것이 '프로정신'이라면, 인재가 보여줘야 하는 헌신 정신을 우리는 여기서 '엘리트정신'이라고 하자.

'엘리트정신'이라고 하면 우리는 대뜸 조선 시대의 '선비정신'을 떠올리게 된다. 고려조를 넘어 조선조에 들어서면서 풍류도와 화랑도 정신이 '선비정신'으로 이어졌다고 볼 수 있는데, 대저 '선비정신'이란 의리와 지조를 바탕으로 하는 청빈 사상이다. 이를 또 대의를 지키려는 지조가 굳고 성품이 발라 재물을 탐내지 않으며 가난하고 말끔한 삶을 살려는 정신이라고 해석할 수 있다.

대의는 '소아'를 희생하여 '대아'를 지키는 일이요, 지조는 '대아'를 지키려는 의지와 신념이니 이는 또 언행을 명분에 맞게 하는 바른 성품을 키워야 가능한 일이다.

또한 '선비의 가난함'은 가난해야만 한다거나 가난할 수밖에 없다는 단순 논리가 아니라, 대의와 지조를 지키고 성품을 바르게 하다 보면 재물을 멀리하게 되고 검소함과 청렴함을 덕목으로 삼게 됨을 일컫는 것이라고 봐야 할 것이다. '가난할지언정 대의를 버리고 지조를 잃을 순 없다'라는 것으로 해석해야지 '선비는 대의와 지조를 지키기 위해서는 가난해야만 한다'라는 식으로 해석한다면, 이는 '선비정신'에 대한 왜곡이라고 할 수밖에 없다.

실제로 지식인의 이상적인 추구였던 '선비정신'은 조선조 5백년의 역사와 운명을 함께하면서 점차 조선시대 신분사회의 지배층을 이루었던 양반들의 도덕 규범이 되었고, 점차 비 민중적이고 비 속세적이라는 특징이 이루어지면서부터는 '손에 돈을 쥐는 법이 없고 쌀값을 물어보는 법이 없다'라는 것이 선비정신의 주근이 되어버렸다. 결국, 선비는 빈껍데기만 남았고 선비정신은 사회를 외면한 허식으로 변질하고 말았다. 이 시점에서 박지원의 소설 '양반전'은 역사적인 반성에서 우리에게 주는 계시가 자못 크다고 할 것이다.

조선조에 껍데기만 남은 양반, 또는 선비들이 나라의 환곡을 파먹는 식객이나 좀도적으로 타락해버렸다면, 오늘엔 국록이나 타 먹으면서 일하는 자, 돈 버는 자를 비천하게 보고 학문을 다만 유식함의 상징으로, 권력을 다만 신분 상승의 발판으로 삼아 특권을 행사하는 '엘리트'가 매일 비리를 생산해내어 사회를 더럽히고 있다. 그들에 의해 물질주의, 실리주의, 결과주의가 이 사회에 암 덩어리처럼 만연되고 있다.

'엘리트 특권'을 누리는 사람들이 식당에서, 술집에서, 다방에서, 노래방에서 대놓고 '엘리트론'을 '강의'하는 단골이 되고 있다. 물론 적당히 여가를 즐기는 거라면 뭐라 나무랄 것도 없겠지만, 이건 공금이나 '협잡'으로 '노세, 노세'를 외쳐대는 데는 새삼스럽게 '엘리트'들에 대한 신변정리를 요청하지 않을 수 없다.

사회에 의해 요청된 사람은 당연히 사회를 위해 헌신하고, 사회로부터 받은 혜택을 사회에 환원할 줄 알아야 한다. 그런 의미에서는 옛날의 '선비정신'도 현대성을 획득할 수 있으며, 따라서 청빈사상은 오늘에도 여전히 유효하다고 할 수 있다. 물론 나중에 허례허식으로 변질된 '선비정신'은, 현대화의 사회 건설 현장에서 일하는 우리에게는 별로 바람직한 것이 못 된다. 고속성장의 시대에 '얼어 죽어도 화톳불은 쬐지 않는다'라는 고루한 양반사상으로는 도저히 사회성장의 선두는커녕 자칫 그 발전을 저해하는 장애물이 될 수 있다.

삶에는 특권이 없다. 사회에 선택된 인간은 역시 선택된 삶을 살아야만 사회의 긍정을 받아 시대를 이끌어가는 명실상부한 '엘리트'가 될 수 있다. 그런데 사회에 선택된 '엘리트'의 선택된 삶이란 성실하게 시대와 사회, 그리고 민중 앞에 짊어진 책임과 의무를 다하는 그것뿐이다. 그도 그럴 것이 선택된 자에게 선택이란 있을 수 없으니까 말이다. 엄격한 의미에서는 오직 사회에 의해 선택된 것만 있을 뿐이다. 그런데도 선택된 자가 선택한 자를 배반한다면 그 결과는 선택한 자의 심판으로 사회에서 버림받게 될 것임은 너무도 불 보듯 빤하지 않은가.

자기가 발 딛고 선 사회의 무탈한 성장을 위하여 딱따구리가 나무를 파고드는 벌레를 쪼아내듯 사회의 병의 근원을 짚어내고, 새로운 시대의 가치를 창조하기 위해 생산적으로 삶을 꾸며가는 것이야말로 오늘의 사회 건설 현장에서 수요하는 '엘리트 정신'이 아닐까 싶다.

사회에 선택된 자, 사회의 혜택을 받은 자는 이제 사회에 돌려주는 건만 남았을 뿐이다. '엘리트 정신'은 결국 헌신정신이다.

오늘의 도시인도 도시진출을 했었다

먹고 입는 것을 오직 자연에만 의탁해야 했던 원시사회뿐만 아니라 그 후로 퍽 오랜 단계, 심지어는 상품경제가 사회생활의 기본을 이루기 전까지만 해도 사람들은 그런대로 자아도취에 빠져 원시적인 낭만에 쉽게 몸을 담글 수가 있었다.

생명본능이 최종적인 추구 또는 삶의 목적이었던 시대에서는 주린 창자만큼이나 염치없는 것이 더는 없으리만치 먹는 것만 해결되면 만사대길이었다. 그리고 그것이 농가의 창문 밑에 쌓이는 쌀가마니의 높이에 상징성을 부여해 주는 것이었다. 일 년 농사 뒤에 높직이 쌓아놓은 쌀가마니를 보면서 사람들은 무한한 성취감에 도취될 수가 있는 것이었다.

그런데 그것마저 오랫동안 생산에서 무턱대고 눈먼 위성을 발사해대는 바람에 현실적으로는 통쾌하게 실현해 보지 못한 공상이나 희망사항으로 되어버렸으니, 그것이 오히려 더욱 강렬한 성취욕을 불러일으킬 수 있었다. 그럼에도 아쉽게도 마침내 농군들이 정치를 학습하던 시대가 끝나버리고, 농민에게 땅을 나눠주는 '호도거리'인가 뭔가를 실시하여 이제 막 그 소박한 '이상'이랄까 희망이랄까 하는 것을 성취하는 찰나에 시대는 본격적으로 상품경제의 요청을 접수하기 시작하였다.

의식주는 인간의 가장 기본적이면서도 영원한 숙제이지만, 시대와 문명의 발전에 따라 그 차원을 한 층 한 층 부단히 높여가고 있다. 이제 더는 쌀가마니를 앞에 쌓아놓고 술을 나누고 농악을 잡으며 태평성대를 노래할 수 없게 되었다. 낯선 시간 낯선 햇빛 아래 낯선 공간에서 변함없는 인생을 살아간다는 것이 도리어 인생도태라는 썩은 밧줄을 잡아타는 것이나 다름없는 것으로 되어버렸다.

'바람은 예전에 다니던 길을 잃었고 달은 새로 비칠 땅을 얻었도다.'

우승열패, 적자생존의 치열한 경쟁 속에서 자칫하면 패자가 된다는 공포적인 생존의식은, 그런대로 불안한 평온을 유지하고 있던 농촌에도 커다란 돌덩이처럼 던져져 파문을 일으켜놓았다.

자급자족의 농경사회가 소실되고 있는 오늘, 농촌은 철저한 변화를 가져오지 않는다면 피할 수 없이 시대로부터 그 요청을 받게 된다. 상품경제의 완벽한 구조는 틀림없이 전통적인 농경문화의 구조적인 몰락을 토대로 하게 된다. 어차피 피할 수 없는 이런 역사의 갈림길에서는 오직 두 가지의 선택, 즉 새로운 농촌 문화질서 확립에서 적자생존의 도태 과정을 겪거나, 아니면 아예 제도화되어가는 시장경제 구조 속에 뛰어들어 새로운 삶의 터전을 마련하는 것이다.

그런데 다른 건 다 밀어놓고라도 우선 우리나라는 지금 낙후한 농업국으로부터 발전한 현대적인 공업국으로 철저히 탈태환골 하는 격세의 진통기에 처하고 있는데다가, 12억에 9억이 농민이라는 현실이 자아선택에 앞서 집단적인 도태 또는 선택을 강요해 오고 있다.

농촌경제가 상품경제로 탈바꿈하면서 그 창조하는 '상품가치'에 비해 엄청나게 많은 노동력이 달라붙어 있는 것이 꼭 마치 언젠가는 터지든가 넘쳐흐르게 돼있는 둑과 흡사하다고나 할 것이다. 즉 노동력 과잉이란 것이 상품경제와 기계화 대두에 따른 농촌 발전 부진의 치명적인 화근이 되고 있다. 이로 하여 도시와 농촌의 전통적인 인구비례가 점차 바뀌는 것이 시대적인 발전이고 보면, 어차피 오늘의 9억에서 훨씬 많은 농민이 새로운 선택에 새로운 신분증을 타야 할 것은 운명적으로 확정된 일이나 다름없다.

그런데 새로운 선택이 때가 되면 저절로 이루어지는 필연적인 결과로 될 수는 없다. 자각적으로 현실에 발맞추는 노력이 없다면, 그때 가서 선택보다 벌써 도태가 앞설 것은 지금까지의 문명발전의 척도로 써도 가늠할 수 있는 결과라고 하지 않을 수 없다.

이로부터 확인해보면, 훨씬 많은 이들의 도시진출 또는 시장경제로의 진출이 불가항력적이라고 할 것이다. 이런 인식은 오히려 농촌문화 질서가 자급자족의 자연경제로부터 경쟁적이고 상승적인 상품경제로 과도하는 필연적인 현실에 대한 일찍부터의 자각이라고 하지 않을 수 없다. 어찌 보면 그들의 경쟁, 분투 나아가서는 모험이 주관적으로는 자주적인 것일 수 있지만, 객관적으로는 시대가 반짝거리고 있는 파란 신호를 정확히 확인한 것이라고 할 수 있을 것이다. 그렇다면 그것은 시대의 변화에 따른 적극적인 현실 대응방식이라고 할 수도 있다.

어차피 새로운 문화 질서의 확립과 시대 상승적인 힘에 의해 원래 자연으로부터 약속되었던 행복이 파괴되는 운명적인 비극을 전통적인 농민은 겪지 않으면 안 된다. 그런 바 하고는 낯선 환경에 적응되기를 앉아서 기다리는 것보다는, 차라리 일찍 젊었을 때 아직 모두가 낯선 환경에 순응되지 못한 기회에 젊음을 있는 대로 아낌없이 소비해가면서라도 새로운 시대적 삶의 세례를 받는 것이 훨씬 바람직할 수도 있다. 실패나 고배를 맛본다는 것은 사실 참된 삶을 살려 하기 때문이다.

오늘의 도시인도 도시진출을 했었음을 인정한다면, 우리의 '재정노임팀'들은 자기의 도시진출의 성공담을 확대 재생산해서 말할지언정 결코 배부른 용트림이나 하면서 맹동을 침묵시킨답시고 무능으로 실패했거나 정신적 빈곤으로 타락한 인간들을 효시하여 도시 공포증을 살포하지는 말아야 한다.

망망한 인생의 대해에는 언제나 꿈과 멸망이 함께 출렁이기 마련이다. 삶과 죽음이 한 광장에 있듯이, 실패와 성공도 따로 떨어져 있는 것이 아니다. 행운만을 바라는 자는 벌써 결론이 확인된 실패자일 수밖에 없다. 기다림의 일생, 그것은 살아 숨 쉬는 송장이 죽은 송장으로 변질하는 과정인 것 외에 아무것도 아니다.

지금은 무사한 습관에 길들어 살았던 '재정노임팀'들도 생존에의 위기의식을 느끼지 않을 수 없는 시대이니만큼, 지루하고 번쇄한 시비만을 비생산적으로, 순 소비적으로 되풀이할 수는 없다.

그 누구더라도 새로운 삶의 광장에 떳떳이 나서려면 힘차게 행동하며 실천해야만 한다.

어쨌든 그 이상의 상승이 있을 수 없는 환경에서 벗어나려는 자체가 바람직하고 전진적인 삶의 자세가 아니겠는가.

맹동은 하지 말라, 그러나 행동은 더 적극적으로 하라.

겨울은 신변정리의 계절

왜 이럴까, 입춘이 들이닥친 줄도 모르고 아직은 뼈를 저미는 듯한 추위가 저쯤에 호랑이처럼 도사리고 있으리라고 여겨 솜옷 밑에 껴입을 털실 옷을 그대로 옷장 속에 대기시키고 있었는데 일력을 넘기다가 그만 깜짝 놀라고 말았다. 어이쿠, 이게 뭐야, 벌써 2월이라니.

'세월이 유수와 같다'라는 말은 사람들이 늘 입에 달고 다니는 말이지만, 젊은 나이에 벌써 이렇게까지 절실하게 체감하는 것도 요즘에 와서야 부쩍 늘어난 기현상이라고 하겠다. 기현상이라고 함은, 자연에 춘하추동 사계절이 있듯이 인생의 봄을 살고 있는 한창나이에 벌써 '인생 칠십 고래희'가 현재형이었던 옛날에 오십 넘은 노인들이나 할법한 인생담을 몸으로 체험하게 된 까닭이다.

사람의 수명은 과학의 발전과 생활의 질적 향상과 함께 오히려 나날이 늘어가고 있는데도 말이다. 수명은 길어지는데 세월은 쏜살같이 점점 빨리 가는 것만 같은 이 느낌은 왜서일까. 살기가 좋아질수록 사람의 욕심이 팽창해서일까. 거창한 인생 목표를 걸고 밤낮없이 분투하다 보니 덧없이 흘러가는 시간이 안타까워서일까. 아니면 '신선놀음에 도끼자루 썩는 줄 모른다'라고 무위도식, 취생몽사하다가 문득 인생식탁에 먹기 싫은 '나이'라는 음식이 또 차려지니까 인생이 너무 허무맹랑해서일까.

운명 또는 숙명이란 걸 믿고 자기에게 주어진 인생을 열심히 살아가는 사람에게도 물론 세월은 유수와 같다. 생로병사가 자연의 섭리일진대, 궁극적으로는 누구나 다 '시한부 인생'을 살 수밖에 없고, 그 시한부 내에 자기의 희망 사항을 하나하나 실천해 가노라면 뿌린 것들을 다 거두기에는 시간이 역부족임을 절실히 체감하게 되기 때문이다.

그러나 이런 사람은 운명을 믿기 때문에 결코 삶이 덧없음을 한탄하는 게 아니라, '세월이 유수와 같다'라는 것을 새삼스럽게 느끼고 시한부 내에 할 수 있는 일들을 다시 취사선택하게 되는 것이다. 한정된 인생을 알고, 그 한정된 인생을 즐기고 행복을 느낄 수 있는 것이 무엇인지를 아는 사람은 채광 능력이 있기 전에 우선 선별능력을 갖추고 있다. 무한한 광석더미 속에서 자기한테 필요한 것만을 선별해서 가공하는 사람은 시간을 덜 낭비하고 효율이 훨씬 높을 수밖에 없다. 그만큼 생산적인 삶을 살기 때문에 지나온 인생에 허탈감을 느끼지 않고 유종의 미에 삶의 충실함을 느낄 수 있다. 지나온 삶이 충실하고 유종의 미를 거두었다면, 그는 과거를 후회하면서 남은 인생이 짧음을 한탄하는 사람에 비해 주어진 삶을 총결산하는 가을에 풍성한 수확으로 인생을 갈무리할 수 있다.

사실 '세월이 유수와 같다'는 느낌이었다가 '세월은 도둑놈'이라는 욕으로 이어지는 사람은 대개 무위도식, 취생몽사에 허송세월하다가 어느 날 인생 식탁 앞에 차려진 '나이'라는 먹기 싫은 음식을 마주했을 때, 지나온 삶이 너무나 허무맹랑하고 심지어는 짐승보다 못하다고 새삼스럽게 느끼는 사람들이다. 연습이 없는 인생에 과거가 후회막급으로 아무런 추억할만한, 추억하기도 싫은 그런 나날들로 점철되었다면, 썩은 다리를 절단해 버리듯이 기억의 뒤안길에 사라져버린 지난 인생을 썩둑 잘라버리고 나면 가뜩이나 짧은 인생이 너무나도 억울하고 슬프고 한심하지 않을 수 없다. '시한부 인생'을 신발이라고 한다면, 사라진 과거 때문에 그가 신을 수 있는 신은 훨씬 작은 사이즈이니까 말이다. 심각하면 평생 신발을 신어보지도 못하고 '맨발 인생'이 될 수도 있다.

그렇다면, 참된 삶, 즐거운 삶, 행복한 삶이란 어떤 것일까.

꼭 거창한 목표가 있어야만 참된 삶인 것은 아니다. 꼭 위대한 인물이어야만 참된 삶을 살았다고 할 수 있는 것도 아니다. 그런 사람은 선천적으로 뛰어난 지능을 가진 사람이고 극소수에 불과하다. 모든 사람이 거창한 목표를 실천하려 하고 위대한 사람이 되려고 한다면 세상은 오히려 혼란해지고 사람의 욕심만 팽창해질 수 있다. 그리고 훨씬 많은 사람의 인생은 비극적일 수밖에 없다.

사람은 설 자리에 서고 앉을 자리에 앉아야 한다. 자기의 능력이 미치지 못하는 자리를 탐내어 갖은 수단을 동원하여 억지로 그 자리를 '탈취'하였다가는, 그 성취감을 미처 즐기기도 전에 금방 오지산에 억눌린 손오공의 신세가 되어 스스로 자초한 스트레스에 인생만 소비하게 된다. 역으로, 사회로부터 일정한 위치를 선택받아 자기한테 내장된 능력을 충분히 발산할 수 있는데도 그 자신이 적극적으로 쟁취하지 못했거나 타력에 의해 밀려났다가는, 나중에 언제 폭발할지 모르는 활화산이 되어 사회에 해악을 끼치거나 스스로를 망가뜨릴 수도 있다. 두 가지 경우 다 이른바 착위(错位) 현상, 즉 선택 위치가 잘못된 것이라고 할 것이다.

자기한테 주어진 인생을 자연의 섭리대로 살아가는 것이 참된 인생이라면, 결국 인생이란 자기를 알고 스스로가 자기를 다스리는 과정이라고 할 것이다. 자기를 알아야만 자기의 적성에 맞는 사회적 위치를 확실하게 찾을 수 있고, 그 위치에 사회의 선택과 요청을 받을 수 있도록 노력할 수 있다. '지기지피 백전불퇴', 즉 자기를 알고 남을 알면 백번 싸워 백번 물러섬이 없다. 또 승산이 없는 싸움은 하지 말라고도 했지만, 우선 자기를 알고 남을 알아야 승산이고 뭐고 계산이 될 것이다.

물론 연습이 없는 인생이고 보면, 내일을 예측할 수 없는 게 또한 인생이지만, 우리 인간은 너무도 자주, 그리고 미련하게 반복적으로 시행착오를 범하고 있다. 워낙 '시행착오'라는 것이 어떤 목표를 달성하기 위해 실패를 거듭하면서 여러 가지로 실천하여 결과를 얻어내는 것을 말하는데, 인생의 어떤 이상이나 희망 사항, 학습에서의 어떤 목표, 특히 과학에서의 어떤 발견을 위해서는 '시행착오법'이라고 할만치 아주 필요한 수단이기도 하다. 할 수 있는 모든 수단이나 행위를 다해서 나중에 실행 가능하고 성공적인 결과를 약속할 수 있는 행동 양식을 도출해 내는 것이다.

그런데 우리 인간은 일상생활에서 너무나도 고질적으로 이미 확인된 잘못들을 밥 먹듯이 반복한다. 여타 동물과는 달리, 인간은 '시행착오법'으로 얻은 결과를 표본으로 만들어 그 후대가 선대의 전철을 밟지 않도록 기록하여 넘겨주고 있음에도 후대는 똑같은 시행착오를 범하고 만다. 기록은 기록대로 읽고, 행동은 행동대로 한다. 읽고 알았다면서 행동하지 않는 것은 기실은 모른다.

대학교 4년의 시간이 얼마나 귀중한 시간인지 말하면, 안다면서도 '딴따라'를 부르다가 3학년 혹은 4학년이 되어서야 '세월이 유수와 같다'면서 다시 대학교를 다닌다면 어찌어찌할 건데 하고 후회하는 대학생들이 결코 극소수만은 아니다. 물론 주입식 교육의 시각에서 하는 말이 아니라, 아무런 목표나 심지어는 아무런 취미 생활도 없이 그냥 놀아서 좋다고 생각하는 것이 문제이니까 하는 말이다.

직장에서 이미 지적받은 착오를 다시, 또는 무한 반복으로 범하는 사람은 직장이나 동료에게 미안하기 전에 벌써 자기 자신한테 무책임한 것이다. 세상을 성의 없이 살기에는 그렇게 녹록치 않으니까 말이다.

효라는 것이 무엇인지 안다면서도 돈이 없어서 못 한다는 사람을 보면서 우리의 인성교육에 문제가 있지나 않은지 반성해보지 않을 수 없다. '까마귀도 반포할 줄 안다'라고 하는데, 하물며 인간의 효는 마음에서 우러나와야 한다.

그러니 참된 인생이란, 운명적으로 주어진 인생을 순리에 따라 살면서 스스로 책임을 다하는 그런 인생이라고 할 것이다. 사회인으로서 스스로 책임을 다한다는 것은 결코 그 사회에 대한 인식과 책임에서 자유롭지만은 않다. 왜냐하면 인간은 사회적인 동물이라는 의미에서 보면, 사회에 대한 인식은 곧 대아로서의 남을 아는 것과 다르지 않기 때문이다.

새삼스럽게 신변을 둘러보니 모든 것이 서먹서먹하기만 하다. 변화 없는 고리타분한 생활절주에 정신마비증 환자가 하나둘 늘어만 간다. 자아를 송두리째 뿌리 뽑힌 흐트러진 몸체들이 좌절의 체험과 미래의 희망조차 망각되거나 소실된 속에 모두가 한 덩어리가 되어 돌아간다.

석유와 연기와 알코올에 찌들고, 방종과 허탈과 무위도식을 삶의 일상성으로 받아들여 도시는 명실상부한 비생산적인 소비도시로 전락해간다. 전국에 명성을 떨친 술 소비 또는 택시 소비, 아침, 점심, 저녁으로 탈바꿈하는 패션과 미용에 쏟아붓는 과소비, 항간에 떠돌아다니는 허위 소문에 팔랑 귀가 되어 돈주머니를 열었다가 바다에 돌을 던진 격으로 '투자'만 있고 창조나 발전이 없는 의존소비, 남이 사니까 덩달아 사고 남이 내니까 덩달아 내는 주체 상실의 모방소비, 목적성도 없이 만나니깐 앉고 앉으니깐 마시고 마시니깐 소리한다는 식의 거래소비 또는 충동 소비, 그리하여 인생마저 비창조적이고 비생산적인 무위도식으로 하루하루를 소비해간다.

그런데 놀랍게도 소름이 오싹 끼치도록 나는 나 역시 주체성을 상실한 채 그 속에 한 구성원으로 끼어서 허둥대고 있음을 발견하고 전율했다. 언제부터 어떻게 여기에 와 있었을까. 어찌하여 침묵과 도피라는 형태의 죽음을 택하고 자연의 사계절조차 인간이 만든 온실 속에 묶어두는 인간의 '승리'에 만족한 웃음을 짓고 무지러져 가는 계절의 변화에 감각마저 상실하고만 것인가. 몰락해가는 것들에 대한 아름다운 향수와 체험에 잠시 도취되었을 뿐이라고 억지로 스스로를 변호해 보았댔자, 좀처럼 지성인으로서는 지나치게 사회의 문화적 기여에 인색하였다는 죄의식을 떨쳐버릴 수는 없었다.

그러면서도 그런 와중에 인격이 돈과 권세에 직결되는 세속 속에서 인심조차 시멘트 바닥에 떨어져버린 도시민의 곤혹을 체험으로 절감한 것은 참으로 다행인 듯싶다. 왜냐하면 그런 감각에 나는 내가 아직은 그런대로 살아 있음을 지각할 수가 있었기 때문이다. 아직 인간적인 감각이 살아 있다는 것, 그래도 그것이 백약보다는 나으리라.

시멘트 숲이 무성한 도시에서 살면서, 계절의 변화를 다만 하늘에서나마 읽을 수 있을 뿐이었는데, 이제 그 하늘마저 시멘트화되어 변화무쌍하던 조화의 성미를 잃어가고 있는 것만 같다. 우리의 어제, 오늘, 내일이 아무런 색채도 없이 무한 반복되는 사이에 하늘도 이제 사계절이 점차 색이 바래가고 있었다.

이게 아닌데, 자연의 사계절이 반복되는 것처럼 인생에도 사계절이 반복되어야 한다. 아니, 이제는 오히려 인생의 사계절을 분명히 하여 자연의 사계절을 다시 되찾아 주어야만 할 것 같다. 지구 온난화로 자연의 사계절이 문란해진 것도 어찌 보면 인간들이 인생의 사계절을 분명하게 가지지 못한 때문이 아닌가 생각하기 때문이다.

'봄'에 '씨앗'을 뿌리고, '여름'에 '곡식'을 가꾸고, '가을'에 '열매'를 수확하고, '겨울'에 '신변'을 정리하는 그런 '인생의 사계절'이 우리에게는 절실히 필요하다. 세월의 흐름 속에 인생을 몇 개의 단계로 해서, 매 인생 단계를 사계절로 나누고, '겨울'을 신변정리의 계절로 정하여 '봄'에 어떤 '씨앗'을 뿌리고 '여름'에 어떻게 가꾸어 '가을'에 어떤 '결실'을 보았는지 총결산해 보고 다음 계절을 대비하는 그런 '인생의 사계절'을 가질 때, 우리는 시멘트 숲속에서 빠끔히 내다보이는 시커멓게 그을린 하늘 한 조각으로부터 푸른 하늘과 찬란한 햇빛과 청정한 공기와 맑은 냇물이 흐르는 자연이 절실하게 그리워지고 자연의 사계절을 동경하게 될 것이다.

또 그럴 때 인간은 문득 인간도 자연의 한 구성부분임을 새삼스럽게 자각하고 친자연적인 애정을 되찾아 자연 보존과 자연복구에 힘쓰게 될 것이다.

겨울은 워낙 자기의 신변을 정리하고 한해를 총결산하는 계절이다.

오늘의 '엽공'

'엽공이 용을 즐기다'라는 고사가 있다. 어릴 때 본 것인데 기억을 더듬어 간추려보면 대개는 이런 내용이다.

말 그대로 엽공은 용을 무척 좋아하여 방안의 벽마다에 용을 그려 넣었고, 기둥마다에도 죄다 용을 새겨 넣었고... 아무튼, 그의 방은 용으로 빈자리가 없을 정도였다.

그러던 어느 날, 하늘에 있는 진짜 용이 이 말을 듣고 그의 집에 내려와 머리를 남쪽 창문으로 기웃이 들이밀고 꼬리를 북쪽 창문에 걸쳐놓았다.

이를 본 엽공은 그만 혼비백산하여 얼굴이 창백해지고 온몸을 사시나무 떨 듯하면서 황급히 탁상 밑에 들어가 숨어버렸다.

사실 그가 좋아한 것은 가짜 용이지 진짜 용이 아니었다.

흔히 동양에서는 신성한 힘을 지닌 상서로운 존재로 상징되는 용은 그 불가사의한 형태와 호풍환우하는 자연력으로 하여 사람들이 경외하는 대상물이다. 용맹한 호랑이나 사나운 사자를 두려워하는 인간이 정말로 모든 동물의 왕이라고도 하는 용을 직접 만난다면 어찌 혼이 날아

가지 않겠는가. 다행히 용은 상상 속의 동물에 지나지 않으니, 아마도 엽공은 다만 꿈에서나 용을 보고 놀랐을 것이라 생명에는 크게 위협이 없었을 것이다.

이 고사는 재물과 권세를 빌려 허장성세하는 실속 없는 인간들을 풍자, 조소한 것이라고 해석할 수 있다.

그런데 현실 생활에서, 우리 주변에는 실제로 엽공과 같이 겉과 속이 다르고 허장성세를 부리기 좋아하는 사람들이 없지 않다.

가슴을 치면서 사내대장부라고 호언장담을 뽑다가도 일단 남이 위험에 처한 것을 보고는 슬그머니 주자를 놓는 인간, 호랑이 없는 골 안에서 원숭이가 왕질 한다는 격으로 제 딴에 약자로 보이는 사람 앞에서는 호통질을 곧잘 하다가도, 자기보다 강해보이는 사람 앞에서는 허리를 굽실거리며 머리를 조아리는 인간들을 일컬어 오늘의 '엽공'이라고 할 수 있을 것이다.

그런데 그들보다는 시대의 개혁자로 자처하는 일부 사회지도자들의 옳지 못한 행실은 옛날의 엽공마저 무색해할 정도이다. 사회발전에 유리한 것이면 무엇이든 언제나 푸른 등을 켜주겠다고 말은 그럴듯하게 내뱉으나, 정작 그것이 자기의 이해타산과 직접적으로 마찰이 생기면 금방 얼굴이 굳어져버리고 심지어는 천방백계로 훼방을 놓으려 한다.

S국의 국장님은 평소에 말끝마다 합리하고 현명한 인재등용설을 설파하여 부하 직원들과 주변 사람들의 존경을 한 몸에 듬뿍 받아 안았다. 그런데 나중에는 그것이 한낱 아름다운 포장에 지나지 않음이 백일하에 드러나고 말았다. S국 산하의 어느 한 공장의 공장장이 그의 공장에 전근하려는 국장의 조카를 엄격하게도 국장의 합리하고 현명한 인재등용설에 따라 시험을 쳐 받으려 하였다. 개를 차도 주인을 보고 찬

다고 했는데 감히 국장의 조카한테조차 사정을 두지 않다니. 마침내 국장은 그만 혈압이 쑥 올라갈 정도로 대노하고 말았다. 무엄한 공장장이 언감생심 자는 범의 코를 건드리고 말았다. 결국 국장이 정신적 프레스로 그 공장장을 꽉 눌러놓자, 공장장은 감히 범의 수염을 건드린 자기의 미련함을 한탄하면서 별수 없이 '이삿짐'을 싸지 않으면 안 되었다고 한다.

옛날의 엽공이 진짜 용을 보고 혼비백산한 것은 그래도 담 작은 자의 명철보신이라 하겠으나, 그 S국 국장의 한심한 처사는 바로 마음속에 오물처럼 괴어있던 비도덕적이고 비양심적인 사리사욕이 이해관계를 건드리는 사건으로 하여 마침내 촉발하고야 만 것이다.

개혁을 시대발전의 필연적인 추세라고, 인재의 합리적인 등용을 개혁의 필연적인 요청이라고 소프라노로 외치다가도, 그것이 일단 자기 앞에 현실로 다가와 직접 자기의 이익을 위협하게 되면 그만 온몸이 불덩이가 되어 혈압이 올라가면서 시비를 전도하고 권력으로 인재를 죽이는 것마저 주저치 않는 것이다.

마음에 지나친 욕심을 억제하고 조절할 수 있는 정신적 브레이크를 장착하지 못했기 때문이다.

사람은 누구나 이상이 있고 포부가 있으며 하다못해 자그마한 욕망이래도 있는 것이다. 바로 그 욕망을 실현하기 위해 인간은 내일에 미련을 두고 오늘을 분투하는 것이다. 아무것도 바라는 것이 없다면 인간은 어제, 오늘, 내일을 무한 반복하는, 성장이 없는 동물적인 삶에 무의미한 수명만을 연장할 뿐이다.

그러나 그 이상, 그 포부, 또는 그 욕망이 극단적인 이기주의에 바탕을 두고 자기중심적인 이익계산에 의해 절대적인 가치로 추구된다면,

그런 사람은 어느 땐가는 사회발전의 장애물이 되어버리게 되고 궁극적으로는 시대의 버림을 받게 되는 것이다.

인간은 사회에서 서로 어울리며 살아간다. 욕망이 서로 다른 인간들이 한 사회에서 어렵잖게 어울리면서 살아가도록 하는 장치가 바로 도덕과 법에 의한 질서이다. 그만큼 사회질서는 어떤 가치이기 전에 벌써 인간이 서로를 제약하여 서로가 피해를 입지 않도록 하기 위한 방책이요, 제도적인 장치이다. 사회구성원의 합의에 의해 이루어진 질서인 만큼 그 약속을 어겼을 때 사회구성원들의 '심판'을 받게 되는 것은 지극히 당연한 이치이다.

그러기에 인간은 자기의 욕망을 실현하더라도 어디까지든 긍정적으로, 상승적으로 쟁취해야 하지, 절대로 악의 수단을 동원하여 타인의 희생을 대가로 해서는 안 된다. 남에게 피해를 주면 어느 땐가는 자기도 피해를 입게 될 수 있다. 피해를 입은 그 남한테는 나 또한 남인 까닭이다. 남을 물에 빠뜨리려면 자기도 한 발이 빠질 수밖에 없는 법이니, 인간은 자기를 위해서도 남한테 피해를 주지 말아야 한다.

덕을 쌓는다는 것은 남에게 베풀어서 자기를 충실히 하고 세상인심을 얻는 순리적인 인생 자세이다. 인심이 희박해지고 믿음이 퇴색하는 현실에 살면서 낯을 익힌 주변 인간들의 긍정과 관심을 받는 것보다 더 큰 얻음이란 또 무엇이 있겠는가. 사람의 마음은 천 냥을 주고도 못산다고 했다.

돈이나 권력은 옷이나 마찬가지로 몸 밖의 물건에 불과하다. 옷은 입을 수도 있고 벗을 수도 있는 것과 같이 돈이나 권력도 한때의 향수나 권리에 불과한 것이다. 그런데 그것을 인생의 전부로 잘못 알면 어느 날 아침 갑자기 돈도, 권력도, 인심도 모두 잃은 알거지가 될 수도 있다.

돈이나 권력을 허장성세나 부리고 남을 억압할 수 있는 수단이나 힘으로 생각하지 않고, 사회에 선택된 인간으로서 사회를 이끌어가고 사회에 공헌할 수 있는 능력이나 에너지로 쓸 때 이 사회는 건강하게 성장하게 될 것이고 평화의 질서가 지켜질 것이다.

사람들의 경외심을 자아내는 상서로운 것들, 또는 사람들의 선망의 대상이나 희망 사항에 자기를 살짝 얹어서 그 후광효과를 노리는 사람들은 대개는 엽공처럼 가짜 용을 좋아하는 실속이 없는 사람들이다.

진정 시대의 선택을 받은 사회지도자라면, 가짜 용을 좋아하는 '엽공'이 되느니 차라리 강을 건네주는 '사공'이 됨이 나을 것이다.

엽공이 즐긴 건 어디까지나 가짜 용이었다.

소질과 재능, 그리고 정신

사람은 태어나면서부터 어떤 재능을 키우고 다질 수 있는 바탕으로서의 소질을 가지고 있다고 한다. 사람뿐만 아니라 음식을 만들거나 집을 짓거나 기타 어떤 물건을 만드는 데도 우선은 재료가 있어야 하고, 예술작품을 만드는 데도 무엇보다 소재가 있어야 한다. 그에 앞서 세상에는 바탕이 없는 물건이란 것 자체가 아예 존재하지 않는 것이다.

사람의 소질이란 것은, 아이가 자라면서 어떤 재능을 발전시킬 수 있는 가능성이 가장 크고 높은, 천부적으로 내장된 질료라고 할 것이다. 이제 그 소질이라고 하는 질료가 일정한 형식을 갖추고 자라고 발전하면 바로 그 아이의 기질과 재능으로 자리매김하게 되는 것이다.

지하자원 개발, 지하철 부설, 터널이나 도로의 건설, 심지어는 건축이나 농사에 필요한 자료를 얻고자 선행되는 것이 지질 조사이다.

어떤 광물질이 있는가에 따라서 개발 방식과 방법이 결정되고, 어떤 지질형태인가에 따라서 지하철, 터널이나 도로 건설이 설계되고, 또 어떤 토질인가에 따라서 건축이나 농사의 내용과 방법이 결정된다.

어떤 내용, 방식, 방법의 선택은 사람의 인위적인 힘에 의해서 결정되는 것이 아니라, 궁극적으로는 그것이 무엇인가에 의해 선택되고 결정되는 것이다. 하기에 바탕이 되는 그 무엇을 확인하지 않은 작위적인 선택은 흔히 기대하는 바의 성공을 약속하기 어렵고, 자칫 실현할 수 없는 희망 사항이 되어 아쉬움과 상처만 가득 남기게 된다.

그렇기 때문에 모든 교육이 다 그러하겠지만, 특히 어린이교육은 어린이의 천부적인 소질, 또는 이른바 가장 주된 특장을 잘 발굴하고 키워주는 것이라고 할 수 있다. 우리 부모가 흔히 허리띠를 졸라매면서까지 많은 투자를 하여 자식을 어릴 때부터 어떤 인재로 양성하려다가, 결국에는 발을 깎아 신에 맞추는 격이 되고 마는 가장 안타까운 원인이 바로 다른 집 어린이가 하는 것을 우리 애도 할 수 있다거나, 다른 사람이 사회적으로 성공한 경험을 그대로 받아들이고 괜한 승벽을 부린 데 있다. 그리고 어떤 부모는 자기의 직업이나 가업을 대물림하려고 자기의 선택을 아이한테 강요하고, 또 어떤 부모는 자기가 이루고자 하였지만 이루지 못한 희망 사항을 자식한테서 성공하여 대리만족을 얻으려고 자식의 선택을 묵살하기도 한다.

그런데 억지로 딴 참외가 달지 않은 듯, 아이가 전혀 무관심이거나 거부감까지 가지는 일을 부모의 희망 사항으로 무작정 채찍질한다면, 그 아이는 자기가 본디 가지고 있던 소질마저 잃어버리게 된다. 설령 부모가 강요한 일을 어느 정도까지는 해낼 수 있다고 하더라도 덜 익은 참외처럼 성숙하지 못하여 사회의 선택을 받지 못하거나 화려한 성공은 기약할 수 없을 것이다.

그만큼 재능에는 본디의 소질이 기본 바탕이 된다는 설명이다. 이 설명이 성립된다면, 부모는 어린이를 위한 가정의 교육자이기 전에 먼저 어린이의 소질을 발굴하는 관찰자가 되어야만 한다. 될 수 있으면 어린이가 나면서부터 지닌 본래의 소질을 발굴해 내어 그것을 새싹 키우듯이 잘 키워내는 것이 훨씬 바람직하다.

그러나 어린이가 성장하여 사회가 선택하는 인재가 되는 데는 소질이 전부는 아니다. 소질을 발견, 발굴하여 잘 키우기만 하면 꼭 성공할 수 있다고 생각하는 것은, 사람을 너무 간단하고 단순하게 물건처럼 취급하는 기계론적인 사고방식이다. 사유하는 인간은 결코 정물처럼 수동적으로 변화하지 않는다. 걸상은 사람의 손에 의해서 위치가 마음대로 바뀔 수 있지만, 그 걸상에 앉은 사람의 마음은 타인에 의해서 마음대로 바뀌지 않는다. 그만큼 인간은 무한정한 사유능력을 갖추고 있는 만큼 그 사유를 지배하는 정신이 결정적인 역할을 한다. 결국, 정신이 바로 서지 않으면 목표도 바로 설 수 없고, 목표가 바로 서지 않으면 그것을 꼭 해내려는 의지도 생길 수 없다.

본디 그런 소질이 있고, 또 부모가 그 소질을 발견하고 교육과 손잡고 열심히 키워주었다고 하더라도 왜서 꼭 그것을 하려고 하는지, 그것을 통해 어떤 인간 가치를 실현하려고 하는지 투명하게 알지 못한다면, 아무리 나면서부터 그런 소질을 보유하고 있더라도 성공을 약속하기가 어려우며 혹은 어느 정도 성공했다가도 곤두박질칠 수 있다.

고종훈이 연변 오동팀의 '영혼'으로, 나아가서는 국가대표팀의 '발동기'로 불리게 된 것은 우선 그에게 축구를 잘할 수 있는 천부적인 소질이 있었고, 그 천부적인 소질을 열심히 키우고 가꾼 피나는 노력의 과정이 있었기 때문이기도 하지만, 근본적으로는 훌륭한 축구선수가 될 수 있는 그런 프로정신을 수립하고, 축구를 통해 인간의 가치를 실현하려는 그런 정신적인 자아 완성의 과정과 노력이 있었기 때문이다. 그가 중국 축구의 부조리를 질타하여 '중국 축구는 희망이 없다'라고

대성질호 할 수 있는 것도, 바로 그가 축구를 몹시 사랑하고 중국 축구의 도약을 진정으로 갈망하였기 때문이었다.

이와는 대조적으로, 국가대표팀의 고봉이 학해동보다는 나이가 어리고 잠재력도 훨씬 크다고 평가되었으면서도, 자기의 천재적인 기량을 다 발휘하지 못하고 마침내는 온갖 시비 속에 말려들어 문제적인 선수로 낙인이 찍히고 만 것은, 바로 그가 프로정신이 결여되고 인간적인 자기 수양을 게을리했기 때문이다. '제 버릇 개를 주나' 하는 속담처럼 그는 북경국안팀에 있을 때에도 술을 마시고 코치와 행패를 부려 출전하지 못한 경력이 있었는데 전위환도팀에 와서 다시 한번 그 광채롭지 못한 역사를 재현한 것이다.

정신적으로 건강이 좋지 않다는 얘기다. 정신이 흐트러지거나 잘 정리되지 않으면 올바른 목표를 세울 수 없고, 목표 없는 일에 왕성한 의지력이 생길 수 없다. 정신이 바로 서지 못하고 목표가 부재하면 행동이 절제를 받지 않게 된다. 정신적인 조절능력, 억제능력을 상실하면 결국 고삐 풀린 말처럼 망동을 부리다가 아무 때든 사고를 치게 된다. 그래서 망동은 멸망에 앞서간다는 말이 있는 것이다. 결국, 정신적인 건강을 지키지 못하고 인간적인 자아 완성을 위한 노력이 없으면, 제아무리 천부적인 소질이 있고, 남보다 뛰어난 능력을 갖추고 있다 해도 마침내 정신적인 건강에 고장이 나고 사고를 치게 되면서 금방 예기가 꺾이고 만다.

그러니 소질이 발굴되어 재능으로 발전되지만, 그 재능을 최고의 절정에 오를 수 있게 하는 가장 결정적이고 확실한 요건은 역시 마음, 또는 정신이다. 그 일을 꼭 하고 싶다는 강렬한 욕망, 그런 욕망 때문에 어떤 어려움도 견디어 내리라는 강한 의지와 기어이 어떤 경지에 도달하고야 말리라는 드팀없는 신념, 이런 내적인 또는 정신적인 자아 완성의 과정과 노력이 있어야만 소질을 바탕으로 재능이 발전하게 되고 마침내는 그 재능이 그의 인격과 인간 가치, 그리고 인생 목표의 실현과 직결될 수 있는 것이다.

아마 문학인은 철학인생을 살아야 한다는 말도 역시 이런 의미에서 하는 말일 것이다. 그것은 아무리 천부적인 문학소질이 있고, 남달리 뛰어난 문학적 재능을 가지고 있더라도 정신이 살아있지 않으면 결코 좋은 작품, 훌륭한 작품을 내놓기 어렵다는 말이 될 것이다. 문학을 인간학이라고도 하니 그만큼 정신적인 자아완성이 중요할 수밖에 없는 것이다.

물론 천부적인 언어 구사 능력과 풍부한 상상력을 가지고 있는 사람이 문학인재로 될 수 있다는 판단은 옳은 것이다. 그리고 천부적인 문학소질이 없으면서도 단지 욕망이나 '선택착오'로 문학을 전공하여 문학지식을 갈고 닦거나, 혹은 스스로 문학을 위한 남다른 노력을 해서도 얼마든지 '시인', '소설'가 또는 기타의 무슨 '가'가 될 수 있다. 그러나 우선 천부적인 문학소질이 없는 사람은 그런대로 글쓰기를 즐기는 아마추어는 될 수 있을지 모르겠지만, 아무래도 훌륭한 작품이나 명작을 내놓을 만한 '문학프로'는 될 수 없다. 결국 문학소질이 없는 이른 바의 '문학인'은 마치 꽃병에 꽂힌 뿌리 없는 꽃나무와 같다고 할 것이다. 그 꽃나무는 얼마간은 살 수 있고 꽃도 피울 수 있지만, 그것도 잠시일 뿐, 곧 시들어버릴 운명인 것이다.

그러니 진정한 의미에서의 문학인은 우선 천부적인 문학소질을 가지고 있어야 할 것이나, 그럼에도 이른바 소질이라는 것도 어디까지나 진정한 문학인이 될 수 있는 선결 조건이지 절대적인 조건은 아니다.

문학소질이 문학재능이 되고, 그 문학재능이 문학작품을 만들어낸다고는 하지만, 인간학이라고 하는 문학은 결코 그냥 글을 기술적으로 재치있게 짜내는 언어유희가 아니므로, 근본적으로는 작품 속에 영혼을 불어넣는 정신이 있어야 하는 것이다.

세계에 대한, 또는 인간의 삶에 대한 인식적 가치를 추구하는 것이 문학의 참된 목적이라면, 문학인에게는 철학적 사고가 생명과 같은 것이다.

율곡 이이는 일찍 '도(道)가 나타난 것을 문(文)이라 하니 도는 문의 본(本)이요 문은 도의 말(末)이다'라고 했다.

이 말은 그러니까 도에 근본을 두고 문으로 도를 편다는 것이다. 오늘의 개념으로는 도를 철학으로 바꾸어볼 수 있을 것이다. 문학이 기술적으로는 허구와 상상을 기본으로 하면서도 내용적으로는 진실을 추구하는 것은 바로 문학이 인간학이기 때문이다. 문학은 서식 환경에 수동적으로 적응하는 동물과는 달리 무한한 사유능력을 가지고 능동적으로 사회 환경을 변화시켜가는 인간의 행위를 어떤 가치표준에 근거하여 그 의미를 매기는 것이다. 인간은 동물의 본성을 다는 버리지 못했으면서도, 생명본능과 종족본능이란 원색적인 동물본능에서 벗어나 참된 인간성을 완성하고 바람직한 삶의 가치를 창조하려고 한다. 이런 인간성의 완성이나 삶의 가치 창조는 정신적인 창조행위로서 결국 인간의 인식능력에 의해 좌우될 수밖에 없다.

그만큼 사회에 대한, 또는 인생에 대한 인간의 인식적 가치를 발견하는 문학인은 냉철하고 예리한 철학적인 사유능력을 소유하지 않으면 안 되는 것이다. 역시 시끌벅적하고 뒤뚱거리는 사회에서 인간의 생명가치를 판단하고 여러 가지 인간군상의 본질을 정확히 진맥하려면 문학인 자체가 벌써 철학인생을 살지 않으면 안 되는 것이고, 인간학에 본체론적으로 접근하여 인간의 현실적인 한계를 읽어낼 수 있는 철학적인 안광을 가져야 하는 것이다.

이러한 정신적인 자아완성은 모든 외부로부터 오는 유혹이나 속박을 물리치고, 물질적인 빈곤이나 사회적인 제약 속에서도 정신적으로 깨어있는 철학인생을 살아가려는 자세를 갖출 때에만 비로소 이루어진다.

자고로 청빈은 선비정신으로 확인되고 있다. 성품이 바르고 욕심이 지나치지 않기에 가난할 수밖에 없다는 뜻일 것이다. 이 말은 선비의 깨끗하고 굳은 지조를 말해주는 것이지, 선비라면 꼭 가난해야만 한다는 말은 아닐 것이다. 그렇지만, 돈과 권력이 팽창하고 지나친 이기심과 물질적 욕망이 온갖 비리를 생산해 내는 부조리한 사회 현실에서 성품이 바르고 지조가 굳으면서도 부자가 된다는 것은 그렇게 쉽지가 않은 것이다. 그런 사회에서 '선비'는 우선 마음이 깨끗하고 지조가 있어야 하는 것이다. 왜냐하면 인간 사회는 그 사회를 살아가고 있는 사람들의 생각이 바뀌어서 변화하는 것인데, 사람들의 생각을 바꾸어주는 이가 바로 '선비'들이기 때문이다.

그러니 문학인이라면, 무엇보다도 가난을 딛고 세상의 명암을 바로 조명하는 정신적인 독방을 가질 때라야만 성공을 약속 받을 수 있는 것이다. 문학을 다만 재주 부리기로만 생각하거나 상업적인 관심을 가지고 영리수단으로 삼는다거나, 심지어는 권력과 영합하여 출세의 수단으로 이용한다면 그는 참된 문학인이 될 수 없고, 그 자신이 벌써 마음이 가난해서 철학적 빈곤에 인생을 방황하게 될 것이다. 그런데 그처럼 스스로의 마음을 바로 잡지 못하고 삶의 의미나 인간성에 대한 인식이 불투명한 이가 인간문제를 다룬다는 것 자체가 아이러니한 선택이라고 하지 않을 수 없다. 문학창작은 천부적인 소질과 그것을 바탕으로 하는 뛰어난 예술적 재능을 전제로 하면서도, 궁극적으로는 사회적 의미의 서사화라는 본체론적인 특성에 의해 철학적 사유와 예술적 기교의 유기적인 결합을 목적으로 하지 않으면 안 되기 때문이다.

사실은 문학뿐이 아니라 무슨 일이나 다 마찬가지로 재능도 중요하지만, 결론적으로는 역시 도(道), 철학 또는 사유가 일어나는 근원지인 마음이 근본이다. 재능이 없으면 한 무능함이지만, 마음이 바로 서지 않으면 한 간특함일 수 있다. 심리건강이 좋지 못하고 자기를 지키는 정신적 독방이 온전하게 마련되어 있지 않으면, 무슨 일을 하든 자칫 정신적 방황을 하게 되거나 인생에 낙서를 하게 될 수 있다.

인간을 사랑하는 건강한 마음이 있어야 인간의 집단 속에서 유익무해한 인간이 될 수 있고, 역시 인간을 구원하려는 정신과 사명감이 있는 작가라야 인정이 메말라가는 사회에 하나의 오아시스를 마련해갈 수 있다.

학자는 산속에서 나고 철인은 목동의 오두막에서 난다고 했다. 세속에 몸을 담고 있으면서도 정신은 그 세속에 물들지 않고 저 멀리 비켜서서 비어있는 마음으로 사회를 관조하고 새로운 인식적 가치를 발견하는 것이 문학인의 철학인생이다.

아, 문학인의 고달픔이여, 고행이여!

금을 잃고 도금을 얻는 사람들

사전적인 정의에 따르면, '어떠한 것을 정도에 지나치게 탐내거나 누리고자 하는 마음을 욕심'이라고 하므로 결코 좋은 의미로서는 해석되지 않는다. 우리말에서 욕심의 반대말이 무욕이 아니라 만족이라고 하는 것만 보아도 사람은 자기한테 주어진 것에 적당히 만족할 줄 알아야 할 것이다. 하지만 한편으로는 욕심의 반대말이 무욕이 아니라면 적당히 욕심은 있어야 한다는 말이 되지 않는가.

더욱이 치열한 경쟁사회에서 노력도 없이 저절로 주어지는 것이란 있을 수 없겠고, 행복이란 것도 주어지는 것이 아니라 만들어가는 것이라면, 한 사람의 삶의 이상과 목표는 그가 가지고 싶은 어떤 것에 대한 욕심에서 출발하는 희망 사항이라고 할 것이다. 사회 무리 속에서, 인격의 형성과 삶의 가치 창조도 '장군이 되려고 해야 졸이라도 될 수 있다'는 속담처럼 현 존재보다는 한 차원 높은 존재적 가치를 추구해야만 가능한 것이다.

그러므로 사전적인 정의와는 관계없이, 현실적으로는 욕심 그 자체에 대한 부정보다는 그 한도나 적당함의 표준에 대해 생각해보는 것이

치열한 경쟁사회를 살아가는 사람들에게는 훨씬 더 바람직한 자세라고 할 것이다. 치열한 경쟁사회에서 무욕의 인간은 자칫 '무골충'으로 전락하기 십상이다. 그러니 현실생활에서 욕심을 버리라는 말은 이른바 지나친 욕심을 경계해야 한다는 말로 풀이할 수 있을 것이다. 어떤 것에 욕심을 가지더라도 지나치지 말고 적당한 선에서 추구하라는 말이 되는 것이다.

사실 사람의 욕심은 밑도 끝도 없다고 한다. 국가나 사회에 법과 질서와 같은 제도적 장치, 또는 도덕규범 같은 문화적인 약속이 없다면, 그리고 인간에게 감정을 억제할 수 있는 이성이 없다면, 인간사회는 끊임없는 전쟁과 아귀다툼으로 지옥보다 더 살벌한 아수라장이 되고 말 것이다.

인류역사에 있었던 수많은 피비린내 나는 전쟁들과 사회에서 일어나는 수많은 비극들 역시 그 원인이야 구체적으로 어찌됐든, 대개는 지나치게 팽창된 욕심의 소산이라고 할 수 있을 것이다.

삶의 현장에서, 내 것이 아닌 걸 빼앗아서라도 기어이 가지려고 하는 자, 무엇이든 남보다 더 많이 가지려고만 하는 자를 일컬어 '욕심쟁이', '욕심꾸러기'라고 한다. 그러니까 욕심이 있는 사람이 아니라 '과욕', 즉 욕심이 지나친 사람인 것이다.

역대로 탐관오리들은 가진 것이 남보다 훨씬 많으면서도 더 가지려 하고 심지어는 남의 것마저 빼앗으려고 하는 자들이다.

은행장이 돈이 없어서 금고에 검은 손을 뻗치겠는가.

사회 최상층의 지도자가 돈이 없어서 뇌물을 수수하겠는가.

'황금흑사심(黄金黑士心)'이라고, 돈 앞에서 마음을 다스리지 못하고 욕심이 지나쳤기 때문이다.

욕심이 지나치면, 그 욕심에 눈이 가려져서 이성을 잃게 되고, 사리를 분별하지 못하게 된다.

사회범죄로 이어지는 경우를 제쳐놓고라도, 우리 삶의 일상에서는 '과욕' 때문에 오히려 더 많은 것, 더 큰 것을 잃어버리는 비극이 비일비재로 일어나고 있다. 이른바 '금을 잃고 도금을 얻는 격'이요, '산돼지 잡으려다 집돼지 잃는 격'이다.

이런 욕심이 아니더라도, 또 지나치게 허영심에 사로잡혀 자기의 본연의 모습을 잃어가는 사람들도 우리 신변에서 심심찮게 만날 수 있다. 허영심이란 것이 '자신의 분수에 어울리지 않는 필요 이상의 겉치레나 외관상의 화려함에 들뜬 마음'일진대, 이것 역시 생각하는 마음이 현실적이지 못하고 지나치다는 의미에서는 욕심과 통한다고 할 것이다.

가벼운 이야기지만, 심사숙고할만한 그런 실례를 들어보자.

한국에서: 한국에 다녀온 친구가 경험담을 하는데, 담뱃가게에서 외제담배를 사려고 손을 들어 왼쪽으로 몇 번째 담배를 가리키자 가게주인이 도대체 어떤 담배를 그러느냐 거기에 영어로 써 있지 않으냐며 좀 짜증내는 듯한 표정을 짓기에 그만 얼굴이 확 달아올랐다고 한다. 그런데 그와 동행한, 대학에서 박사과정을 다니고 있는 한국친구가 짐짓 영어로 이것저것 묻자 가게주인이 대뜸 한국인 같은데 그렇게 유식한 체 할 것 있느냐며 핀잔을 주더란다. 그러고 보니 그 가게주인도 영어는 기껏 안다는 것이 자주 구입하고 있는 물품명이나 기억하고 있는 정도인 듯했단다.

중국에서: 술 좌석에서 금방 친구의 소개로 낯을 익힌 친구가 물 흐르듯 유창한 중국어로 일장 '연설'이다. 그런데 이쪽이 중국어에 퍽 낯설어서 겨우 의사 전달이나 하자 그 친구는 중국에서 살면서 중국어가

왜 그 꼴이냐 하는 야릇한 표정이다. 그때 누군가 이 친구는 우리 조선족들만 모여 사는 농촌에서 자라다보니 중국말을 잘 못하는데 그럼 너는 우리말을 아냐고 묻자, 그 친구는 그게 무슨 대순가 하는 떳떳한 얼굴로, 자기는 조선말을 전혀 모르거니와 또 알아서 무슨 쓸모가 있냐고 한다.

그러니 자기도 영어를 잘 모르면서 아는 체하거나, 아예 모국어를 몰라도 그것은 별로 부끄러울 것 없고, 영어나 중국어를 모르는 것이 오히려 수치스럽다는 것이다.

한국에서는 '외래어'가 범람하고 있다. 아니, 사실은 '외국어'와 '외래어'가 혼동이 되어 한국어를 오염시키고 있다고 해야 할 것이다. 경우를 막론하고 '외래어'를 많이 쓸수록 유식하다고 생각하는 것 같다. 어떤 이는 모든 명사를 영어를 '차용'해 쓰고, 심지어는 용언조차 영어를 발음만 억지로 '흉내'내어서 하는데 도저히 알아들을 수 없을 정도로 심각하다.

아직 자기의 고유한 문자가 없어 직접 한문을 사용하다가, 신라시대에 향찰이나 이두처럼 차자표기법을 썼던 한민족이 마침내 세종대왕의 은덕으로 훈민정음이라는 아름다운 문자를 갖게 되지 않았던가.

과학적이고 철학적인 창제원리는 정보화시대에 컴퓨터를 두드리면서 더욱 실감하게 되는 것이고, 모양 본뜨기나 소리 본뜨기는 자연의 그것에 핍진하여 말하는 이 스스로가 감탄을 금치 못하게 된다.

'외래어'란 것이 어원적으로 우리말에 없거나, 신생사물 또는 새로운 발견이 직수입된 것일 때 그 '생산지'의 언어를 '차용'하는 경우에만 용납되어야지, '외국어'를 그대로 '외래어'라고 착각하지 말아야 한다. 어차피 한국어에서 '차용'한 영어를 영어권의 사람들이 알아듣지 못한다면, 꼭 영어를 외래어로 차용해 써야 할 필요성이 없는 한 굳이 우리끼리의 대화에 외국어를 외래어로 모셔와야만 하겠는가.

두 번째 사례처럼, 아닌 게 아니라 장소나 신분에 따라서는 중국어에 소학생 수준을 보여주는 게 어느 정도 부끄러움을 느끼게 되는 것도 사실이다. 그리고 그 부끄러움에 앞서 역시 다민족 국가에서 하나의 소수민족으로 살아가는 민족에 있어서는 그 주체민족의 언어를 모른다는 것은 그만큼 삶의 공간이 좁고 자생력이 빈약함을 보여주기도 한다. 그러나 그것은 어디까지나 소수자로서 사회 적응력의 부족에서 느끼게 되는 안타까움이지 수치심은 결코 아니다.

모국어를 전혀 모르는 사람, 그것도 모국어는 몰라도 괜찮다고 하는 사람을 우리는 한 민족의 구성원으로 대하기가 도리어 부끄러운 노릇이다. 그가 우리 민족이기를 포기했다면 아예 화젯거리도 되지 않겠지만, 만약 우리 민족의 구성원임을 어느 만큼은 자각하고 있다면 모국어를 잃어버린 스스로를 부끄러워해야 할 것이다. 주체민족어에 잘 통하지 못하는 사람을 얕보기 전에 벌써 그는 자기 조상을 외면해버린 사람, 현대 '진화'를 겪어 동화된 '이민족'이라고 할 수밖에 없기 때문이다.

그렇게 신분을 확인하고 보면, 그는 워낙 중국어밖에 모르는 '중국인'인데 구태여 조선족으로서 정말 중국어를 잘 한다고 감탄할 아무런 이유도 없는 것이다. 그가 중국이란 이 땅덩어리에서 인간가치를 실현하는 유일한 의미는 그가 이미 중국인으로 동화되었다는 것 외에는 달리 자리매김할 수 없는 것이다.

중국어를 배우지 않아도 된다는 극단적인 민족주의는 아니다. 그러나 기성세대로 말하면, 삶의 일상에서 주체민족에 보다 적극적으로 다가갈 수 없었던 것은, 농경문화를 배경으로 하는 삶 속에서 산간벽지에 똘똘 뭉쳐 살면서 조상의 피를 물려받은 조선민족이기를 고집하고, 강한 생명력으로 이 땅에 민족의 원색적인 문화터전을 마련하려는 모질음 때문이었다. 그것은 또 피눈물 나는 이민역사가 우리의 가슴에 아로새겨준 강한 민족의식이기도 했다.

청나라의 봉금령으로 월경죄에 걸리면 사형까지 당할 수 있는 위험을 무릅쓰고 이른바 '용흥지지(龍興之地)'에로 대거 천입한 조선민족은 봉금령의 폐지와 함께 또 앞머리를 깎고 만복을 입는 '치발역복'이란 민족동화정책을 반대하여 싸우지 않으면 안 되었다. 죽더라도 조선민족이기를 바라고 조상한테 욕보이는 것을 한사코 원하지 않은 많은 사람들은 갖은 능욕과 천대를 받으면서도 끝끝내는 '자기'를 잃지 않았지만, 일부 사리사욕에 눈이 어두운 사람들은 마침내 그에 굴복하여 '치발역복'하고 점산호(占山戶)의 마름이 되거나 심지어는 점산호가 되어 천여 쌍의 땅을 소유한 으리으리한 부호가 되고 조선인을 소작농으로 부렸다.

한반도를 식민지화하고 한걸음 더 나아가 아예 저들의 본토에 편입시키려고 일제가 창씨개명과 일본어를 국어로 강요할 때에조차 우리민족은 돌 틈에 솟아나는 풀처럼 끈질긴 생명력으로 민족의 얼을 고스란히 지켜냈지만, 역시 창씨개명을 하고 넋마저 빼앗긴 사람들도 없지는 않았다.

수치심이란 것은 꼭 해야 할 일을 하지 못했거나 어떤 일에 떳떳하지 못할 때 느끼는 심정일 것이다. 그렇다면 모국어를 아예 잃어버린 사람 앞에서 모국어는 '정통'하고 주체민족어도 그 정도는 할 수 있는 사람이 수치심을 가질 이유는 도대체 무엇인가.

그럼에도 나 역시 간혹 때와 장소에 따라 부끄러움을 느낄 때가 없지 않다. 그 부끄러움이나 수치심은 중국의 대학을 나온 이른바 선택된 인간이 신분적 차원에서 느끼게 되는 자괴지심이라고도 하겠지만, 어찌 보면 그것 역시 우리 민족의 체면의식의 변질된 표현이라고 할 수밖에 없다.

조선조 양반의식을 보여주는 '선비정신'이 이제 빈껍데기만 남았을 때 그것은 다만 허례허식과 유식을 자랑하는 것일 뿐이었다. 사회에 아무런 유익함도 없이 그냥 가난에 쪼들리면서도 세속을 묻지 않았던 양반들은 고리타분한 유흥에 풍월을 잡으면서 유식을 자랑했다. 어쩌면 그것이 비틀려 어떤 경우일지라도 절대 체면 하나만은 잃어서는 안 된다는 민족의 변질된 체면의식으로 확대된 듯싶다. 그리고 그런 체면의식이 절대화되면 경우를 불문하고 다른 사람의 약점을 잡아 자기의 '유식함'이나 '우월함'을 자랑하게 되는 것이다.

민족의 뿌리를 뽑힌 사람이 꼭 지켜야 할 것을 지키지 못한 수치심을 느낄 대신 도리어 자기의 유식함이나 우월함을 자랑하는 것이 퍽 민망스럽다.

연변 오동축구팀의 영웅이라고 자랑할 만한 문지기-블라이마가 조선말을 모른다고 해서 안쓰러움은 있어도 수치심이 있을 수 있을까.

연변조선족자치주에서 사는 중국인이 조선말을 모른다고 해서 불편함은 있어도 수치심이 있을 수 있을까.

중국에서 살려면 중국어를 잘해야 한다는 것은 지극히 당연한 이치이겠으나, 조선족이 조선말을 전혀 몰라도 좋다는 것은 벌써 마음속으로 조선족이기를 포기한 것인데 그래도 여기에 '표범의 반점을 지워도 의연히 표범'이라는 속담이 적용될 수 있을까.

그 스스로의 선택을 옳으니 그르니 시비할 바는 아니지만, 문제는 그런 개인적인 행위에 당위성을 부여하면서 일반논리로 비약시키지 말아야 한다는 것이다. 그것을 일반논리로 정당화할 때 민족의 미래나 운명은 어두워질 수밖에 없기 때문이다.

역사적인 개념으로서의 민족은 아무래도 문화와 언어가 가장 기본적인 징표이다. 그 민족의 문화를 모르고 그 민족의 언어를 잃어버렸을 때, 그는 벌써 그 민족의 구성원이기를 포기했거나 본의 아니더라도 이미 그 자격을 상실하고 만 것이다.

결코 곰이 옥수수 따는 격으로 하나를 잃고 하나를 얻는다거나, 심지어는 순금보다 화려한 도금 쪽에 마음을 빼앗겨 오히려 더 귀중한 것을 잃어버리는 어리석은 짓은 하지 말아야 한다.

법과 질서, 그리고 가난

서한의 선제 연간에 발해 일대에는 연년으로 재해가 들어 백성들이 굶주림에 허덕이고 도둑이 벌떼처럼 성했다.

발해를 안정시키기 위하여 한선제는 여러 대신을 보고 현능한 신하를 발해 태수로 추천하라고 하였다. 여러 대신은 의논 끝에 마침내는 칠십 고령에 이른 공수를 발해 태수로 천거했다. 도적떼가 극성을 부리는데다가 재해로 기근이 들어 생활마저 어렵고, 자칫하면 관리에 태만했다는 덤터기를 쓸 수도 있었으므로 누구도 가려 하지 않았던 것이다.

선제는 공수가 키가 작고 용모도 볼품없는데다가 나이조차 많은 것을 보고 어지간히 실망하면서도 짐짓 공수한테 물었다.

'그대는 어떻게 발해를 다스리려고 하는고?'

그러자 공수가 아뢰었다.

'발해는 조정에서 멀리 떨어져 있고 또 지금 연년으로 재해가 들어서 백성이 가난에 허덕이고 있나이다. 그런데 당지의 관리들은 백성을 안무하지 못하니 도적이 또한 벌떼처럼 일어나고 있나이다. 임금께서는 저를 보내시어 그 기아에 허덕이는 자들을 징벌하도록 하시겠나이까?

아니면 안무하도록 하시겠나이까?'

선제는 공수의 냉철하고 빈틈없는 대답에 근심이 씻은 듯이 가셔져 크게 기뻐하며 말했다.

'짐이 현능한 사람을 선용함은 바로 그곳 백성들을 안무하기 위해서이노라.'

그러자 공수가 아뢰었다.

'그러시다면 저를 그곳에 내려가 일을 보도록 윤허해 주사이다.'

이리하여 공수는 그 즉시로 발해군으로 내려가게 되었다.

당지 관리들은 새로운 태수가 부임되어 온다는 말을 듣고 많은 군사를 거느리고 연도에서 영접했다. 그러나 공수는 도리어 군사를 모두 물리쳐버리고는, 한편 소속 각 현에 서신을 띄워 도적 나포를 맡은 관리들을 죄다 파면시켜버렸다. 그리고 무릇 호미를 들고 밭을 다루는 사람은 모두 양민이니 누구든 그들을 시끄럽게 굴지 못한다고 호령했다.

발해군 내의 백성은 이 말을 듣자 더없이 위안을 받았고 노략질에 참여했던 사람들도 모두 병기들을 던지고 뿔뿔이 흩어져 밭을 다루는 농기구를 손에 잡았다.

며칠도 되지 않아 발해는 평온을 다시 찾았다.

흔히 '가난이 원수'라는 말을 한다. 인간을 포함하여 생명체의 가장 원색적이고 일차적인 본능은 생존본능이다. 살기 위해서 먹고 새끼를 살리기 위해서 먹이를 찾는다. 그것이 생존과 직결되는 만큼 때로는 그 먹이를 위해서 적수와 생사결단까지 주저치 않는 것이다. 그래서 인간에게는 '가난이 원수'라는 말까지 생겨난 것이다.

'가난이 죄'라는 말은 그러한 생존 본능마저 직접적인 위협을 당해서 충동적으로 일어나는 범죄를 두고 하는 말일 것이다. 그 '원수'인 가난이 목을 조이면서 생존까지 위협하게 되면 사람은 어떤 방식으로든지 그에 저항하지 않을 수 없는데, 만약 그때 악의 수단을 동원한다면 죄를 범하게 되는 것이다.

그런데 가령 개별적인 사람이 가난으로 범죄를 저질렀다면 그 한 사람의 죄를 물어 다스릴 수도 있는 일이지만, 그것이 대중적인 반발이나 저항을 불러온 것이라면 아무래도 사회 제도적 장치나 법의 정당함, 또는 그 집행에 공정성을 호소하지 않을 수 없는 것이다. 왜냐하면 법에 의해 질서가 보장되는 것이라고 할 때, 역으로 그런 질서에 대한 대중의 집단적인 파괴나 저항은 현행의 법이나 그 집행에서 나타난 부조리를 반대하여 사회 변혁을 요청하는 반발임에 다름 아니기 때문이다.

법이 질서 확립의 수단이 아니라 법을 집행하는 자의 이익을 위한 통치수단으로 변질했다거나, 혹은 법은 공정하더라도 법을 집행하는 자들이 사회 질서의 보장을 위해서가 아니라 자기들의 사리사욕을 위해 악의 수단으로 사용했다면 고쳐야 할 것은 변질된 법이요, 다스림을 받아야 할 자는 대중이 아니라 법을 집행하는 자들이다.

바로 그와 같은 이치를 알고 있었기에 공수는 막다른 골목에 이르러 어쩔 수 없이 도적떼가 된 기민을 징벌한 것이 아니라, 법과 질서를 빙자하여 그들을 막다른 골목으로 몰아간 법의 집행자들을 다스리고 기민을 안무하였던 것이다.

여기에서 공수는, 재해로 가난에 허덕이는 발해의 백성을 안무해주어 그들을 일상생활에 안정시키는 것이 질서파괴의 뿌리를 뽑아버려 근원적인 문제를 해결하는 것이라고 판단하였던 것이다.

공수의 현실에 대한 상황 판단은, 연속적인 자연재해가 백성들의 원초적인 생활보장마저 흔들리게 한데다가 탐관오리의 수탈이 반역의 심리마저 조장하여 많은 사람이 도적이 되게 하였다는 것이다.

그리하여 공수의 책략은 바로 백성을 안무하고 반역한 자를 용서하고 탐관오리를 처치하여 질서 파괴의 뿌리를 뽑아버리는 것이었다.

공수가 발해로 내려가면서 새로운 법을 가지고 간 것은 아니었다. 다만 법을 권력의 보호막으로 이용하거나 약탈하는 악의 수단으로 전락시킨 지방의 탐관오리를 숙청하고 법을 질서 확립의 합리적인 수단 또는 제도적 장치로 바로잡은 것이었다.

백성은 법을 지키는 무리요, 권력자는 법을 집행하는 무리이다. 그러니 지키는 무리가 지키지 않아도 질서가 파괴되는 것이지만, 그에 앞서 집행하는 무리가 법을 잘 지키지 않으면서 집행할 때 사회 질서가 파괴되는 것은 물론이고 그것이 지나치면 자칫 나라의 근간조차 흔들릴 수 있는 것이다. 그래서 예로부터 선한 자 지혜로우면 만 사람이 덕을 입고, 악한 자 지혜로우면 만 사람이 해를 입는다고 했다.

지키는 것과 집행하는 것이 결국은 수동적인 것과 주동적인 것의 관계라고 한다면, 아무튼 지키는 자는 지키기를 잘 하면 되는 것이지만, 집행하는 자는 우선 지키기를 잘한 다음에야 집행을 잘할 수 있는 것이다. 지키기를 잘 못하면서 집행할 때 법은 쉽게 변질하게 되고 대중한테는 법의 집행이 아니라 불평등하고 불합리한 강요가 되고 마는 것이다.

발해 백성이 연속적인 재해로 굶주림에 허덕일 때에조차 수탈과 억압을 멈추지 않은 탐관오리들이 법을 지키지 않았으니 어찌 법을 바로 집행할 수 있었겠는가. 그야말로 강도가 도적을 잡는 격이요, 나는 약탈해도 되고 너는 반항해서는 안 된다는 강도 논리였던 것이다.

지키는 자는 집행하는 자가 지킬 때 그 집행을 거역할 수 없게 된다. 지키는 자와 집행하는 자가 다 같이 지키는 법, 그것이야말로 진짜 사회질서의 확립, 말하자면 사회구성원 모두가 이해관계를 같이할 수 있는 바람직한 질서를 정립하는, 만민이 옹호하는 법이 될 수 있는 것이다.

또한 지키는 자와 집행하는 자는 따르는 자와 이끄는 자의 관계임에 다름 아니다. 따르는 자는 이끄는 자가 현명하지 못하거나 반대로 악인이면 한사코 따르기를 거부하거나 심지어는 반역조차 꾀할 수 있는 것이다.

법에 의한 사회 질서의 확립은 궁극적으로는 사회구성원들에 대한 공정한 대우, 공평한 분배, 평등한 인격의 보장을 통해서야만 실현될 수 있다. 그런데 그러한 보장은 또 생명체로서 인간의 가장 기본적인 본능인 생존욕구를 충족시키는 것을 바탕으로 하게 되는 것이다. 먹는 문제조차 온전하게 해결하지 못하고서는 그와 같은 사회 보장은 빈말에 지나지 않으며 결코 사회구성원들의 일치한 약속을 받아낼 수 없는 것이다.

사실 삶의 현실을 살고 있는 우리의 신변체험을 떠올려 봐도 모든 병이 감기로부터 시작되듯이 모든 사회적인 병의 근원도 결국 가난에 있다고 할 수 있는 것이다. 그런데 그러한 병의 근원을 뽑지 못하고 도리어 조장시키는 데는 사회의 질서를 보장하기 위한 법 또는 제도적 장치의 허점과도 무관하지 않으며 특히 그런 허점을 이용하는 법을 집행하는 자들의 책임이 크다고 할 수 있는 것이다.

이향의 아픔과 고향을 그리는 마음에 고국의 포옹에 따뜻한 정을 느끼면서도 한국 나들이에서 많은 물의를 일으키고 심지어는 여러 가지 비리도 주저치 않는 원인이 빈부의 격차, 다시 말하면 가난 때문이기도 하지만, 법의 틈새를 노려 초청사기요, 위장결혼이요 하는 편법으로 이익을 챙기는 자들의 악의 수단에 의해 불이익을 당하거나 생존 위기에 빠지게 된 것과도 결코 무관하지 않은 것이다.

농촌이 황폐화되고 시골학교들이 폐교되는 것도 젊은이들이 고향을 버리고 도시로 진출하였기 때문이지만, 그런 선택을 할 수밖에 없는 근본적인 원인은 가난에 있는 것이고, 더 나아가서는 사회에 그런 가난을 퇴치할 만한 제도적인 장치가 부재하기 때문이다.

'가난이 원수'요, '가난이 죄'라고 하지만, 사람들이 가난이라는 원수와의 싸움에서 죄를 범하는 것은, 도저히 그 '원수'를 싸워 이길 수 없는데도 사회적으로는 아무런 도움이나 구제도 받을 수 없을 뿐더러, 심지어는 사회의 부조리 때문에 오히려 가난을 초래하고 조장하는 그런 극단적인 상황 때문이다. 그런데 그런 경우에조차 사람들은 한사코 마음의 구원을 받으려고 자기의 행위를 합리화하려고 든다.

어느 한 작은 산간도시에서 발생한 일인데, '도둑'이 주인이 집을 잠깐, 그것도 아주 잠깐 비워 놓은 틈을 타서 금방 다 된 전기밥솥의 밥을 홀랑 쏟아내서 가져가고 밥솥은 그대로 놓아두었더란다. 살펴보니 다른 물건은 전혀 손댄 것이 없었고, 오히려 밥솥 곁에 종이쪽지 한 장이 달랑 놓여 있었는데, 쪽지의 내용인즉 여러 때를 굶었는데, 도저히 허기진 배를 달랠 길 없어서 밥만 챙겨가니 죄송하다는 것이었단다. 그만하면 양심이 있는 '도적'이라고 맹랑한 웃음이나마 처연하게 짓게 되면서도, 역시 '가난이 원수'요, '가난이 죄'라는 말을 되새기게 된다.

개혁 개방이 되면서 물질적 생활이 향상되자 우리는 왜 전에는 그토

록 가난하였던가 하는 생각을 자주하게 된다. 그리고 그런 생각은 또 우리로 하여금 과거에 우리는 과연 어떤 법적인 질서 속에서 살아왔던가 하는 성찰을 하게 한다.

질서는 여러 가지 사회 제도적인 장치에 의해 유지되는 것인데, 법은 그중에서도 사회적인 억제력이 가장 강력하면서도 강박적인 장치이다. 법이 정의를 실현하고 사람들의 정상적인 사회생활을 보장하기 위한 것이고, 사회는 법에 의해 질서가 유지되는 것인데, 법이 제구실을 하지 못해서 사람들의 정상적인 사회생활을 보장해주지 못한다면 질서가 파괴되는 것은 당연할 수밖에 없는 것이다. 결국 사회 질서는 법에 의해 지켜지는 것이지만 또 법에 의해 파괴되는 수도 있는 것이다.

설령 법 그 자체가 문제가 되어서 사회질서를 파괴하는 것은 아니더라도, 그 법을 집행하는 자들에 의해서 정상적인 사회생활에 피해를 입고 심지어는 극한 상황으로까지 몰릴 때 사람들은 그들한테 저항하게 되고 사회 질서는 무너지게 되는 것이다.

그러므로 집행하는 자, 이끄는 자는 지키는 자, 따르는 자에게 사회생활을 보장해 주어야 하고 여러 가지로 혜택을 주어야 하는데, 그러자면 그들의 의식주 수요, 인격존중 수요, 또는 심리적 수요, 물질적 수요를 충분히 헤아리고 만족시켜 주려고 노력해야 한다. 그러다보면 법을 집행하는 가운데서 법의 문제를 발견하고 고쳐가게 되는 것이다.

인류의 역사는, 총체적으로 보면 물질적 부의 창조와 더불어 삶의 질도 향상되는 과정이었지만, 세부적으로 보면 국가마다 서로 다른 발전 과정을 걸쳐왔고, 많은 우여곡절로 점철되어 있다.

우리도 한 때는 잘못된 법과 그런 법을 이용하여 사욕을 채우고 폭압을 일삼은 집행자들에 의해 강요된, 이른바 '청빈'한 사회질서 속에서 삶의 의미를 상실한 채 가난이란 '원수'와 처절하게 싸우던 그런 시기를 겪어야만 했었다.

그리하여 우리 세대까지도 '이' 잡이에 이골이 난 '아Q'처럼 온 육체를 그대로 이의 온상으로 제공한, 째지게 가난한 역사가 있었다. 지금 세대는 이란 것을 아예 보지도 못했고 어떻게 생겨먹은 것인지조차 모른다. 그저 간혹 옛날에는 너무도 가난해서 몸에 이가 득실거렸다는 어른들의 이야기를 들을 때면 자기 몸을 살펴보면서 매우 신기해하는 얼굴이다. 그렇게 이란 놈은 사람들의 물질생활의 향상과 함께 우리의 몸에서 영영 사라져버렸고, 다만 아픈 역사와 함께 우리 세대의 아픈 기억을 떠올리게 하는 가난의 상징물이 되었다.

'이'를 두고 격세지감을 나타내는 아랫세대의 그 천진하면서도 한결 밝은 얼굴에서 우리는 새로운 문명의 질서를 설계해 낼 수 있을 것이다.

가난을 역사의 기록으로 남겨놓고, 사회구성원들 모두가 기본적인 사회생활을 보장받을 수 있는 질서, 그것은 어떻게 하면 가능할까.

다만, '권력의 세계는 무법의 세계'라는 특권적인 '명언'을 역사의 진열장 속에서만 읽을 수 있기를 바랄 뿐이다.

의태현상

아폴리네르의 소설 '오노레 쉬불락의 소멸'은 카프카의 '변형기'와 같이 인간의 의태현상을 쓴 소설이다.

소설의 주인공 오노레 쉬불락은 스물다섯 되던 때에 한 유부녀와 치명적인 애정도가니에 빠진다. 그러다가 며칠 동안 출장 중이라는 남편의 기만술에 속아 유부녀와 둘은 알몸 그대로 남편의 총구멍 앞에 서게 된다. 오노레 쉬불락은 극도의 공포 속에서 그저 꺼져버렸으면 하는 소원밖에 아무것도 없었다. 그는 벽에 등을 붙이며 자기의 몸이 그대로 벽과 더불어 하나가 되기만을 기원하였다. 그런데 갑자기 예기치 않은 일이 실현되었다. 그는 갑자기 벽지의 색깔이 되어버렸고 사지는 의지의 힘으로 엄청나게 늘어나서 납작하게 되었으며 마침내 그의 몸은 그대로 벽과 한 덩어리가 되어버린 것이다. 그를 죽이려고 한참 날뛰던 남편은 그 분노를 아내에게 전환시켜 그녀의 머리에 여섯 발이나 쏘아 무참하게 죽이고 만다. 그러고는 절망에 빠져 울며 사라져버린다. 남편이 가버리자 오노레 쉬불락은 본능적으로 정상적인 모양으로 되돌아와 본래의 색깔이 된다. 그 후로부터 그는 의태의 영역에 속하는 이 요행스러운 능력을 지니게 된다.

중국 고전명작 중에도 '요재지의'와 같은 귀신이야기가 수두룩하지만, 그중에서도 가장 재미있고 이채롭게 다양한 의태현상을 묘사한 소설은 아무래도 '서유기'일 것이다. 손행자만 하더라도 72반의 둔갑술을 가지고 있으며, 그 외에도 헤아릴 수 없이 많은 요귀가 변신술을 부릴 뿐더러 하늘에는 호풍환우하며 형태나 색채를 마음대로 바꿀 수 있는 부처님과 신선들이 있다. 물론 소설로서 과장되고 꾸며진 공상적인 의태현상이다.

서유기의 둔갑술은 사실의 차원에서는 기막힌 거짓말이다. 그럼에도 그것이 우리의 강렬한 흥미를 불러일으키고 거의 경험이나 체험에 가까운 인상을 남기게 되는 것은 도대체 무엇 때문일까. 그것은 소설이 거짓말에 의탁하면서도 진실과 현실에 도달하기를 포기하지 않기 때문일 것이다.

오노레 쉬불락의 입을 빌면 자연은 자기의 아이들 중에서 위험에 빠져있는 자들, 그리고 너무나 약하여 스스로 방어하지 못하는 자들에게 자기를 둘러싸고 있는 것들과 함께 합쳐버릴 수 있는 재주를 나누어 주었다. 나비는 꽃을 닮고 어떤 종류의 벌레는 나뭇잎과 흡사하고, 카멜레온은 주위의 상태에 따라 몸을 잘 감출 수 있는 빛깔을 바꾸기도 하는 것 등등이다. 물론 오노레 쉬불락의 의태현상을 손행자의 의태현상에도, 뭇 요귀의 의태현상에도 도덕적으로 비교하기는 어렵지만, 아무튼 총구 앞에 선 약자의 희망 사항이었던 것만은 사실이다.

의태현상이란 사실 형태와 색채를 변경하려는 의지의 표현이다. 그 의지의 본능은 두 가지로서 하나는 극도의 공포와 피해의식이요, 다른 하나는 강렬한 성취욕구일 것이다.

그런데 생활의 일상에서 우리는 카멜레온식의 인간을 성실하지 못하고 도덕적이지 못한 위선적인 인간으로 몰아붙이며 사기꾼이나 협잡꾼과 등호를 쳐버린다. 그럴 수밖에 없는 것은 자기의 승진을 위해 남을 모함하고 상전에 아부하는 '벼슬미치광이', 자기가 진리의 화신인 것처럼 다른 사람에게는 이성을 강요하면서 자기는 호의호식에 빠져버린 '방탕아', 국가의식이요, 집체주의요 하는 아름찬 구호를 외쳐대면서 자기는 뒤주 속의 쥐처럼 나라의 재물을 좀먹는 자들의 가장 교활한 수단으로 의태법이 활용되고 있는 탓일 게다.

그러나 사실 의태현상이 자연이 베풀어준 은혜요 재주라 한다면 결코 의태현상 자체가 그대로 비난받을 것은 아니다.

생활의 일상에서도 우리는 흔히 본래의 사실을 숨겨야만 하는 때가 자주 있게 된다. 그것은 사실 자체가 그대로 사회적 긍정이나 도덕적 정당성을 보증한다고는 할 수 없기 때문이며 심지어는 정당한 사실만 있는 것이 아니고 부당한 사실도 있기 때문이다. 큰일을 작게, 작은 일은 그냥 해소해버리는 것이 평화와 화목에 유리한 것이라면 의태현상은 많은 경우에 필요한 처세수단이 될 수 있는 것이다.

제사에 가서 슬퍼해주고 혼사에 가서 기뻐해주는 것이 문화인의 선의적인 의태현상이라고 할 수 있다. 무더운 삼복에도 장소에 맞춰 옷을 입는 체면을 우리는 원시인으로 퇴보하기 전에는 도저히 버릴 수가 없다. 점심이나 저녁식사 때에 내려오는 이러저러한 검사단을 우리는 웃으며 환영할 수밖에 없다. 무슨 의연이요, 부조요 하는 항목이 갈수록 많아지지만, 아니 내면 모를까 낼 바에는 그래도 웃으면서 당연한 것처럼 태연자약한 모습을 취하는 것이 이로울 뿐이다.

암행어사처럼 돌연 습격하는 것이 황제의 행차처럼 요란스럽게 떠들면서 내려가는 것보다는 훨씬 바람직하고 효과적이다. 풀을 다쳐 뱀을 놀래는 것이 목적이 아니라면, 현명한 관리들은 자기의 신분을 감추는 의태법을 배워야 한다.

악한 자가 의태법에 능하면 만 사람이 해를 입을 것이요, 선한 자가 의태법에 능하면 만 사람이 덕을 입을 것이고 사회는 화목한 대 가정처럼 마냥 평화와 밝음이 깃들 것이다.

오늘도 나는 길을 가다가 풋면목이라도 있는 이를 만나면 반갑게 웃으면서 아는 체할 것이다. 그보다 더 가까운 이를 만나면 오래오래 손을 잡고 살뜰한 정을 나타낼 것이다. 그리고 직장에 가면 모든 사람들과 웃으면서 깍듯이 인사를 할 것이다.

찬물에 밥을 말아 김치를 먹으면서도 한때를 맛있게 배불리 잘 먹었다고 아내에게 감사의 말을 한마디쯤 해주는 것을 잊지 않을 것이다.

자기의 정신적인 독방이 있는 사람이라면, 의태현상으로부터 상황에 맞게 대처하는 요령을 배워도 언제나 그것은 선의적인 마음일 것이다.

미래에는 본래 길이 없고 희망만 있을 뿐이다

희망이란 본래
있다고도 할 수 없고 없다고도 할 수 없다.
그것은 마치 땅 위의 길과 같은 것이다.
본래 땅 위에는 길이 없었다.
다니는 사람이 많아지면 그것이 곧 길이 되는 것이다.
-노신의 "고향"에서

노신의 말을 풀이하면, 본래 세상에는 길이란 것이 없었는데 많은 사람이 자꾸 다니면서 생겨난 것이다. 그런데 많은 사람이 이미 다닌 곳으로 자꾸 다닌다는 것은 그곳에 뭔가 사람들이 수요하는 것이 있기 때문일 것이다. 말하자면 길이란 자꾸 다녀서 생기는 것이고, 자꾸 다니는 것은 뭔가 수요하는 것이 그곳에 있어서인 것이다. 그렇게 자꾸 다니면서 수요하는 것을 얻다보면 희망이란 것도 생기게 될 것이다.

그런데 인간의 길의 역사를 살펴보면, 처음에는 역시 동물들이 안식처로 마련한 굴에서부터 밖에 있는 특정한 곳 사이에 낸 발자국이 많아지면서 그것이 점차 선의 형태로 이어져서 길이 된 것과 마찬가지로,

그저 단순하게 서식 환경에 적응하려는 생존 본능에 의한 행위의 결과에 지나지 않았을 것이다. 이를테면 안식처로 정한 동굴에서 식수원까지 사이는 생존 본능으로 매일 왕래하게 되면서 그곳에 점차 길이 생겨나게 되었을 것이다. 생존을 위한 수렵, 채집, 농사 등 활동을 통해서도 주거한 곳과 활동장소 사이에는 발자국들이 이어져서 길이 생겼을 것이다.

그렇게 인간이 아직 자연이 제공한 서식 환경에 수동적으로 적응하면서 단지 생명보존이요, 생존본능이요 하는 동물적인 본능에서 벗어나지 못했을 때, 인간이 만들어 낸 길은 동물들의 그것과 별반 다른 차이가 없었을 것이다. 그러니 그런 길은 인간의 사유능력과 인식능력의 향상에 따르는 복잡한 행위, 혹은 인간의 가치요, 목표요, 이상이요 하는 추상적이고 관념적인 선택과는 아무런 연관성도 갖지 못한 것이다.

그런데 노신이 말하는 길은 희망과 연관된 길이니, 그것은 다만 원초적인 생명 보존의 본능적인 행위의 결과를 말하는 것이 아니라, 물질적인 부의 창조와 더불어 나날이 향상되는 인간의 인식능력과 상상의 힘에 의해 만들어지는, 그런 상징적 의미가 담긴 길을 두고 말하는 것이다. 이때 말하는 길은 인간의 사유능력, 인식능력, 그리고 가치추구에 의한 목표나 이상 등 관념적인 희망 사항과 밀접하게 연관된 것이다.

저 멀리 바다 건너를 바라보면서 물고기를 연상하여 바다길이 열리고, 저 높이 하늘의 구름을 바라보면서 새를 연상하여 하늘길이 열리고, 심지어는 물질적 부의 창조와 더불어 정신적인 추구가 날이 감에 따라 문명해짐으로써 우주의 섭리에로 통하는 마음의 길도 열리고 있는 것이다.

이제 인간은 다만 자연이 베풀어준 서식 환경에 수동적으로 적응하면서 동물적인 본능으로 생명보존, 종족 보존, 또는 후대번식을 두고 생존과 도태의 치열한 싸움을 하지 않는다. 인간은 사유가 발달하고 자연에 대한 인식능력이 부단히 제고됨에 따라 이른바 인간이 살아갈 '서식지'도 삶의 질을 향상하고 인간의 가치를 실현하기 위한 창조적인 실천공간으로 가공하고 재정립해 가고 있는 것이다. 즉 인간이 수동적으로 '서식지'에 적응하는 것이 아니라, 인간이 오히려 주동적이고 적극적이고 창조적인 자세로 '서식지'를 새롭게 설계하고 만들어가는 것이다.

그리고 그렇게 만들어가는 과정에 많은 실체적인, 또는 상징적인 새로운 길들이 생겨나고 있는 것이다.

보다시피, 길은 인간과 관계할 때 그 무의미성이나 단조로움에서 벗어나 인간의 세계에 대한 인식, 인생 가치에 대한 판단, 인생목표에 대한 추구를 그 길 위에 역력히 찍어놓고 있으며, 인간의 사랑, 기쁨, 정열, 분투, 슬픔, 고통, 분노, 욕심과 같은 감정들을 그 길 위에 고스란히 발자국처럼 하나하나 남겨놓고 있다.

바로 인간들의 인식적인 차이, 관념적인 차이, 문화적인 차이, 목표나 지향의 차이, 또는 수준과 능력의 차이로 하여 세상에는 얼마나 많은 유익하거나 무익한 길들이 생겨났는지 모른다. 그리고 그 길들은 연습이 없는 인생길에서 인간들이 자기가 지향하는 것을 실천하고 실현하기 위해 갈 곳은 저긴데 얼마나 많은 헛되지만은 않은 '헛된 걸음'(성공을 약속한 실패이므로) 을 걸었는지를 말해주고 있는 것이다.

과학에 의해 부단히 개척되는 실체적인, 또는 가상적인 '운반 통로'로서의 길도 그렇지만, 특히 삶의 태도나 자세와 관계되는 그런 상징적인 의미에서의 길은, 그 인식수준이 천차만별한 인간들에 의해서 아직도 인생의 희비극을 계속 만들어 내고 있다.

상징적 의미에서의 길이라고 하는 것은, 어떤 문제의 해결이나 어떤 일의 완성을 위해 생각해 내는 방법이나 수단을 길에 비해 '방도'라고 하는 것도 포함할 수 있겠지만, 주요하게는 인생의 목표, 이상, 가치를 설정하고 그것을 실현하기 위해 노력하는 인간의 삶의 과정을 길에 비해 '인생길'이라고 하는 것을 가리킨다.

여기에서 '인생길'은 인간이 어떤 선택을 하게 될 때의 태도나 자세와 밀접히 관계되는 것이고, 이런 태도나 자세에 영향을 미치는 것들이 바로 도덕수양과 문화수양, 그리고 그것을 바탕으로 하는 인간의 삶에 대한 인식수준이다.

그런데 우리가 만약 기성도덕이나 전통문화에 대하여 새로운 가치판단을 하고 발전적인 차원에서 계승하지 못한다면, 그것은 현대적인 의미를 획득하지 못하고 도리어 우리의 발목을 잡게 될 것이고, 그것을 바탕으로 하여 설계되는 이른바 '인생길'은 앞으로 나아가는 선의 형태가 아니라 제자리에서만 맴돌면서 답보하는 원의 형태가 될 수 있다. 시대는 발전하고 인간은 진보하는데 제자리에서 답보한다면 결국 시대에 도태되고 말 운명일 수밖에 없는 것이다.

아직도 수절이니 뭐니 하고 '열녀전'을 읊조리면서 과부의 재가를 못마땅하게 여기는 시선들이 도덕적인 우위에 있다. 어느 한 소설에서 늙은 홀아비와 늙은 과부가 연애하는 이야기를 썼는데, 이른바 평론가들이라고 불리는 사람들에게서 엄청나게 물매를 맞았다. 재가, 재취도 문제거니와 비를 피해 들어간 동굴에서 연애하는 장면이랑은 사회 풍기를 문란하게 하고 젊은이들에게 아주 나쁜 영향을 끼친다는 것이었다.

이러한 도덕적인 시각이 실제 사회에서도 아직은 지배적이다. 홀로 난 부모를 효도한답시고 모시면서, 정작 부모가 사랑하는 사람이 생겼다고 재혼할 의사를 내비치면 벼락이나 맞은 듯이 화들짝 놀라면서 무슨 노망이냐고 힐난한다. 그래서 홀로 난 늙은 부모는 자식들의 화기애애한 모습에 자기의 비어있는 자리를 쓸쓸하게 바라보면서 고독을 벗으로 삼아야 하는 것이었다.

기성도덕을 골동품마냥 귀중하게 여기지만, 그만큼 고정불변의 원칙으로 생각하면서 변화된 시대를 몰지각한 사람들에 의해 후반생을 사랑할 권리마저 박탈당한 채, 홀로 쓸쓸하고 외로운 '인생의 오솔길'을 걸어가야만 하는 그 모습이야말로 참으로 안타깝지 않을 수 없다.

시골에 있던 젊은이들이 도시진출을 하면, 마치 그들이 농촌을 황폐화시킨 죄인이나 되는 듯이 민족의 집단거주지가 사라진다느니, 민족의 양심이 없다느니, 고향을 사랑하는 마음이 없다느니 하면서 한바탕 질책한다. 그런데 사실은 농촌을 살리고, 젊은이들이 농촌에서 삶의 보람을 느낄 수 있도록 하는 무슨 대책을 세워주는 것도 아니고, 그렇다고 또 자기의 노임을 털어서 지원해 주지도 않으면서 팔짱을 끼고 앉아서는 '감 놔라, 배 놔라' 용트림하는 노임팀들의 행세가 그렇게 보기 좋은 건 아니다. 그들 역시 원래의 신분이 농민의 자식인데, 이거야말로 '개구리 올챙이 적 생각을 못하는 격'이다. 자기들도 일찍 도시 진출을 해서 성공했으면서도, 꼭 도시에 와서 건달이 되었거나 술집여자가 된 극단적인 사례들만 꼽아가면서 세상이 망해간다고 아우성친다.

일찍 자기가 걸어온 길을 남한테는 절대 가서는 안 된다고 하는 그 심리의 기저에는, 어찌 보면 신분차별이 있는 사회에서 느끼는 자기

우월감에 만족하려는 고약한 계산이 들어있지 않은가 하는 의심마저 든다.

새로운 삶을 살려고, 또는 인생의 가치를 실현하려고 대도시로 진출하는 젊은이들, 자식을 공부시키려고, 또는 가난에서 벗어나려고 해외노무송출을 나가는 부모들, 그 원정길에 성공도 있고 실패도 있지만, 직업관이 어떠하니, 인생관이 어떠하니 하고 원색적으로 부정하면서 그냥 색안경을 끼고 바라보는 시각들이 지배적이다.

고향을 떠나, 나라를 떠나, 부모를 떠나, 자식을 떠나서, 멀고도 먼 타향 길에 고생은 고생대로 하고 불행은 불행대로 당하는 것이 안타까워하는 인정 많은 이웃들의 동정어린 푸념이라면 뭐라 해도 고마울 따름이다. 그러나 그것이 사회 지도층에서 바라보는 시각이라면, 이 땅을 떠나는 사람들에게 온전한 삶의 터전을 만들어주지 못하고 있는 자기들의 무책임이나 무능부터 반성해보는 것이 순서가 아닐까 싶다.

더불어 잘 사는 사회가 아니라 더불어 못사는 사회에서 가난을 밥먹듯 하던 때가 어제 같은데, 갑자기 천지개벽이나 일어나듯이 모든 것이 변하고 현란한 소비문화가 가난하고 말끔하던 도시를 시끌벅적하게 휘저어놓자, 세상이 망하자고 이 모양이냐고 하면서 말세나 온 것처럼 땅이 꺼지게 한탄하고 격분해 하는 이들이 많다. 뭐 그렇다고 그들이 더불어 다 같이 못살았던 그때가 그리워 오던 길로 다시 돌아가자는 건 아닐 것이다.

그렇다면 황홀한 밤 야경에 생명이 약동하고 삶의 희열이 넘치는 속에 도를 넘는 광란이 일어난대도, 그것은 변화 속의 혼돈이요, 문명이 들어오면서 묻어 들어온 '문명악'때문이라고 생각할 일이 아니겠는가. 째지게 가난한 속에서 짐승만 별반 나을 것 없는 삶을 살았던 터이라, 아직 병원균에 저항할만한 면역력이 생기지 않아서 나타나는 일시적인 현상이라고 생각해도 무방하지 않을까 싶다.

아직도 산 너머에 벌판이 있음에도 우공처럼 산을 옮겨 길을 내려는 사람들이 있으며, 우주비행선을 보면서도 황소가 지구를 끌 수 있다고 미신하는 사람들이 있다.

또 무슨 일을 해도 조상이 물려준 '퇴물림'을 고정불변의 표준으로 삼는 사람도 적지 않다. 하여 그런 사람들은 지남침도 없던 그런 시대에 우리 조상들이 경험해온 그런 애처롭고 소박한 방법으로 망망한 원시림에서 자기가 나아갈 길을 찾아서 헤매고 있다. 간혹 어떤 사람들은 그런 속에서나마 용케도 무의미한 고행에서 빠져나오기도 하지만, 그러나 그가 나와 선 자리에는 이미 현대인은 떠나 가버리고 없고 그들이 살던 흔적만 남아 있게 되 는 것이다.

현대인이 달리는 속도, 그것은 결코 자연이 마련해준 생리적 구조인 두 다리로 닫는 속도가 아니다. 그것은 결코 여드레 팔 십리 걸음을 하는 황소의 걸음은 더구나 아니다. 사람들이 고향땅에만 묻혀 사는 사람을 일컬어 '우물 안의 개구리'라고 하던 속담도 인젠 오래지 않아 그 공간적 함의가 훨씬 넓어질 것인즉, 그때면 지구에만 묻혀 사는 사람을 일컬어서 '우물 안의 개구리'라고 할 것이다. 사람들은 벌써 지구로부터 달에로 여행할 수 있는 공중 길을 닦아놓고 있지 않는가. 우리로부터 몇 억 광년이나 떨어져 있는 별에 대해 한결 실제적인 관찰을 할 수 있는 것도 현실이 아닌가.

우리는 지금 이런 세계적인 속도와 절주의 도전 속에서 현대화의 길을 닦고 있다. 그런데 우리와 세계적인 속도 사이에는 근대와 전근대 사이랄 만치 세기적인 격차를 두고 있다. 그 차이 자체가 벌써 하나의 엄청난 비극적인 요소로 되고 있는데, 어리석은 것은 아직도 많은 사람들이 남은 우주 속을 헤엄치면서 마음에 드는 별을 따려고 할 때, 그들은 황소로 지구를 끌어보려고 하는 것이다. 원시 신화와 현대 이상의 허황한 대결이라고 하는 것이 적중할 것이다.

정든 길이 편하고 가깝다는 말도 있다마는, 그것은 결코 경우 없이 무분별하게 쓸 수 있는 명언은 아닐 것이다. 가령 산을 뚫어 터널을 놓고, 골을 질러 다리를 놓아 곧게 낸 대통로를 두고도 기어이 오불꼬불한 산길을 돌고 돌아 힘겹게 걷는다면, 그것이 일부러 등산을 하는 것이 아니고서는 아무래도 머리가 돈 사람의 미련한 행위가 아닐까 싶다.

조상들이 경험한 바를 다듬어놓은 것이 우리가 물려받아야 할 전통임에는 틀림없다. 그러나 그것이 그들이 삶을 살았던 그 당시의 경험을 집대성한 지혜의 산물이라 할 때, 오늘의 삶의 광장에서 다시 우리 현대인에 의하여 현대적인 의미를 새롭게 부여받지 않으면 아무런 쓸모도 없을 것이다.

부모의 슬하에서 자식이 문화인으로 성장함은 당연한 것이지만, 인간은 동물과 다르므로 그냥 부모를 모방하기만 하는 것은 아니다.

부모 세대가 가졌던 어제의 이상이 오늘의 현실로 되면서, 자식 세대는 내일의 현실이 될 오늘의 이상을 가지지 않을 수 없는 것이다. 새로운 이상이 생겼는데 어찌 무작정 부모 세대가 걸었던 길을 따라 갈 수 있겠는가. 그냥 오늘의 현실이 이상이었을 때 부모 세대가 걸었던 길을 따라 간다는 것은, 다시 과거로 돌아간다는 것을 의미할 뿐이다.

우리가 전통에 대해 취해야 할 옳은 자세는, 조상세대가 그때의 삶의 현실에서 최대의 지혜를 동원하여 역사를 앞으로 전진시켜온 그 보배로운 삶의 자세를 물려받는 것이지, 결코 그들의 삶의 방식, 인생추구를 그대로 답습하는 것일 수는 없는 것이다.

그러므로 부모 세대와 자식 세대는 그 세대적인 격차를 좁혀가면서 오늘의 삶의 현장에서 함께 더불어 살아갈 수 있는 지혜를 공유하는 것이 바람직한 것이다.

역사의 흐름은 세기의 쌓임 속에서 가속적이다. 그것은 인간들이 개척하는 길이란, 더는 동물적 본능에 의해 '서식지'에 적응하기 위한 단순한 행위의 결과가 아니며, 또한 먹고 사는 것을 기본으로 하는 농경문화에서 쇠수레가 지나가면서 남기는 실체적 흔적만이 아니라 과학에 의해 우주비행을 하면서 지구를 초월하는 '서식지'를 개척하는 것이기 때문이다. 역사의 운수도구가 부단히 혁신되고 있는 것이다. 과학에 토대한 인간의 창조력은 놀랍고 겁나게 무궁무진하다.

이제는 토끼와 거부기의 달리기시합을 들어 요행을 바라는 심리는 버려야 한다. 거부기와의 시합에서 토끼가 진 것은 그 자신의 자만 때문이지 결코 거부기가 토끼보다 빨라서가 아니다. 하물며 우주비행선은 결코 토끼처럼 자만하여 황소가 따라오도록 하늘공중에 발을 멈추고 잠을 자지는 않을 것이니 말이다.

사람들은 살면서 누구나 자기의 '인생길'을 개척하고 그 길을 따라 뚜벅뚜벅 걸어간다. 그 '인생길'을 개척하는 데 결정적인 영향력을 행사하는 것이 도덕수양과 문화수양이다. 그것을 바탕으로 우리는 세계를 인식하고 인생의 가치를 판단하면서 자기만의 '인생길'을 설계하는 것이다.

그런데 도덕과 문화도 역사적으로 누적되는 시대적인 산물일진대 그것은 인류사회의 부단한 발전에 따라 끊임없이 갱신되고 진보하고 승화되는 것이다. 인류사회는 결국 인류의 인식수준의 제고와 새로운 인식가치의 발견에 따라 발전하는 것이다. 그러므로 시대는 변했는데 의식이 변하지 않는다면, 그는 결국 시대의 낙오자가 될 수밖에 없는 것이다.

변질된 음식을 먹으면 탈이 나는 것처럼, 변질된 의식은 우리의 인생을 탈이 나게 할 것이니 아무런 미련도 없이 버려야 한다.

나는 어떤 '인생길'을 개척해 갈 것인가?

미래에는 본래 길은 없고 희망만 있으니, 자기의 삶에 희망을 갖고 있다면 스스로의 마음에 길을 물어라. 그 마음을 따라 가는 길이 곧 미래로 통하는 길이다.

망각의 미학

미학이란 것을 아름다움에 대한 학문이라고 통속하게 풀이할 수 있다면, 수용주체의 의미에서는 어떤 사물이나 현상을 보고 아름답다고 생각하여 일어나는 인간의 호감이나 쾌감을 주된 연구대상으로 한다고 할 것이다.

그런데 아름다움이란 것이 '모양이나 색깔, 또는 소리 따위가 마음에 들어 만족스럽고 좋은 느낌'이라면, 사람들은 흔히 대칭적이고 긍정적이고 적극적이고 창조적인 것들에서 아름다움을 찾고자 한다.

그리하여 실수라든가, 실패라든가, 결손이라든가, 포기라든가, 망각이라든가 하는 이른바 개념 자체가 소극적이거나 부정적인 것들을 아름다움의 대상에서 그냥 쉽게 배제시킨다.

그러나 미의 수용주체로서의 인간의 삶 자체가 복잡하고 불확정적이고 불투명한 만큼, 같은 대상에서 느끼는 감정도 여러 가지로 다를 수 있다. 그가 불쾌하게 느끼는 대상에서 나는 통쾌함조차 느낄 수 있고, 그가 아름답게 여기는 대상에서 나는 도리어 비 호감마저 가질 수 있는 것이다. 이것은 특히 사람들의 문화적 차이, 인식적 차이에 의해 크게 다를 수밖에 없는 것이다. 감정 또는 느낌이라는 것이 정신적인 산물인 만큼, 인간의 미의식도 자연이나 사회에 대한 인식적 가치의 높이에 따라 변화하게 되기 때문이다.

인간이 한 자연인으로 태어나 부모의 손을 잡고 걸음마를 떼기 시작해서부터 점차 한 사회인으로, 문화인으로 성장하는 과정은 번식과 생존이라는 본능적인 동물성에서 삶과 존재라는 이성적인 인간성을 확립해가는 과정이다. 그 과정에 우리는 얼마나 많은 길을 잘못 들어서 에돌아가고, 얼마나 많은 실수로 발목이 접질리거나 타인의 구원을 요청하게 되는지 모른다.

그러기에 타인의 관용하는 마음에 기댈 수 없거나 구원을 요청할 수 없는 인간은 고독한 인간이고 자칫 사회와 무리에 외면당하고 버려진 인간일 수 있다. 이는 대개 자기중심적인 이해타산과 지극히 보수적이면서 배타적인 인간 자세를 취하는 인간들이 흔히 받게 되는 대접이다. 그 자신이 남을 너그럽게 받아주지 못하고 타인의 실수나 잘못을 용서해주는 넓은 마음을 가지고 있지 못하기 때문에 받게 되는 보응이라고 할 수밖에 없다.

물론 민족과 나라의 운명까지 결정하는 극한의 대항, 이를테면 전쟁과 같은 퇴로가 없는 생사의 선택에서는 악에 맞서서 이른바 '악의 수단'이 필수불가결(必需不可缺)할 수도 있을 것이다. 이런 극한의 상황에서조차 관용과 너그러움과 참을 '인'자를 지켜야 한다고 하면, 이는 강도가 노략질을 해도 당하는 자는 반항해서는 안 된다는 강도 논리임에 다름 아니다.

그러나 우리는 '피 값은 피로 갚는다'는 '명언'을 너무나 선택 없이 우리의 일상에 남용하고 있다. 친구사이에서, 이웃사이에서, 지어는 형제사이에서마저 조그마한 알력을 가지고 한 하늘을 이고 살 수 없는 철천지원수처럼 이를 사려 물고 '원수 갚음'에 악의 수단까지 주저치 않는다.

사실 우리의 일상에 많은 알력은 어떤 실수나 오해에서 기인된다. 그럼에도 그것이 풀리지 못하고 그냥 서로가 반목하고 시기하고 마침내 '피 값은 피로 값는다'는 악의 수단까지 동원하게 되는 것은, 벌써 내 마음에 관용과 너그러움이 없기 때문이다. 타인의 마음을 읽고 자신의 마음 자세를 정리하는 것이 아니라, 그냥 나는 아니 그러는데 네가 그런다는 식으로 자신의 정당성을 내세워 타인의 잘못을 확인하려 든다. 무작정 네가 잘못했으니 빌어야 용서한다는 일방적인 자기 본위주의 앞에서 누군들 마음이 개운할 수 있고 너그러운 관용을 보일 수 있겠는가!

아직은 사회 문명이 발달하지 못한 사회나 민족일수록 인간들 지간의 관용과 너그러움이 결여되고 전통적인 풍속이나 낙후한 기성도덕의 규범에 의한 책벌에 악의 수단까지 동원되어 구성원들 지간의 대항정서가 쉽게 조장되는 것이다.

소학교시절에 읽은 책이고 또 워낙 읽을 때 벌써 책가위가 떨어져 나가고 갈피들이 보풀이 일대로 일어난 책이어서 제목은 알 수 없는데 하여간 양산의 이족부락사회를 쓴 책이었다고 기억된다. 이쪽 부락의 처녀가 저쪽 부락의 총각한테 시집갔는데 결혼식 날에 식장에서 누가 방귀를 뀌는 바람에 처녀가 부끄러움을 못 이겨 자살하고 만다. 그것이 두 부락이 원수 취급하게 되는 원인이 되고, 마침내는 '피 값은 피로 값는다'는 동족상잔의 유혈싸움까지 불러일으켜 두 마을은 삽시간에 피바다로 변했다. 승부를 가를 수 없이 처절하게 상잔에 상잔을 거듭하다가 나중에 그래도 담판으로 화해를 가져온다.

문명과는 너무도 거리가 멀고 다만 전통적인 풍속과 절대적인 도덕 규범에 의해 인간을 속박하고 규제하는 그런 사회에서는 아주 작은 실수라도 용서할 수 없는 죄악으로 낙인 받을 수밖에 없는 것이었다.

사회적으로 극단적인 집단이념과 정치학적인 인생관이 한 개인의 삶을 절대적으로 간섭하던 때 우리도 흑백이론과 단순한 가치판단에 수시로 생명위험을 느끼며 살아왔었다.

어떤 집단이념에 충실하고 정치적인 각성에 인간성이 외면당할 때 우리의 눈에 보이는 것은 다만 좋은 사람과 나쁜 사람, 좋은 일과 나쁜 일, 옳은 것과 그른 것, 원칙적인 것과 무원칙적인 것, 찬성할 것과 반대할 것, 긍정할 것과 부정할 것 등 모두가 양립할 수 없는 것들뿐이었고, 따라서 우리가 내릴 수 있는 것은 오로지 흑백논리에 의한 극단적인 판단일 뿐이었다. 그리고 그러한 판단이 불러온 인간 비극은 참으로 처참한 것이었다.

이성지간의 애정, 결혼은 지극히 천륜적인 것인데 얼마 전까지만 해도 늙은이들의 재혼은 망발에 가까운 망측한 짓거리로 비난 받았다.

마음과 마음의 결실인 결혼에 사랑이 부재하고, 마침내 성격을 비롯한 여러 가지가 상충하는 상황에서는 결혼이 오히려 인생선택의 실수일 수 있고, 그래서 이혼이 오히려 각자의 인생을 존중하고 인격을 세워주는 해탈일 수 있음에도 사회는 덮어놓고 그 도덕성을 문책하고, 그들 신변의 사람들은 기어이 어느 일방의 잘못을 확인하려고만 덤벼들었다.

붐비는 차안에서 발등을 밟는 것과 같은 실수는 너만이 아닌 나도 늘 범할 수 있는 실수임에도 마치도 고의적인 침해를 받은 것처럼 눈을 부라리거나 지어는 드잡이까지 하려 들기도 한다.

남의 마음을 편안하게 해줘야 내 마음도 편안할 수 있다. 타인의 실수를 용서하고 가볍게 웃어넘길 수 있다면, 어느 땐가는 나의 실수도 타인의 웃음 속에 용서받을 수 있을 것이다.

타인의 마음을 읽을 줄 알고 너그럽게 용서할 줄 알려면, 우선 자기의 마음을 비울 줄 알아야 한다. 여기에서 우리는 망각의 미학이라는 개념을 떠올려 볼 수 있을 것이다.

집단동물인 인간이 서로 어울려 살아가노라면 어떤 실수거나 오해거나 무의식적인 언행으로 하여 마음에 상처를 입을 수 있고, 지어는 작은 알력 때문에 보복적인 침해를 받을 수도 있다. 그런데 그 일이 지난 지 훨씬 오래된 먼 훗날에 와서도 머릿속에서 잊지 못하고 복수하지 못해 앙앙불락하면서 반목한다면, 상처의 아픔은 그 자신만이 느낄 뿐이고 세월과 더불어 쌓이는 스트레스는 고스란히 그의 마음에 낙엽처럼 내려앉아 괜히 건강만 해칠 것이다.

설령 이제 와서 복수한다고 해도 혹은 오해에 대한 오해로 새로운 불화를 불러일으키거나, 혹은 신변에 평화로운 삶을 파괴할 시한폭탄을 스스로 장착하는 격이 되고 말 것이다. 그러니 차라리 그 마음의 상처나 알력을 빛바래진 세월과 함께 망각의 쓰레기통에 던져버리는 것이 훨씬 현명하고 바람직할 것이다.

몇 년 전에 이삿짐을 싸면서 잡동사니들을 정리하다가 소학교 일학년부터 대학까지 죽 써오던 일기책을 끄집어내게 되었다. 이것저것 펼쳐 보노라니 문득 마치도 이미 팽개쳐버렸던 낡은 장부를 부질없이 다시 들춰보는 듯 하는 생각이 들었다. 누가 내 마음에 어떤 빚을 졌던가, 누가 어떤 잘못을 저질렀던가, 누가 어떤 실수를 했던가, 누가 어떤 망신을 했던가, 누가 누구를 어떻게 헐뜯었던가, 누가 누구를 어떻게 해쳤던가...이십년, 삼십년을 두고 전혀 생각한 적도 없이 기억의 저 뒤안길에 내동댕이쳐 버렸던 일들이, 남의 비밀을 훔쳐본 것만 같이 새삼스럽게 마음 한 구석을 비집고 들어와 괜히 기분을 언짢게 하고 마음만 번거롭게 하였다. 제 발로 스스로가 만들어놓은 오물구덩이에 뛰어든 것 같은 그런 께름칙한 기분이었다. 이제 와서 서로 만나면 반갑고 형제처럼 따뜻한 정을 주고받는 동창들과 친구들을 두고 기어이 내가 흉을 보고 있는 것만 같았다. 내 마음을 비우지 않고서야 어찌 타인의 마음을 받아들일 수 있겠는가!

물론 일기라는 것이 빚 문서처럼 어느 때든 빚을 받아내기 위해 기록하는 것은 아니고, 그때그때 있었던 일을 적어 자기의 마음자세를 바로 잡으려는 작업인 것만은 사실이지만, 그러나 어쨌든 세월의 쪽배에 실려 기억 속을 멀리 떠나 가버렸던 일들을 아득히 먼 훗날 다시 새삼스럽게 기억의 우물 속에서 떠올릴 수 있다는 것만으로도 마음이 그렇게 석연치만은 않았다.

아무래도 기억이란 것은, 그것이 즐거움과 아름다움과 감사함과 같은 좋은 마음을 불러일으킬 때라야만 인생을 더욱 풍요롭게 해주고 미래도 긍정적으로 바라볼 수 있게 해주는 것 같다. 과거의 아름다운 추억에 오늘을 즐거워한다면, 그만큼 미래도 희망적이지 않겠는가! 과거와 현재와 미래가 맞추어져서 온전하게 하나의 아름다운 인생의 풍경화를 그려간다면, 그래도 그것은 어느 정도 완성된 인생이라고 할 수 있을 것이다. 그래서 때로는 아이러니하게도 현실보다는 오히려 먼 옛날의 아름다운 추억만을 간직하려고 하는 경우도 있는 것 같다. 자기가 나서 자란 고향을 사랑하고 아름다운 추억을 간직하고 있던 사람이 먼 훗날 다시 고향을 찾았을 때, 모진 생활고에 찌든 고향친구들과 생기 없이 시들어가는 고향모습을 보고는 그냥 마음속에 아름다운 고향모습을 간직하기보다 못했다고, 그 아프고 쓸쓸했던 심정을 토파할 때 추억은 역시 아름다움을 위해서 필요한 것이라고 생각했다. 바로 그런 추억 속에 지금 내 마음을 쓸쓸하게 하고 슬프게 하고 아프게 하는 모든 일들을 망각하려는 추구가 있는 것이다.

인간은 미적 대상을 설정하고 미적 감수를 받는 수용 주체이면서 또한 미적 대상을 만들어 내는 미의 창조 주체이기도 하다. 그만큼 미적 대상은 절대적인 것이 아니라 인간의 미의식에 의해 산생되고 결정되는 것이다. 그러므로 인간의 미의식이 높아지고 세상을 아름답게 바라보는 마음이 넓어질수록 삶의 현장에는 미적 대상이 넘쳐나게 되는 것이다.

소학교시절, 중학교시절, 대학교시절…이미 오늘과는 아득히 멀어져간 지난날의 추억을 다시 더듬을 때, 우리는 흔히 무작정하고 어떤 그리움과 아름다움과 애틋한 정을 담아 올리려고 한다. 그만큼 인간은 자기와 멀어진 일과 인간에 대해서는 충분히 너그러움과 관용과 용서로 마음의 여유와 인간애를 되찾을 수 있는 것이다.

산 사람이 죽은 자의 덕성을 기리는 것도 결국 죽은 사람은 나와의 모든 이해관계를 걷어안은 채 영영 우리 곁을 떠나고, 이제 더는 우리와 부딪치는 일이 없이 그의 과거만이 우리의 기억 속에 오래오래 남아 있게 되기 때문일 것이다.

이제 그런 인격논리를 삶의 현장에서 함께 부딪치며 살아가고 있는 사람들 사이에서 펼쳐야 한다. 서로를 믿어주고 서로를 사랑해주고 서로를 너그럽게 관용하는 인간애를 키워가야 한다.

지구촌의 인구가 몇 십억은 되지만 내가 알고 지내는 사람은 요만큼밖에 안 된다는 안타까움에 옷깃 스친 인연이래도 그들과의 우정을 소중히 여기고 그들의 인정 속에서나마 내 마음의 평화와 안식을 찾는 것이 자기를 위해서도 바람직할 것이다.

잔칫집에 가서 기뻐해주고 제삿집에 가서 슬퍼해주려 해도 나와의 인연이 없으면 그저 문밖이다. 사회를 사는 집단동물인 인간에게는, 산 속의 고독보다 무리 속에서의 고독이 더 큰 고독이다.

'함께 하는 세상'에 서로가 아픔을 나누고 기쁨을 함께 즐기려면, 카텐 없이 열어놓은 정신적인 공간을 마련하고, 투명하게 서로의 마음을 들여다 볼 수 있게 하는 것이 바람직하다. 그러려면 서로 부딪치면서 일어났던 과거의 마찰과 반목들을 기억의 저장고에서 지워버리는 노력 또한 필요한 것이다.

그때 내가 여러 권의 일기책을 몽땅 처분해버린 것은 나의 극단적인 행위일 수도 있고 순간적인 충동일 수도 있겠으나, 그러나 아무튼 나는 그때로부터 마치 무거운 짐을 부려버린 듯 마음이 홀가분해졌고 저주, 원망, 시기, 질투뿐만 아니라 모든 영욕을 버리려는 정신적 독방을 마련하고 참된 인생수련에 고심할 수 있었다. 아직 득달이나 득도는 아니고 그저 고심이다. 아무래도 인생을 마감하면서도 득달은 못하겠지만, 고심하는 그것만으로도 마음은 개운하고 충만할 수 있을 것만 같다.

사람은 적당히 잊으며 살아야 한다. 마음에 맺힌 것, 타인에게 가진 한을 세월의 빛바램 속에서 기억의 저 뒤안길에 던져버리고, 서로를 사랑하는 인간애를 키워갈 때 망각의 아름다움을 만끽하게 될 것이다.

실수가 생겼을 때, 오해가 생겼을 때, 그리고 마찰이 생겼을 때 망각을 위한 악수를 나누라!

내 마음에 '하나님'을 모셔라

성경 창세기에 보면 하나님은 빛과 하늘과 땅과 물과 낮과 밤을, 그리고 생물과 짐승과 새들을 그 종류별로 내어 천지와 만물이 다 이루어진 후에야 비로소 자기의 형상으로 사람을 창조하여 천지만물의 모든 것을 다스리게 하였다고 한다. 그리고 하나님은 아담과 이브를 에덴동산에 두어 그것을 지키게 하면서 동산에 있는 각종 나무의 실과를 임의로 먹되 선악을 알게 하는 나무의 실과는 먹지 말라고 하였다고 한다.

그러나 이브가 그만 간교한 뱀의 꼬임에 들어 끝내는 그 선악의 실과를 따먹고, 나중에 아담도 먹게 하여 갑자기 눈이 밝아져서 마침내 선악을 알고 부끄러움을 알게 되었다고 한다.

부끄러움을 알게 된 아담과 이브는 하나님의 낯마저 피해버려서 그만 크게 노한 하나님은 에덴동산에서 그들을 쫓아냈다고 한다. 그리고는 그의 근본이 된 토지를 갈게 하고, 선악을 알게 된 그들이 이제 또 생명나무의 실과도 따먹고 하나님과 함께 영생할까 저어되어 에덴동산 동편에 그룹들과 두루 도는 화염검을 두어 그들이 드나들 수 있는 생명나무의 길을 막아버렸다고 한다. 그와 함께 그때 하나님은 범과할 수 있는 인간의 육체를 백이십년으로 한계를 지어놓았다고 한다. 만약 하나의 육체에 선과 악의 두 마음을 함께 한, 그래서 언제든지 죄를 범할 수 있는 인생이 무한이었다면, 인간은 그로 하여 더는 죄를 두려워하지 않았을 것이고 아무런 속죄의식도 가지지 않았을 것이다.

그렇게 인간이 선악을 알게 되어 하나의 육체에 선과 악의 두 마음이 함께 자리를 잡음으로 하여, 이 세상 인간이 있는 곳에 언제나 선과 악이 쌍둥이처럼 뒤따르게 되었고, 사람은 마음에 생각할 때, 계획할 때, 계산할 때, 판단할 때 언제나 스스로 선과 악의 선택에 몸살을 앓게 된 것 같다.

또 부끄러움을 알게 된 인간은 옷으로 몸을 가리던 데로부터 선과 악의 대결 속에서 점차 언어와 행위로 마음조차 가리게 된 것 같다. 그런데 부끄러움 때문에 가릴 줄을 알게 된 인간이 마음에 자리한 악을 가릴 때 그 사람은 그가 몸을 담고 있는 사회와 주변의 인간들에게 잠재적인 시한폭탄과도 같은 큰 파괴력으로 존재하게 되는 것이다.

종교 신자가 아닌 대신에, 나는 '하나님'은 사실 인간을 죄악에서 구제해 주는 영혼의 깨달음이나, 우주와 통하는 인간의 본래의 마음을 '구세주'에 비한 것임에 다름 아니라고 믿는다. 인간의 마음이 우주의 그것과 일원적이고 서로 통한다고 확인하면, 금과를 따먹기 전의 인간의 마음은 본래 선한 것이었음이 틀림없다. 그러니 속세에서 변질하고 때 묻은 인간에게 있어서, '하나님'은 결국 인간 스스로가 선을 택하고 영혼을 세탁하는 심상(心象), 곧 그 마음에 세우는 우상이라고 할 수 있을 것이다.

하나님이 자기가 만든 인간을 저주하면서 모든 생명을 홍수로 밀어버리면서도 의인이고 당세에 완전했던 노아를 살려준 것을 보면, 마음에 선을 선택하고 영혼을 스스로 세탁하는 심상을 가지고 있는 사람이야말로 바로 스스로의 마음에 '하나님'을 모시고 있는 자이리라.

영안으로만 볼 수 있다는 옥상과 같은 하나님을 제 눈으로 분명히 보았다는 신도가 생활 일상에서는 지극히 이기적이고 계산적일 때, 그가 과연 어느 만큼이나 하나님을 믿을까 하고 회의하지 않을 수 없다. 정녕 마음의 악을 스스로 징벌하지 않고 다만 교리에 몸을 감추고 허위로 마음을 포장하면서 '객관'으로만 하나님의 존재를 '믿는 자'는 어떤 강박관념이나 이해타산에 지나치게 민감한 것이라고 하지 않을 수 없다.

하나님이 영적인 존재라면, 그것은 우리의 육체와 함께 하면서 그 육체를 관리하고 지배하는 영혼 속에 자리하지 않으면 안 된다. 진정 육체를 관리하고 지배하는 영혼에 '하나님'을 모셨다면, 우리의 육체가 움직여 일으키는 사건들은 그 결과가 비극적이라도 그 행동은 선의의 비장한 행동일 수밖에 없는 것이다. 아는 것과 행하는 것은 결국 하나이듯이, '하나님'을 믿는다면서 '하나님'의 뜻에 반하는 행위를 주저치 않는 자는 사실 마음에 '하나님'이 부재한 자이다.

오직 육체와 함께 하면서 시시각각으로 그 육체를 감독하고 관리하고 지배하는 마음의 '하나님'을 모신 자만이 악을 단속하고, 스스로 선을 내세워 밑굽 빠진 항아리에 물을 붓듯 끝없이 팽창하는 욕심에 재갈을 물리고 외부적인 유혹이 불러일으키는 '악마'의 반응을 억제할 수 있는 것이다. 열길 물속은 알아도 한길 사람 속은 모른다는 속담이 있지만, 그러나 한길 사람 속은 몰라도 한 치 자기 마음을 모른다고 할 수는 없지 않은가!

그러므로 타인을 속인다는 것은 결국 그 자신을 속이는 것이다.

어떤 집단의 이념이나 정치학적인 인생관에 삶의 전부를 내맡기는 사람은 타력이나 제도적인 장치에 순종만 하면서 인간성을 거세당한 로봇 같은 존재일 뿐이다. 그게 아니라면, 그는 사실 마음 한 구석에 타인이나 사회를, 결국에는 자기를 속일 수 있는 '악마'를 가지고 있는, 그래서 겉과 속이 수박처럼 다른, 역시 그래서 누구보다 더 간교하고 사악한 인간일 수도 있다.

권력에 아부하는 것은 그 권력에 기대 타인을 누르거나 그 자신의 권력욕을 만족시키려는 계산일 수 있고, 어떤 집단의 이념이나 신앙의 절대적인 추종자인 듯이 자처하는 것은 정치학적인 인생관에서 출발한 지극히 계산적이고 사악한 선택의 포장일 수 있다.

범에게 물려도 정신만 차리면 산다는 속담이 있듯이, 내 마음에 선이 설 수 있는 정신적인 독방을 마련한 자만이 노아의 방주에 오를 수 있을 것이요, 신앙이나 인생관이나 도덕적인 행위에서 실천 가능한 이성에 의하여 삶의 자세를 바로잡아 가는 사람이야말로 자율적으로 선한 인간성을 완성해갈 수 있을 것이다.

교회에서는 열심히 하나님께 기도하고, 타인 앞에서는 하나님을 침이 마르게 찬송하면서도 암암리에서는 내 마음을 누가 알소냐 하고 비리를 주저치 않는 이른바 '신자'들, 그들의 마음에 과연 '하나님'이 계시기나 한 걸까. 분명 그 마음이 '하나님'의 부재를 확신하였기에 감히 그런 비리를 저질렀을 것이 아니겠는가. 과연 지옥이 있다고 믿는 자, 하나님이 있다고 믿는 자가 어찌 감히 하나님 앞에 죄를 범할 수 있겠는가. 하나님을 빙자하여 범죄를 자행하는 자야말로 일부러 하남님을 욕보이고 우롱하는 자이다.

정신적인 동물인 인간이 어떤 지식을 쌓고, 어떤 사물을 인지하고,

어떤 사건을 판단하고, 어떤 목적을 세우고, 어떤 의도를 가지고, 어떤 사유를 하게 되는 것은 모두 정신이 작용하기 때문에 가능한 것이다. 그만큼 인간만이 고유하고 있는 정신, 마음 또는 영혼이라고 하는 영역에 '하나님'이 부재하는 한에 있어서는, 어떠한 질서의 확립, 어떠한 법의 제정, 어떠한 도덕적인 규범도 인간의 행위를 절대적으로 제약할 수는 없는 것이다.

그리고 사실, 사회질서를 바로 세우고 사회적인 비리를 막기 위한 목적으로 세운 제도적 장치나 도덕규범이 때로는 도리어 인간의 선한 마음에 상처를 주고 인간성을 억압할 수도 있는 것이 바로 인간의 한계이다. 도덕과 법과 질서라는 것은 인간의 인식수준에 따르는 행위규범일 뿐, 결코 인간의 정신 자체를 지배할 수 있는 절대적인 진리는 아니기 때문이다.

병원에서 입원치료를 받아야 하는 환자는 먼저 선불금을 내야 입원이 될 수 있다. 그런데 먼저 입원을 시키고 나중에 입원비를 받을 수밖에 없는 급한 환자나, 갑자기 뜻밖의 사고를 당한 환자도 있다. 이치대로라면 사람의 생명이 우선인 병원으로서는 당연히 사람부터 구해야 할 것이다. 그러나 먼저 입원을 시키면 나중에 가서 치료비를 질질 끌어대는(특히 일부러 그러는) 환자에 질겁한 병원 측은 천편일률로 제도만 고집하려고 한다. 무릇 앓는 환자를 일률로 무상치료해 줄 수 있는 상황도 아니므로, 어느 만큼의 인도주의가 선행되어야 하고 또 어느 만큼의 제도적 장치를 내세워야 할지는 아무런 근거도 표준도 없다. 오직 그 집행하는 사람의 마음이 내키는 대로 할 수 있을 뿐이다.

자식교육에서 아이더러 하루 일정을 사전에 부모한테 이야기할 것을 요구하지만, 때로는 아이들한테도 뜻밖에 계획 외로 활동이나 돌발적인 사정이 생길 수 있다. 그러나 그런 경우에조차 부모는 속으로는 묵인하고 용서할지언정 아이한테는 어떤 경우라도 사전에 부모한테 알리는 습관을 키워야 한다고 주장한다. 한번 두 번 먼저 일을 보고 나중에 설명을 하다보면 그저 그렇구나 싶어 담이 커져서 무슨 일이라도 저지를 수 있기 때문이라는 것이 이유다. 아닌 게 아니라, 아직 분별능력이 없는 아이들은 이유만 충족하게 세우면 먼저 알리나 후에 알리나 별문제라고 생각한 나머지 결국 사실을 꾸며서 부모를 얼려 넘기는 거짓말까지 배워내게 될 수도 있다. 그리하여 그런 틈서리를 주지 않기 위하여 부모는 절대적인 원칙으로 아이를 교육하려고 하는 것이다. 그런데 상황을 고려하지 않고 무분별하게 하나의 원칙을 고수하다보면 오히려 아이한테 상처를 주게 되는 수도 있는 것이다.

하나의 육체에 선과 악의 두 마음이 함께 하는 까닭일까. 도덕, 법, 질서 또는 행위규범이 모든 상황에 다 유효한 것은 아니다. 보편적인 의미를 획득하는 객관적인 제도적 장치나 행위규범도 어떤 마음으로 실행하고 접수하는 가에 따라 그 결과가 달라지기도 하는 것이다. 그것 때문에 선의의 수단이 대상에 따라서는 악의의 수단이 되는 수도 있다. 그런데도 악의 제거를 위하여서는 어차피 악의 수단이라도 필요하다고 생각한다면, 그 악의 제거와 함께 선마저 악의 수단에 상처를 입게 될 수도 있는 것이다. 바로 악의 수단을 요청할 때 벌써 악의 제거를 위해서는 선의 희생도 불가피하다는 당연함을 내세우기 때이다.

그러니 타력에 의한 강박관념이나 내 마음밖에 존재하는 '하나님'은 도저히 하나의 육체에 선과 함께 공존하는 악을 완전히는 베어버릴 수 없는 것이다. 오직 내 마음에 '하나님'을 모셔야만 그 '하나님'은 내 육체를 타고 다니면서 언제 어디서나 시시각각으로 내 영혼을 지배하여 기회를 노려 머리를 쳐들려는 악을 눌러버리고 선이 굳세게 일어설 수 있도록 마음을 굳건히 받쳐줄 수 있는 것이다. 선과 악이 한 육체에 공존하고 있다지만, 열심히 영혼을 세척하여 그 마음의 지옥에 악을 가두어 넣고 선이 영혼과 육체를 다스릴 때 그래도 그는 한 선인이 될 수 있는 것이다.

죽음을 앞에 둔 사람이 모든 사람을 용서하고 자기를 뉘우치고 인정에 목이 메는 것은, 인간들 서로가 악의 마음까지 동원하면서 그렇게 악착스럽게 쟁탈하던 모든 영욕이 결국 육체와 함께 사라져버릴 부질없는 것이었음을 문득 깨달았기 때문이리라.

그런데 죽은 자의 덕성을 칭송하는 산 사람의 마음도 과연 타인의 죽음을 앞에 두고 새삼스럽게 그 모든 영욕이 육체와 함께 사라지는 것임을 깨달은 때문일까.

산 사람의 육체에는 선과 악의 두 마음이 함께 자리한다. 그러므로 인간은 자기를 완전히 정복할 수 없는 불행한 존재임이 틀림없다. 그래서 천길 물속은 알아도 한길 사람 속은 모른다고 한다. 정말 그냥 선한 마음뿐이라면, 그 마음이 '이런들 어떠하며 저런들 어떠하리.'

그러나 알 수 없는 게 인간의 마음이라지만, 하나의 육체에 동거하여 생사를 함께 하는 선과 악만은 틀림없이 그 육체에 담긴 마음의 '건강상황'을 너무도 잘 알 것임은 분명하다. 하기에 선이 득세하느냐 악이 득세하느냐 하는 것은 결국 마음의 '건강상황'에 달려있는 것이다. 마음에 길을 물으라고 하는 것은 바로 이런 것을 두고 하는 말일 것이다. 그 마음의 '건강상황'이 모든 행위의 선악 여부를 결정할 것임은 당연한 것이기 때문이다.

인간 대 인간은 서로의 감옥이라고 하는 것은 물론 하나의 육체에 선과 악의 두 마음이 함께 함을 어쩔 수 없이 승인하는 말이겠으나, 그러나 그런 말을 시러베장단 치듯 밥 먹듯 내뱉으면서 친구나 형제나 부부사이의 가벼운 마찰에마저 적용하려는 사람들을 볼 것 같으면 결국 내 마음에 비추어 타인의 마음을 꼬집고 경계하기 때문이다.

내 마음의 건강을 지켜주어 악을 전승하고 선을 주장하게 하는 것은 오직 내 마음속에 모신 '하나님'뿐이다. 내 마음에 군림한 '하나님'은 나의 육체와 영혼과 더불어 생사고락을 함께 하고, 언제 어디서나 시시각각으로 나의 마음에 길을 가리켜 줄 것이다.

계산적이고 이기적인 장사군의 얄팍한 속궁리로 죄를 사면 받거나 행운을 얻기 위해 '하나님'과 흥정하려고 하는 자는 결국 썩은 밧줄을 타고 하늘을 오르려는 호랑이와 같다고 해야 할 것이다.

오직 정신건강에 노력하고, 우주와 소통하여 그 육체를 관리하고 감독하고 지배할 '하나님'을 마음속에 고이 모시는 사람이야말로 진정 영성으로 천기를 읽은 사람이다.

마음에 우주와 통하는 정신적 독방을 마련할 때 '하나님'은 늘 그 독방에 들어와 선을 지켜줄 것이다.

'기록의 달력'과 '마음의 달력'

참말로 세월이 쏜살같다는 말을 직접 몸으로 절실히 느끼하게 하는 나이가 되었나 보다.

요즘 들어서는 모든 것이 점점 빠르게만 느껴지면서, 하루가 다르게 고속도로 변화하는 삶의 현장에 숨 가쁘게 적응하느라고 언제 여유작작하게 지나온 과거를 뒤 돌아볼 새조차 없는 것 같다. 그렇게 실습이나 연습조차 없는 삶의 현장에서 매일매일 부딪치는 새로운 인생수업만으로도 우리의 두뇌는 쉴 틈이 없이 새로운 삶을 디자인하고 생산하기에 여념이 없었던 것 같다.

그런데, 그런 와중에도 간혹 짬이 날 때 마다 이렇게 사는 것이 참된 삶인가. 너무 수동적으로 시대의 '유행'만을 따르는 것은 아닌가. 지나친 허영심과 명예욕에 삶의 가치나 인격을 변질시키고 있지나 않는가. 살기 위해 돈을 버는 것이 아니고 돈을 벌기 위해 사는, 말하자면 의미가 전도된 삶을 살고 있는 것은 아닌가 하는, 인간이 궁극적으로 풀어야 하는 인생의 철학문제를 떠올리게 되는 것은 아무래도 너무도 치열한 경쟁사회가 주는 스트레스 때문일 것이다. 그게 아니라면, 사십여 년 동안 누적된 인생경험이나 기억의 달력에 표기된 과거들이, 예고 없이 들이닥치는 불안정을 감내하며 사는 현재와 부딪쳐 일으키는 대비효과 때문일 것이다. 아무튼 나도 어느덧 그렇게 대비효과를 일으킬 만한 인생경험이나 과거의 기억을 갖고 있는 나이가 되었다는 말이기도 하다. 하긴 인생 오십이 지천명이라고 했으니 불혹의 나이를 갈무리하는 시점에 서서 바야흐로 천기를 알 법도 하다고 하겠다.

사십을 불혹의 나이요, 경험 사십대라고도 하였으니 그만하면 인생공부를 할 만큼은 착실히 하였다고 할 것이다. 그런데 이즘에 와서는 '반백'이요, '흰서리'요 하는 수식어들이 별로 입에 잘 오르지 않는다. 그냥 한창 나이에 문학공부를 할 때만 해도 그것이 유식함을 나타내서 좋기만 하던 것이, 이제 그것이 자기 인생의 현주소를 확인하는 문패가 되고 있음에는 세월의 무상함을 서글프게 체감하였기 때문이리라. 바다를 즐겁게 바라보는 사치한 소비의 여행자와, 하루의 무사평안만을 기원하면서 생존을 위해 공포의 출항을 하는 바다사람 간에 원색적으로 일어나는 색다른 마음의 차이랄까.

아무튼 나이 탓인지 이제는 인생을 바라보는 눈이 환상적이거나 직관적인 것보다는, 경험적인 것과 그 경험이 누적된 기억에 근거한 추리, 판단에 더 많은 점수를 매기게 되는 것 같다. 현실적인 삶 자체는 실습도, 연습도 있을 수 없으나, 과거의 인생경험은 틀림없이 현재와 미래의 삶에 거울로 작용할 수 있기 때문일 것이다. 그런데 그것이 판단에 따라서는 좋은 경험이 될 수도 있고 좋지 않은 경험이 될 수도 있으므로, 과거의 경험과 그 경험이 누적된 기억들에 현재적 의미를 부여해주어야 할 것이다. 즉 과거의 경험은 예고 없이 들이닥치는 현실의 불안정에 적극적이고 긍정적인 '정보'로 제공되어야만 하는 것이다.

그렇지 못할 때 과거의 경험이나 기억은 그냥 과거의 경험이나 기억일 뿐이고, 심지어는 그 역으로 현재의 삶을 발목 잡고 괴롭히는 '악마'가 될 수도 있는 것이다.

과거의 경험이나 그 경험이 누적된 기억이 틀림없이 현재의 삶에 긍정적이거나 부정적인 영향을 주게 되는 것이라면, 우리는 기억의 내용, 기억의 방법, 기억의 자세뿐만 아니라 기억의 장치까지도 철학적으로 생각해 볼 필요가 있다. 왜냐하면, 인간이 자기가 경험한 것을 두뇌에 저장하는 과정에는 기억하기 싫은 걸 망각하려는 '기억상실증'이 있을 뿐만 아니라, '기억도착증'이라고 할 만큼 자기한테 유리하게만 기억하려는 왜곡현상도 있기 때문이다. 그래서 역사도 기록한 사람의 역사라고 했던가. 하나의 사건도 열사람의 기억에서는 열 가지의 결론이 나올 수 있는 것이다.

언제부터였던가 일기를 쓰던 걸 멈추어버렸다. 그리고 이미 쓴 일기들을 몽땅 태워버리고 말았다. 그 속에는 소학교, 중학교시절에 썼던 이른바 학습 심득필기도 여러 권이나 들어있었다. 자연의 섭리를 인간의 원초적인 생명원리로 받아들이지 못하고 자유와 박애를 인간성의 원색적인 질료로 인식하지 못하던 시절의 추한 모습이 적나라하게 그대로 그려져 있었기 때문이었다. 그때 우리는 사람이 아니라 이념의 로봇이었고 투쟁의 무기였다. 일기는 달력처럼 고스란히 그런 흔적들을 한장 한장 기록하면서 쓰라린 추억에 가슴만 아프게 하였다.

심지어는 친구들 사이에 있었던 불쾌한 일이며, 타인에 대한 좋지 않은 생각들이 일상에서는 저 멀리 기억의 뒤안길에 자취를 감추었다가도 일기를 펼치는 순간 지옥 속으로 깊이 추락하는 기분을 느끼면서 새삼스럽게 떠올리게 되는 것이었다. 서로 바쁜 일상에서 오랫동안 떨어져 있다가 만나면 반갑고 다시 헤어지면 그리운 친구마저 괜히 기분을 잡치게 하는 과거를 반추하여 껄끄러운 관계를 만들어버리기도 하는 것이었다.

때로는 상대방이 먼저 옛 추억을 끄집어내어 사실의 경위를 말해주어서, 아차, 워낙 그런 일이었구나 하고 깨닫게 되는 때도 없지 않았다. 그럴 때면 경망하게 대놓고 원망하지 않은 것을 다행으로 생각하고, 그저 마음속으로 소리 없이 오해를 풀어버릴 수 있은 것을 친구한테 감사할 뿐이었다.

그래서 처방을 뗀 것이 망각의 미학이었던 것이다. 지나간 일, 지나간 인생, 지나간 세월에서 아픈 기억들을 영영 기억의 뒤안길에 던져버리려는 것이다. 한장 한장 찢어버리는 달력처럼.

그러나 기억이란 것은 사람이 살아있는 한, 그렇게 애당초에 없었던 듯이 흔적도 없이 깡그리 지워버릴 수는 없는 노릇이다. 모든 동물이 반복적인 행위를 통해 습관을 형성하는 기억장치가 있다면, 사유하는 정신적인 동물인 인간은 다른 동물에 비하여 훨씬 주동적이고 의도적이면서도 가공적인 기억능력을 가지고 있다.

사유로 행위를 지배하는 인간은 오늘을 살고 내일을 동경하면서 지난 인생의 경험이든 교훈이든 때때로 떠올리지 않을 수 없다. 그것도 흔히는 기억의 대비효과 때문에 무의식적으로 열리는 추억의 쪽대문과 어쩔 수 없이 마주하게 되는 것이다. 그러나 곰곰이 생각해보면 그것도 역시 사유하는 특수한 동물인 인간에게 특별하게 주어진 자연의 섭리인 것 같다. 자연은 삶을 연습할 수 없는 인간에게 한번쯤 뒤돌아보는 여유를 베풀어준 것 같다. 판단의 한계로 늘 실수를 하게 되는 인간은 그런 실수를 기억하고 상황에 따라 경험을 반추할 수 있어 쓸데없이 반복되는 착오는 될 수 있는 대로 피하게 되는 것이다.

인간은 즐거웠든 괴로웠든 지나온 인생 여로에 남긴 발자국과 추억을 말끔히 지워버릴 수는 없다. 과거 현재 미래에서 현재는 영원히 중간 지점이다. 현재의 선택과 미래의 그림은 그 발자국과 추억의 끝에서 시작되는 것일 뿐이다. 이미 지나온 길은 선형적이지만 뒤 돌아보면 거기에도 무수한 갈림길이 있었다. 그리고 이제 가야할 길은 언제나 갈림길이다. 과거에 무수한 갈림길에서 유일하게 하나의 길을 선택했던 경험은 현재와 미래의 길을 선택하는 밑그림이 될 것임은 틀림없다.

어차피 기억이란 것이 인간의 정신과 함께 하는 것이라면, 바람직한 것은 머릿속에서 기억을 몽땅 지워버리려고 애쓰는 것보다는 근본적으로 정신을 다스려 좋은 기억을 간직하려고 노력하는 것이다.

오직 인생에 대한 바른 자세, 인간에 대한 박애정신을 갖추어야만 세상을 아름답게 바라볼 수 있고 선한 인간성을 발견할 수 있는 것이다. 또 그럴 때야만 마음의 취사선택을 받아 아름다운 기억, 좋은 기억들이 머릿속에 저장될 수 있는 것이다. 세상이 아름답게 보이고 인간이 착해 보인다면 어찌 머릿속에 나쁜 기억이 자리할 공간이 있을 수 있겠는가.

마음을 다스려서 저장한 아름다운 기억, 좋은 기억들로 제작된 '기억의 달력'을 이름하야 '마음의 달력'이라고 해 보자.

이른바 '마음의 달력'은 영혼에 더 가까이 하고 있고 결국 영혼의 지배를 받게 된다. 그만큼 '마음의 달력'은 영혼이란 여과기를 달고 있고 영혼의 정화에 의하여 기억을 걸러냄으로써 내용이 선택될 수밖에 없다. 이때 더는 기억되지 않는 과거, 더는 추억으로 떠오르지 않는 사건은 내 인생에 무의미한 것이거나 승화된 영혼에 의해 삭제되었기 때문이다. 간혹 부끄럽던 일, 힘들었던 일, 괴로웠던 일, 안타까웠던 일, 괘씸했던 일, 격분했던 일들이 '마음의 달력'에 아직 남아있더라도, 인간애에 이미 자각한 사람이라면 그것 역시 현재와 내일을 바르게 선택하도록 영혼의 거울이 비춰주는 교훈이요, 계시임에 다름 아니다.

그만큼 '마음의 달력'에 영혼의 선택을 받은 내용이 풍성할수록 현재와 미래의 인생도 더 충실해질 수 있다. 그래서 흔히 젊은이는 달리기에 앞서고 늙은이는 경험에 앞선다고 하지 않을까. 물론 나이를 먹었다고 해서 다 그런 '마음의 달력'을 소유하고 있는 것은 아니겠지만.

지천명 타령까지 부르고 보니 아직까지 늦깎이 인생 공부를 하고 있는 내가 좀은 민망스럽기도 하지만, 그래도 가끔씩 학생증을 손에 들고 보노라면 세월을 거슬러 기억을 더듬게 되고, 그러면 이미 색이 바래진 대학시절이 다시금 눈에 삼삼하여 즐겁기만 하다. 그럴 때면 문득 '마음의 달력'에서 수많은 대학시절의 추억들이 홍수처럼 쏟아진다.

세월이 흐를 만큼 흐른 오늘에 와서도 대학의 동기들은 마냥 사랑스럽고 인정스럽고, 대학 4년의 생활은 언제나 즐겁고 행복한 기억으로만 머릿속에 각인되어 있다. 사십 중반을 넘어서는 나이에 직장도 일곱번 옮긴 터라 인생의 연을 맺은 사람도 부지기수이지만, 내 '마음의 달력'의 반 이상은 대학동기들에 대한 기억들로 꽉 차 있다.

그런 기억들 중에서, 부모 곁을 떠나 고향을 멀리 등지고 천리타향에서 홀로서기를 시작한 우리가, '중앙민족대학 조선어문학부 79학번'이란 문패를 달고 '새 가정'을 꾸리던 초기의 시시콜콜한 일화들이 늘 아름다운 추억으로 떠오른다.

여기까지 쓰다 보니 그때의 일화 하나가 문득 떠올라 일화 주인공의 허락도 없이 여기에 공개한다. 그의 모습에 우리의 모습이 담겨있으니까, 서로 '마음의 달력'에 공유할 수 있는 아름다운 추억으로 받아 주리라 믿는다.

우물 안의 개구리마냥 백리 밖을 벗어나 본적이 없어, 나서 자란 고향을 인간세상으로 알았던 촌놈이 하루아침에 10억 인민의 마음의 '심장' 베이징에 가서 대학을 다니게 되었다. 입학통지서를 받고서는 몹시 격동되기도 하고 한편 불안하기도 하였다. 그렇게 동경하던 수도에서 공부한다는 생각에 마음은 마냥 부풀면서도 대도시에 대한 촌놈의 격세지감도 그만큼 크고 강렬하였던 것이다. 모든 것이 처음이었다. 처음으로 정든 고향을 떠나보는 것이고, 처음으로 사랑하는 부모형제의 곁을 떠나보는 것이고, 처음으로 35시간이나 기차를 타보는 것이고(그것도 중간에 갈아타면서), 처음으로 인구가 천만 명도 넘는 대도시에 가보는 것이고, 처음으로 아는 사람이 하나도 없는 낯선 곳에서 독립적으로 생활하게 되는 것이었다. 그러니 당연히 이제 곧 함께 '생활'하게 될 새로운 '가족'에 대한 호기심도 약간은 떨리는 방어심리를 동반할 수밖에 없었다. 낯선 곳에서 낯선 사람들과 함께 '생활'하는 것이니까.

그런데 그러한 심리적인 과잉반응은 대학생활을 시작하는 초기부터 물가의 모래 탑 같이 소리 없이 사라져버렸다. 너무나 순수하고 편안하고 꾸밈없는 동기들 때문이었다. '동병상련'이기도 하겠지만, 서로 의지하면서 배려해주고 지켜주고 믿어주고 밀어주는 가운데 마음의 장벽은 금방 얼음 녹듯 허물어져 버렸고, 금세 형제자매 같은 우정이 싹터 올랐다.

첫 인상에 천진하면서도 꾸밈이 없는 모습을 보인 동기가 북극에서 온 '꼬마맹장' 영빈이었다. '꼬마맹장'이라고 하는 건 문화대혁명 때의 홍위병의 전투적 형상을 떠올려 하는 말은 아니고, 하도 여리고 앳된 모습에 군복을 입고 있었던 영빈이를 두고 하는 말이다. 전혀 포장된 모습이나 계산된 반응이 없어 영빈이란 원형질이 그대로 투명하게 들여다보이는 듯 했다. 그런데 그 꾸밈없는 솔직함에 못지않게 맑고 천진함도 둘째가라고 하면 첫째가 없을 정도였다.

첫 방학이 지난 지 얼마 되지 않은 어느 날 새벽, 갑자기 배가 부담스러워 나는 잠에서 깨고 말았다. 화장실 가려고 이층침대를 내리는데 얼핏 눈결에 보니 영빈의 침대가 비어있는 것이었다. 나의 소란에 잠에서 깨어난 춘식이하고 영빈이 어데 갔냐고 물으니깐 자기도 모르겠다고 한다. 바로 그때 무엇인가 아래쪽에서 시선을 끌어당기는 '전극'이 있어 내려다보던 우리는 그만 배를 끌어안고 웃었다.

그때는 한창 나이의 젊은이들이라 이층침대를 오르내릴 때도 침대머리에 장착한 사다리를 사용하지 않고 그냥 침대 옆의 추락방지 턱을 훌쩍 뛰어넘어 바로 책상에 내려서곤 하였다. 그러다보니 나는 책상위에 뛰어내리는 순간 침대와 책상 사이가 가리어 져서 그 바닥을 볼 수 없었던 것이다.

어쩌면. 글쎄 영빈이가 이불 반은 깔고 반은 감아서 몸에 덮은 채로 침대와 책상 사이의 바닥에서 행복하게 꿈을 꾸고 있는 것이 아니겠는가. 입가에는 어머니 품속에서 시름없이 달콤히 자는 어린애 같은 웃음꽃을 방긋이 피우면서. 그 모습을 내려다보는 우리의 마음은 그렇게 즐겁고 행복할 수가 없었다.

후에 영빈이하고 물어보니 그때 그는 고향집의 따뜻한 온돌방에서 자면서 부모님들과 함께 있는 꿈을 꾸었다고 한다. 그랬을 테지. 처음으로 집을 떠나 천리 타향에서 홀로서기를 시작한 우리의 마음도 그와 다를 바 없었으니까.

이것저것 잡동사니들마저 버릴 수 없는 달력 같은 일기를 폐기처분한 오늘에도 대학동기들에 대한 기억들만은 마냥 인정과 우정과 사랑과 함께 추억의 쪽대문을 열고 삶의 자양분으로 반추되어 삭막한 세계에 심하게 갈증을 타는 나의 마음을 적셔준다.

인생을 살아가면서, 또는 어떤 일을 하면서 '기록의 달력'은 필요한 것이다. 그것이 작가한테는 특히 생명과도 같은 것일 수 있다. 그런데 이러한 '기록의 달력'을 제작할 때 우리는 기록의 목적, 기록의 내용, 기록의 자세, 기록의 방법, 기록의 장치에 대해 철학적인 사유를 발동해야 할 것이다. 왜냐하면 어떤 사실, 사건, 사람에 대해 기록하면서 그 진실에 다가가고 긍정적인 인식적 가치를 발견하지 못한다면, 그리고 '기억상실증'이나 '기억도착증'에 걸려 자기한테 필요한 것만 기록하거나 자기한테 유리하게만 왜곡하여 기록한다면, 그런 '기록의 달력'은 자칫 스트레스만 가중하는 부작용을 일으키거나 심지어는 역으로 인생의 발목을 잡는 '악마의 그림'으로 전락할 수도 있기 때문이다.

오늘도 나는 자연을 사랑하고 인간을 사랑하는 마음으로 '마음의 달력'에 아름다운 기억들을 새겨 넣고 있다.

서로 마음의 '38선'을 지워라

짐승은 먹이 때문에 싸우고 인간은 마음 때문에 싸운다.

그렇게 앞서거니 뒤서거니 주인의 발뒤꿈치를 따르면서 서로 사이좋게 비비고 핥아주던 개들이 하나의 뼈다귀 때문에 으르렁거리면서 피를 보지 않고는 물러서지 않을 듯이 싸운다.

인간 역시 하나의 생명체이면서도 동물과는 구별되는 것이 바로 감정, 기억, 생각 즉 사유하는 마음을 가지고 있다는 그것이다. 범처럼 용맹하지는 못하고, 사자처럼 포악하지는 못하고, 소처럼 힘이 세지는 못하고, 원숭이처럼 날렵하지는 못하고, 날아다니는 새처럼 빠르지는 못한 인간이 만물의 영장으로 이 세상에 군림하여 그 모든 천지만물을 주재할 수 있는 것은, 바로 인간은 다른 생명체가 지니지 않은, 생각에 의한 무한한 상상을 가능하게 하는 마음을 가지고 있기 때문이다.

그러나 인간은 또 바로 그 생각하는 마음 때문에 그 어느 동물보다도 더 쉽게, 지어는 본의 아니게 서로가 반목하고 헐뜯고 싸우고 심지어는 생사를 판가름하려 든다.

물론 인간도 먹고 입는 것과 같은 물질적인 욕구 때문에 서로가 반목하고 질투하고 지어는 생사 판가름을 하기도 하니, 그럴 때는 먹이를 두고 싸우는 동물들과 별반 다를 바 없는 것 같다. 그러나 그런 경우에조차 인간의 행위를 결정하는 궁극적인 원동력은 역시 그 사유를 지배하는 마음의 색깔인 것이니, 그 마음의 색깔에 따라 인간은 작은 알력을 크게 만들 수도 있고 큰 충돌을 작게 만들거나 해소할 수도 있다.

인간의 마음은 그렇게 거울 속에 타나난 모습처럼 투명하게 들여다볼 수 있는 것이 아니다. 오직하면 인간 자신이 유구한 역사를 걸쳐 쌓은 삶의 경험으로 확인한 속담에도 '열길 물속은 알아도 한길 사람 속은 모른다'고 하였겠는가. 그만큼 인간에 대한 판단은 어떤 유형, 어떤 경우, 어떤 차원인지를 가리지도 않고 그냥 획일적인 결론을 내릴 수는 없다. '백사람이면 백가지 성미'라고도 하지 않는가.

다 같은 목사라지만 이분은 확실히 하나님의 독실한 신도로서 인간의 마음을 구원하기 위해 참으로 하나님의 뜻을 받들어 모시고 있으나, 저 사람은 지극히 이기적이고 계산적인 마음에 하나님의 이름을 빙자하여 인간을 농간하고 있다. 때로는 종교가 문제가 아니라 교회가 문제이다. 교회가 문제라고 하면 결국 그 교회를 주재하는 사람, 목사가 문제라는 것이다.

한국에는 사장님도 많다고 하더니, 갑자기 무리지어 중국에 대거로 들어와 많은 미담과 함께 역시 많은 시빗거리도 만들어 냈다. '어떤 분'은 자기의 주머니를 털어서까지 중국의 조선족 지역사회의 발전과 민족문화의 정립을 위하여 여러모로 사랑의 손길을 내밀고 있으나, '어떤 사람'은 백두산이다, '윤동주생가'다 하면서 유람 차로 신선놀음을 와서는 마치 중국 동포들을 도우려고 온 것처럼 한바탕 사장의 호기를 부리고 실속 없는 약속을 낙서하듯이 남발하고는, 선량하고 유치한 중국 동포들의 푸짐한 대접에 용트림을 하면서도 짐짓 조선족들의 낭비벽에 가슴 아픈 듯 제 쪽에서 핀잔까지 주고는 구름같이 떠나버리고, 또 '어떤 놈'은 가난하고 무지한 중국 동포들의 이른바 한국몽(韩国梦)을 장사거리고 알고 본국의 국법조차 무시하고 위장결혼과 같은 가짜 초청으로 엄청난 이익을 챙기고 지어는 사기꾼으로 전락되기를 주저치 않고 있다. 하여간 다 같은 사장님이래도 '존경할만한 분', '사귈만한 사람'과 '얄미운 놈'은 있는 것이었다.

다 같이 한입처럼 고국, 고국 하고 한국을 친절하게 부르는 중국 조선족이지만 역시 그 마음 자세는 같지 않다. 반세기를 넘어오면서 친혈육마저 생이별을 해야만 했던 이념의 장벽이 허물어지면서, 이제 세계 선진국으로 부상하는 고국과 고국의 유지들의 동포애에 기대여 우리의 조선족 지역사회와 민족문화를 미래지향적으로 튼튼히 다져갈 수 있다는 긍지로 민족의 운명과 직결되는 공익사업에 헌신하는 사람이 있는가 하면, 위장결혼이요, 초청장위조요, 밀입국이요 하는 불법수단으로 고국에 들어가서는 고국의 법과 질서를 외면하고 사기와 매음과 도박으로 자신을 망치는 사람도 있다.

한국사람 죽일 놈이요, 중국동포 나쁜 놈이요 하고 획일적인 흑백논리로 어느 일방을 타매할 일이 아니다. 사람이 사는 곳에는 법과 질서가 있는 것이고 법으로 다스리고 제도적인 질서로 약속하는 것부터 벌써 이 한 무리나 저 한 무리의 인간들 속에는 결국 '존경할만한 분'도 있고 '사귈만한 사람'도 있고 '얄미운 놈'도 있음을, 한마디로 말하면 바로 죄가 있어 법이 있음을 반증하는 것이다.

백사람이면 백가지 성미요, 표면적으로는 같은 신분, 같은 차원, 같은 형상을 한 사람이라도 사람마다 그 나름이라는 것은 바로 사람의 마음 자세가 서로 다르기 때문이다.

그렇게 정분이 짙던 친구 지간에 트럼프나 마작 같은 걸 놀다가도 말다툼에 손찌검까지 나서 순식간에 놀음이 고름이 되는 것도 역시 사람의 마음의 넓이가 다르기 때문이다.

무리 속에서 생각하는 동물, 마음을 굴리는 동물, 사유로 판단하는 영적인 동물이기 때문에, 인간은 항상 마음을 깨끗이 세탁하여 서로가 영성으로 오갈 수 있는 열린 마음의 공간을 마련하여야만 너나가 함께 어울려 평화롭게 살아가는 인간세상을 꾸밀 수 있다.

그러나 이념적인 갈등이나 정치학적인 인생관의 차이에서 오는 대결은 그렇게 봄이 되여 눈이 녹듯이 쉽사리 풀릴 수 있는 건 아니다. 다른 동물들과 본질적으로 확연히 구별되어 인간에게만 있을 수 있는 대결, 그것은 물질적인 충돌이 아니라 바로 인간에게만 있는 정신의 대결이요, 그것도 집단의식의 대결이다. 극단적인 정신적 대결이 인간들에게 주는 파괴력은 그 무엇보다 강력하다.

한반도를 보라.

전설에 의하면 산천을 주재하는 바다 용왕이 인간들 중에서도 마음이 티 없이 깨끗한 신성한 생민에게만 준다는 제일금강을 우리 민족한테 주었다고 하니, 아마도 그때는 이 세상에서 우리 민족이 제일 슬기롭고 용감하고 마음이 깨끗했으리라. 그런데 그 후로 바다 용왕이 '이제 더 마음이 깨끗한 인간들이 이 세상에 나타나면 그때 주리라'던 남은 일곱 개의 금강을 더는 인간 세상에 내주지 않았다고 하니 그건 무엇 때문이었을까. 우리 민족 말고는 이 세상에 더는 마음이 깨끗한 민족이 없었기 때문이었을까. 아니면 그렇게 믿었던 우리 민족마저 결국 분단의 아픔을 겪고 동족상잔의 피를 흘리고 있는 걸 보고는 아예 욕심덩어리 인간을 외면하고야만 것일까.

한민족, 그 복 받은 민족이 동족상잔의 비극을 연출하였고 지금까지도 금강산과 설악산을 보루로 그 사이에 남북의 한 민족 서로가, 아니 한 핏줄을 타고난 친 혈육마저 넘나들 수 없는 '38선'이라는 긴 장벽을 쌓아놓았다. 얼마나 많은 이산가족들이 한탄과 설음과 저주의 마음으로 인간이 만들어 놓은 '38선'을 넘어 자유로이 저 하늘을 날아다니는 새들을 부러워하였던가. 만물의 영장이 되느니 차라리 창공을 마음대로 비행하는 하나의 새가 되는 것이 백번 낫겠다고 한탄하면서 말이다.

우리 민족의 비운, 물론 따져보면 그것은 이른바 '계급각성'에 따른 이념대결의 결과이기도 하지만, 궁극적으로는 세계열강들의 정치대결의 희생품임이 틀림없다. 고래싸움에 새우등 터지는 격이다. 그러나 아무튼 베를린 장벽이 허물어진 이후로는 세상에 유일하게 남은 민족분단의 상징물인 것만은 사실이다. 혹시 바다 용왕이 그래서 남은 일곱 금강을 더는 인간 세상에 내려주지 않은 것은 아닐까. 믿는 도끼에 발등 깼다고 생각해서 말이다. 아마도 그래서 금강산과 설악산 사이에는 언제나 바다 용왕이 토해 낸 한숨이 안개가 되여 산허리를 서리서리 감돌아치고 있는 것이리라.

이제 다시 강성했던 하나의 '해동국', 복 받은 하나의 민족임을 자랑해야 한다. 동족을 적대시하고 세계를 외면했던 금강산과 설악산의 '빗장'을 벗기고 문을 활짝 열어 온 세상에 그 아름다움을 자랑해야 한다. 민족의 비운을 가시고 용왕의 뜻이 다시 동그랗게 이루어지게 해야 한다. 그것은 진정 민족의 대영합일 것이며 또 그래야만 과연 슬기로운 우리 민족이 민족 본연의 통일문화를 다시 지향함을 의미할 것이다.

그러자면 무엇보다도 먼저 이질적인 제도와 의식의 대립, 그리고 정치적인 배타성에 의한 대결에서 한걸음 물러나 하나의 민족과 문화라는 뿌리 깊은 공통분모에 의하여 다시 혈맥을 이어가는, 열린 마음공간을 마련하는 작업으로부터 시작해야 할 것이다. 이는 이념과 제도에 의한 이질성을 극복하고 민족과 문화라는 동질성에서 서로의 공감대를 형성하며 민족대영합의 바탕을 마련하는 미래지향적인 작업이요, 평화통일의 실천적 일환이라고 할 수 있을 것이다.

세계적인 이념대결이 공존공생의 평화원칙으로 순화되면서 우리 민족의 정감에도 미묘한 변화가 생기고 있다. 반세기 넘도록 생이별의 아픔을 앓으면서 하나의 민족이 만남이 없는 두 줄기의 레일처럼 나란히 병행하면서도 서로가 거리를 두고 이질적인 의식구조로 모습을 달리해온 분단역사를 떠올리면, 민족의 현실과 그 극복의 의지라는 열린 인식에서 출발하여 이념적, 제도적, 정치적 갈등에서 한걸음 물러나 열린 마음공간을 마련하고 민족의 혈맥을 다시 이어가는 작업은 역시 평화통일을 위한 기초공정이라 할 것이다.

물론 이념적 갈등이란 것이 긁힌 상처가 아물 듯이 그렇게 쉽사리 해소될 수 있는 것은 아니다. 하물며 우리 민족은 또 민족끼리 총부리를 마주하고 동존상잔에 형제의 피마저 보았으니, 그것을 신변으로 체험한 세대들의 아픔은 눈에 흙이 들어갈 때까지도 잊기 힘든 것이다.

그렇지만 무엇무엇 해도 한 민족, 또는 형제자매라고 생각해보라. 부모자식 간 또는 형제자매 간에 모순이 생겨 크게 다투거나, 혹은 가족의 누가 도둑질이거나 심지어는 그것보다 더 엄중한 죄를 범했다 하더라도, 우리는 그래도 사랑과 믿음과 관용과 용서의 마음으로 끝까지 구원의 손길을 내밀지 않는가. '부모는 자식이 죄를 범하고 감옥을 가도 절대 버리지 않는다'는 말이 있다. 혈육의 정은 그렇게 쉽게 끊을 수 없음을 두고 하는 말일 것이다.

이념에 의한, 제도에 의한, 그리고 국제정치에 의한 대립으로 대중이 피해를 입었다면, 그 죄를 대중한테 물을 수는 없는 것이다. 어느 쪽이든 간에 대중은 피해자이지 가해자가 아니다. 설령 직접 전쟁에 나가 대방에 피해를 준 대중이라고 하더라도 국가에 의해 전쟁에 동원되었을 때부터 그는 이미 이데올로기의 피해자인 것이다. 그렇게 되어 서로 피해를 줄 수밖에 없었던 '피해자'들은 '가해자'를 미워해야지 '피해자'를 미워할 아무런 이유도 없는 것이다. 대중은 오히려 같은 민족끼리, 심지어는 형제끼리 계속 반목하도록 부추기고 모순을 조장하는 '정치장사꾼'을 경계해야 한다.

이산가족의 상봉에서 이념적 대결을, 제도적 차이를, 또는 정치적 이익을 생각하는 이산가족도 있단 말인가.

남북 단일팀, 남북 응원단, 남북 통일축구대회에서 이념이요, 제도요, 정치요 하는 것들이 무기력하게 광장밖에 밀려나지 않았던가.

대중의 정치는 잘 살기 위한 정치, 화목하기 위한 정치, 자유롭기 위한 정치 등 소박하기 그지없는 이른바 '생활정치'이지 결코 특정 이념을 위한 색깔정치일 수는 없다. 그런데 지금 우리 대중은 그런 색깔정치에 너무 민감하고 심지어는 극성이다. 집주인이 미워서 강아지 배때기 걷어차는 격으로 말이다. 모호한 강아지만 억울하지 않은가.

전대미문의 규모와 피비린 인간 살육으로 얼룩진 두 차례의 세계대전을 겪고 나서 많은 나라는 민족의 독립과 함께 독립국을 이루었지만, 한반도는 '전쟁 주도국'도 아니면서 억울하게도 세계열강의 세력분할에 의해 다시 두 동강이 나고만 것이다. 항복접수를 일국에 맡길 수 없다는 구획선 안에 따른 것이라면, 독일과 함께 이탈리아나 일본이

당할 일이지 왜 반세기 동안이나 일제의 식민지로 망국의 설움을 겪은 한국이 두 쪽으로 분할되어야만 한단 말인가. 이미 항복을 선언한 일제의 손아귀에서 한반도를 구해준 열강은 '은인'인가, 아니면 '다된 밥에 재 뿌리기'로 우리 민족에 새로운 고통과 비극을 안겨준 '가해자'인가.

그런데 이 38도선이 역사적으로 그 이전에도 열강의 간섭과 침략이 있을 때마다 저들의 이익분배에 따라 한반도를 분할하려는 분단선으로 거론되었었다니, 이제 그 38도선을 한반도를 가로 지나가는 지구의 북위 38도선으로 고스란히 되돌려놓는 것이야말로 우리 민족이 진정 열강들의 손아귀에서 벗어나는 날이요, 비운이 가시는 날이 되는 것이다.

그러니 우리 민족은 바다 용왕을 감동시켰던 그 슬기와 깨끗한 마음을 다시 찾아 세계 유일의 아름다운 금강을 가진 민족으로 거듭나기 위해 하나같이 뭉쳐야만 할 것이다.

오직 이 민족을 사랑하고 이 민족의 운명을 생명처럼 귀중하게 여기는 천만의 대중이 민족의 역사에 각성한다면, 그 대중들에 의해 이념, 제도, 정치를 넘어서서 민족의 대통합은 기필코 이루어질 것이다. 영웅이 없는 시대에 대중이 역사를 창조하는 진정한 주인이니까 말이다.

만물의 영장으로서 다른 동물과는 달리 마음으로 살아가는 인간은 인간들 서로 간에 영성으로 통하는, 투명하게 열린 마음공간이 있어야 평화로울 수 있다.

역시 '종이장도 맞들어야 가벼운 법'이요, '손뼉도 마주쳐야 소리가 나는 법'이니, 분단의 아픔을 앓고 있는 우리 민족은 우선 서로 마음의 '38선'을 허물고 민족혈맥으로 이어지는 열린 마음공간을 마련해야 스스로 분단을 극복하고, 마침내는 통일의 서광을 맞을 수 있을 것이다.

본디 '38선'은 지구의 북위 38도선일 뿐이었다.

금강과 하나의 '해동국'

세계 제일을 자랑하는 금강산이 '남문 빗장'을 굳게 닫아버리고 이남의 동족 형제들마저 외면해버리더니, 이제 그 문을 활짝 열고 만 천하에 그 아름다움을 수줍게 드러내 보일 것만 같다. 민족의 비운을 가셔버리고 용왕의 뜻이 다시 동그랗게 이루어질 듯 하는 기쁨 속에 두해 전에 금강산을 탐승하던 정경이 새삼스레 눈앞에 선히 떠오른다. 반세기동안 가슴에 고이 간직한 민족적인 소망과 생이별의 아픔과 함께...

일제의 구둣발에 짓밟혀 만신창이 되어 신음하던 한반도는 독립투사들의 선혈로 상처를 씻고 독립의 새날을 맞이하였으나, 해방의 기쁨도 잠간, 세계정치세력의 이념대결의 희생품으로 또 다시 두 동강이 나고 말았다. 치열한 이념대결 속에서 동족상잔의 비운의 아픔까지 겪으면서 한반도는, 마침내 세계지도 위의 북위 38도라는 지리학적인 위도선을 남북의 동포 서로가 넘을 수 없는 '38선'이라는 사회장벽으로 다시 그려 넣었다. 이념대결로 인간들이 제멋대로 그어놓은 이른바 '38선'은 서해안쪽이 지리학적인 38도선보다 조금 내려와 그어졌고 동해안쪽은 지리학적인 38도선보다 조금 위로 올라가 그어졌다. 반도의 분단과 함께 하나의 강원도가 '38선'에 의해 쪼개지면서 금강산과 설악산마저 한 산맥의 정기를 타고났음에도 전장의 망루마냥 서로를 경계하며 대치하고 서있는 듯싶다.

세계열강들은 힘의 대결로 하나의 반도에 넘을 수 없는 무형의 '38선'을 그어놓았다. 그런데 그 무형의 '38선'이 세계열강들의 낙서로 그어졌다고 해도 평화의 반성시대에 들어선 오늘 우리의 자세는 또 어떠한가. 하나의 반도에서 살면서도 생이별의 비극적 삶을 살아가는 이산가족들, 다 같이 금강산의 정기를 타고났고 태백산맥을 혈맥으로 금강의 맑은 물이 피로 흐르면서도 서로가 반목하고 적대시하는 '해동국'의 후예들, 우리는 지금까지 열강들이 정치대결로 '낙서'한 '38선'을 민족의 숙명적인 운명선(命運線)처럼 받아들이고, 열강들이 심어놓은 이데올로기적인 대결의식과 적색 백색의 눈금자로 서로를 가늠하면서 천하에 용서할 수 없고 포옹할 수 없는 원수처럼 대항적인 눈총을 쏘면서 서로를 비난하고 성토하고 배척하고 강박하고 괴롭히고 저주하고 매질하면서 대결해왔다. 동족배척, 가정적 의미를 매겨보면 꼭 친형제간에 원수치부하고 있는 것이다. 오, 우리는 천륜을 어긴 대역무도(大逆無道)의 악과(惡果)를 빚고 있다. '까마귀도 반포할 줄 안다'는데, 하물며 효로 세상을 경탄케 한 우리 민족이 한 핏줄을 타고난 형제가 반목하는 비극을 공연하고 있으니 이 어찌 세상 부끄러운 일이 아닐손가!

오호, 쾌재라. 지금 금강산의 '남문 빗장'을 여는 소리가 쿵쿵 우리의 심장박동을 빨라지게 한다. 남과 북이 손을 잡고 금강산을 개발하고 있으니, 이제 그 문을 활짝 열고 주인만은 아닌, 세상 모든 사람들에게 세계 제일의 금강, 아니 유일금강의 아름다운 용태를 자랑하게 되리라.

물론 아직은 이남의 '주인'은 금강의 진정한 주인이 아니라 한낱 명승지를 다녀가는 '여행객'일 뿐이다. 순위로 뽑혀 운수 좋게도 여객선에 올랐지만 무형의 '38선'을 에돌아가야만 하는, 단순한 여행객이 아닌 '여행객'들의 마음은 얼마나 시리고 아플까. 그들은 과연 여느 평화로운 여행객들처럼 자연의 극치에 감동하는 희열을 안고 즐겁게 돌아올 수 있을까.

전설에 따르면, 산천을 나라마다 나누어 주는 바다 용왕의 창고에는 원래 여덟 개의 금강이 있었는데, '해동국'의 사람들은 워낙 마음에 티끌 하나 없고 무궁무진한 슬기와 용맹을 지니고 있기에, 바다 용왕은 열길 깊은 곳의 모래알 하나까지 헤아릴 수 있는 맑은 물과 하늘을 날아오를 듯 하는 천태만상의 산봉우리들로 천하 제 일경을 이룬 제일 금강을 '해동국'에 주었다고 한다. 그리고 바다 용왕은 남은 일곱 금강은 어느 나라 사람이든 간에 마음이 보석처럼 다듬어진 다음 찾아오면 내주겠노라고 하였으나 금강산은 오늘에 이르기까지 세상에 하나밖에 없다고 한다. 그런데 그 금강의 정기를 타고난 '해동국'의 후예들이 금강산과 설악산 사이에 서로 넘나들 수 없는 높은 장벽을 쌓아놓았다. 용왕님이 준 복을 서로가 나누지 못하게 둘로 갈라진 '해동국', 그것이 안쓰러운지 금강산과 설악산의 봉우리마다에는 언제나 바다 용왕이 깊이 한숨을 쉬면서 토해낸 입김이 자오록이 감돌고 있다. 하긴 그래서 바다 용왕이 나머지 일곱 금강은 아예 어느 나라에도 주지 않았는지 모를 일이다. 그러니 이제 금강산은 천하에 요행 남은 둘도 없는 제일의 절경이 아닐 수 없다.

참, 행운이라고나 할까. 비록 금강산과 설악산을 하나의 코스로 쭉 이어서 돌아보지는 못했지만, 나는 한반도의 북단에서 금강산까지, 다시 남단에서 설악산까지 여행하는 자랑을 한 몸에 지닐 수 있었다. 그 중에서 뭐니 뭐니 해도 금강산 여행은 복 받은 민족의 긍지와 능욕의 민족적 아픔이 교감하는 역사적인 체험으로 가슴에 깊이깊이 새겨졌다. 그것은 신선세계에 온 듯 하는 황홀한 경치와 민족의 분단이라는 현실이 달고 쓴 맛이 되어 너무도 색깔 짙은 추억으로 뇌리에 각인되었기 때문일 것이다. 그럼에도 그냥 밝은 마음과 경탄의 심정으로 여행을 할 수 있었던 것은, 금강산은 과연 명불허전으로 세상에서 제 일 가는 명승이고, 이런 산천의 정기를 타고난 '해동국'의 후예들은 이제 틀림없이 자기의 무궁무진한 슬기와 깨끗한 마음을 발동하여 다시 이 세상에서 가장 아름답고 행복한 '대 가정'을 꾸리게 될 것이라는 믿음을 금강산의 기상으로부터 확실하게 확인받을 수 있었기 때문이다.

***

우리 일행 넷이 금강산을 찾은 것은 1996년 6월 중순이었다. 우리가 금강산 휴양소에 도착했을 때는 이미, 저녁 해가 하루 일을 마무리하고 잠자리를 찾아 서산 길 저쪽으로 막 넘어서려던 때였다. 금강산에 도착하기 전부터 몸보다 마음이 앞서 달리던 우리는 방에 짐을 내려놓기 바쁘게 베란다로 달려갔다. 아직 태양의 잔광이 하늘을 밝혀주고 있어 저 멀리로 붓끝처럼 생긴 문필봉이 금방 금강산의 전설을 쓰고 난 듯, 신비를 실은 부드러운 잿빛 안개 속에 검푸르게 서있고, 그 서쪽으로 하관음봉이 팔을 쫙 뻗친 듯 하는 관음연봉의 기상을 보여주고 있다.

우리는 베란다에 서서 저마다 금강산에서의 첫 셔터를 쉴 새 없이 눌러댔다. 휴양소 터가 있는 온정구역은 금강산 탐승의 중심지로 되어 있어서, 이제 내일부터 하게 되는 전설적인 금강산 탐승은 여기로부터 시작되는 것이다.

먼 여로에 지치고 허기진 몸들이었지만 이날 저녁 식사는 모두가 그냥 길을 재촉하는 나그네의 심정이었다. 후일 회상해보면 산해진미로 풍성한 대접을 받았었지만, 이튿 날에 있게 될 감격스러운 금강산 탐승에 공연히 흥분되어 기록을 남기지 않은 것이 은근히 후회되기도 하였다.

밥술을 내려놓은 지 한참 되었는데 누구도 방으로 갈 생각이 없는 듯 했다. 그러다가 모두들 약속이나 한 것처럼 밖으로 빠져나왔다. 휴양소 앞을 지나는 포장도로를 건너 숲을 빠져나오니 만상계, 한하계를 거쳐 동쪽으로 잔잔히 흘러가는 온정천이 맑은 거울처럼 누워 있었는데, 두 팔을 지긋이 잠가보니 6월 중순 한 여름의 햇빛에도 산 속의 시원한 공기를 받아서 찬 듯 시원한 듯 한결 기분을 상쾌하게 해주었다. 물도 어찌나 맑은지 물속의 모래알마저 빤히 들여다보일 정도로 정갈했다.

우리는 아예 신을 벗고 바짓가랑이를 걷어붙이고 온정천에 발목을 잠갔다. 맑고 시원한 온정천은 비록 장딴지를 적시는 정도로 옅으나 그대로 금강산의 정기를 실어 우리의 마음을 부풀게 하고 정신을 분발되게 하였다.

우리는 이날 밤, 내일에 있을 천하 제일명승의 탐승에 흥분된 마음을 달래지 못한 채 그만 잠을 설치고 말았다. 방을 같이 쓰게 된 나와 임 선생님은 둘 다 애주가들인지라 흥분된 기분을 잡아 권하거니 받거니 하고 술을 마시며 아예 뜬눈으로 밤을 밝혔다.

"자, 이선남이 금강산을 찾아 밤새도록이 술을 즐기노라."

임 선생님의 풍치 있는 말이었다.

"내일 금강산에 또 이선암이 생기겠네요."

묘향산에서 즐겼던 이선남폭포를 떠올리면서, 내가 슬쩍 말꼬리를 받아 물고 맞장구를 쳤다. 둘은 한바탕 즐겁게 웃었다.

이튿 날 아침, 우리의 탐승에 안내를 맡게 될 여안내원이 우리한테 소개되었다. 장 씨 성인 여안내원은 동방예의지국의 여성답게 예의를 차리고 곱게 머리 숙이면서 인사했다.

"반갑습니다. 그냥 안내원동무라고 불러주십시오. 오늘 하루 종일 탐승하시노라면 몹시 지치실겁니다."

부드러우면서도 '금강산처녀'다운 상쾌한 목소리였다.

"저희들 위해 수고하시겠습니다."

"좋은 이야기 많이 부탁합니다."

"안내원 처녀동무, 우리 팀에서 이 친구가 유일한 총각이니 아무쪼록 많이 보살펴 주십시오."

너도나도 앞다투어 여안내원과 반갑게 인사하는 와중에도, 농담을 잘 하는 임 선생님이 일부러 나를 가리키며 하는 익살에 여안내원은 손으로 입을 가리고 웃더니 생각밖에도 활발하게 농을 받아넘겼다.

"아니, 제가 보건대는 총각이 아닌 것 같습니다. 그리고 총각이면 더구나 할 수 없습니다."

"건 왜서요?"

모두들 어리둥절해 하는데 내가 한마디 했다.

"참, 선생님도 답답합니다. 다 되는 밥에 물붓기가 아닙니까."

"건 또 무슨 말인데?"

"제 보건대 말입니다, 안내원동무도 처녀는 아닌 것 같습니다."

그 말에 여안내원은 또 손으로 입을 가리며 웃었다. 그녀의 얼굴 표정을 봐서는 알아맞힌 것 같았다. 썩 나중에야 안 일이지만 아이까지 있는 유부녀였다. 그런데 금강산의 산수가 좋아서인지 나이보다는 퍽 어린 모습이다.

"아하, 젊은 사람들끼리 맞추는 눈길이 다르구먼."

알아맞힌다는 뜻인지 애매한 말로 탄복하는 체 하면서 내뱉는 임 선생님의 걸쭉한 농지거리에 모두들 웃었다. 탐승은 이렇게 출발 전부터 유쾌한 기분이었다.

탐승 길에서 여안내원이 천하절승 금강산에 대해 소개하면서 우리한테 들려준 첫 전설이 "타무왕의 금강산 여행"이었다. 아주 긴 이야기인데 기본 줄거리를 간추려보면 이렇다. 이 세상에 나라가 처음 생겼을 때, 먼 남방의 어느 한 바닷가에 있는 나라의 왕 타무가 신하로부터 멀고도 먼 해동나라 조선에 금강산이라는 천하 제일명승이 있다는 말에 여행길에 올랐다가 세상의 모든 아름다운 풍치가 다 펼쳐진 것을 보고 산천을 나누어준 바다 용왕을 찾아가 불공평함을 항의하자, 용왕은 "뜨는 해의 빛이 있어 노을이 곱듯이 깍듯한 예의범절만이 맑은 아침과 일맥상통함을 마땅히 알아야 한다"고 하면서 제일금강은 '해동국'에 주었으나 아직 일곱 개의 금강이 남아있으니 어느 나라 사람이든 간에 마음이 보석처럼 다듬어진 다음 찾아오면 기꺼이 내주겠노라고 대답했다고 한다. 그러나 그때로부터 세월이 흐르고 또 흘러 해와 달이 수억만 번 바뀌었어도 금강산은 아직까지 세상에 하나밖에 없다고 한다.

바다 용왕이 인간 세상에 하나밖에 주지 않은 금강산은 그야말로 아름다움의 극치요, 그런 천하절경을 받은 우리 민족은 복 받은 민족임을 자부하는 이야기이다.

조물주의 창조력을 집대성한 듯, 천태만상을 이룬 기암연봉들, 필필이 비단을 풀어 내리는 폭포들, 현란한 진주보석을 담은 듯 조약돌이 깔린 맑고 푸른 담소들, 그리고 서늘한 바람에 가슴 깊이까지 흘러드는 푸른 숲의 싱그러운 향기는 과연 선경에 들어 선 듯한 느낌이다.

보석 같은 마음이 있어야 가질 수 있다는 천하절승을 자랑하는 민족, 그 산천의 정기를 타고나 무궁무진한 슬기와 용맹을 떨치는 민족이다. 그럼에도 한편 나머지 일곱 개 금강을 더는 인간 세상에 주지 않은 바다 용왕의 마음은 무엇일까 하는 궁금증도 마음 한 구석에 아련히 찾아든다.

여안내원은 산을 오르는 내내 앞장서 길을 걸으면서도 조금도 숨이 차하지 않았고, 쉴 새 없이 명소마다 담고 있는 전설들을 우리에게 재치 있게 들려주었다. 신계사의 종소리와 요지경같이 천변만화하는 금강산의 황홀한 경치에 앞을 못 보던 소경이 빛을 보고, 적막강산이던 귀머거리가 소리를 듣고, '꿀 먹은 벙어리'가 마음을 열 수 있게 되었다는 "극락고개전설", 박 씨 노인이 만 냥 산삼을 캐어 그 돈으로 밭을 사고 과수원을 마련하여 금강산을 찾아오는 사람들을 도왔다는 "만냥골에 깃든 이야기", 금강산도사가 욕심 사나운 공 지주 놈을 망하게 하고 그가 만들어 보낸 매가 지금도 금강산으로 들어오는 첫 입구에 있는 낮은 봉우리에 앉아 오가는 사람을 유심히 살피고 있다는 "매바위전설"들은, 금강산은 마음이 보석같이 깨끗하고 신선한 생령들만 살고 있는 성스러운 곳임을 말해주며, 금강산을 찾은 속세의 인간들에게 모든 영욕과 욕심을 버리고 금강의 정기를 받아 보석같이 깨끗한 마음을 가질 것을 예쁘게 일깨워준다.

찾아온 사람마다 금강의 성스러운 기상을 보고 가슴에 손을 얹게 되는 것인데, 하도 '해동국' 사람들의 마음이 수정같이 깨끗하고 맑아서 천하절승 제일금강을 보내주었던 바다 용왕님이, 더는 인간 세상에 금강을 내주지 않기로 한 결단에서 어쩐지 용왕님의 자기 실착을 느낀 것 같은 것을 읽을 수 있는 듯싶어 괜히 송구스러운 마음이 들었다.

그러나 그것도 잠간, 두 번 다시 마실 수 없을 것만 같은 청신한 공기를 한껏 마시면서 아름다운 자연의 음악소리 속에서 보는 것마다 장관이요, 듣는 것마다 전설이라, 연주담의 물처럼 맑고 깨끗한 목소리로 금강의 폭포처럼 거침없이 쏟아내는 여안내원의 금강산전설을 듣노라니 우리는 마냥 선경을 거니는 황홀한 기분이었다.

“저기 저 옹달샘이 망장천 옹달샘입니다.”

여안내원이 갑자기 손을 들어 깎아지른 듯 하는 바위를 가리키는 바람에 우리의 시선은 그의 손길을 따라 모두 그리로 쏠렸다. 바로 앞에 깎아지른 듯 하는 바위가 산채를 지키는 초병처럼 앞을 막아섰는데, 그 바위 중턱의 틈 사이로 수정같이 맑은 물이 졸졸졸 새여 나와서는 정갈한 옹달샘을 이루고 있었다.

여기에는 먼 옛날 금강산에서 쇠바위라는 총각과 어여쁜 옥분이라는 처녀가 백년가약을 맺고 살다가 어느덧 일흔 살이 되어 허리가 굽고 다리 힘이 빠져 지팡이를 짚게 되였는데, 이 옹달샘을 마시고 다시 회춘을 하게 되어 함께 오래오래 잘 살았다고 하는 “지팡이를 잊어버리게 한 샘”이라는 전설이 있다.

“야, 우리도 옹달샘을 마시고 한번 젊어져 본다.”

우리는 네 한 모금 내 한 모금 맑고 시원한 샘물을 받아 마셨다.

“자네 같은 젊은이가 마시면 아예 어린애가 되고 말텐데.”

그냥 가만있을 리가 없는 임 선생님이 또 나를 놀려주었다.

“괜찮습니다, 그냥 이대로 동심으로 돌아가고 싶은 마음인데요.”

어찌 보면, 세속의 때를 다 씻어버리지 못 할 바엔 차라리 다시 깨끗한 동년으로 돌아가는 것도 좋을 것만 같았다.

“그러다가 자네 아내가 알아주지 않으면 어떻게 하려나.”

“동심을 되찾은 바에야 그냥 여기서 살지요 뭐, 인간 세상에 내려가면 또 오염되고 말겠으니 말입니다.”

“안될 소리, 지금은 옥분이 같이 예쁜 처녀도 없는데, 그러다가 홀로 총각으로 늙으면 어쩌려나.”

“안내원동무도 한 모금 하시지요.”

나는 한사코 물고 놓지 않으려는 임 선생님의 농을 슬쩍 피해 능청스럽게 안내원한테 말을 걸었다.

“그러다가 어린애가 되면 어쩝니까.”

“하하, 자네가 그만 김칫국부터 마셨군.”

기회를 잡았다는 듯이 임 선생님은 내가 보기 좋게 꼴 먹었다고 손가락질 했다.

“아니, 그런데 선생님은 벌써 흰머리가 없어지고 이마의 주름살도 펴졌습니다. 이거 야단났네요. 집에 돌아가면 사모님이 문을 열어주지 않을 겁니다.”

드디어 공격기회를 얻은 내가 질세라 한마디 내질렀다.

우리는 그렇게 네 한마디 내 한마디 우스개를 하면서 다시 길을 재촉했다.

옥류동의 입구인 “금강문”에 채 가기 전에 휴식 터가 있어 우리는 여기서 잠간 숨을 돌렸다.

“저기 저 앞에 바라보이는 것이 세존봉인데 웅긋쭝긋한 봉우리마다 기암괴석이 여러 가지 모양을 나타내고 있습니다. 저쪽에 있는 저 바위가 무슨 모양을 나타내고 있는지 어디 한번 맞춰 보십시오."

여안내원이 남쪽으로 바라보이는 바위 하나를 가리키며 우리 일행에 물었다. 이 사람이 부엉이 같다고 하면, 저 사람이 산양 같다고 하면서 여러 가지로 맞춰 보았으나 좀처럼 맞춰내지 못했다. 한참 이리저리 뜯어보던 내가 어쩌면 토끼 같네요 하자 여안내원이 손뼉을 쳤다.

"맞습니다. 하긴 젊으신 분이 다릅니다."

"제가 망원경을 걸었지 않았습니까?"

나는 눈에 건 안경을 가리키며 말했다.

"그런데 머리 쪽은 토끼처럼 두 귀가 뾜쭉한데 몸은 거북이처럼 넙죽하여 신통치가 않군요."

그런데 내 말이 끝나기 바쁘게 여안내원은 또 손뼉을 치며 탄복했다.

"정말 관찰력이 좋으십니다. 여기엔 '처벌받은 토끼'라는 토끼바위 전설이 있습니다."

그러면서 여안내원은 우리한테 이 바위에 깃든 그럴 듯한 전설을 재미나게 들려주었다. 금강산이 천하절승이라는 소문이 하늘나라에까지 전해져 선녀들이 팔담에 내려와 목욕을 하고 옥녀세두분에서 곱게 얼굴을 다듬고 돌아오는 것을 보고는, 성미 급한 토끼가 옥황상제한테 절절한 소원을 털어놓아 마침내는 승낙을 받았는데, 금강산에 내려온 토끼는 신선놀음에 도끼자루 썩는 줄 모르고 그만 보름달이 되기 전에 돌아오라는 옥황상제의 명을 어기고 말았다. 그리하여 대노한 옥황상제는 예전에 달리기에서도 용궁의 거북이한테 진 토끼를 거북이 몸집에 토끼머리 모양을 만들어버렸다고 한다. 대개는 이러한 전설이었다.

청산유수마냥 거침없이 이야기를 하고난 여안내원은 이렇게 말끝을 맺었다.

"토끼는 옥황상제의 처벌을 조금도 두려워하지 않았습니다. 달나라에서 고달프게 절구를 찧고 있는 것보다는 절승경개, 아름다운 금강산을 보는 것이 더 즐겁다고 생각했습니다. 그리하여 세존봉 중턱에 꿇어앉아 금강산의 경치에 심취된 토끼는 날이 가자 그냥 그대로 하나의 바위로 굳어지고 말았답니다."

너무도 그럴 듯한 전설에 우리는 손뼉을 짝짝 치며 찬탄했다.

"참 멋지군 그래."

"그러고 보니 과연 머리는 토끼처럼 귀가 뻘쭉하고 몸은 거북이처럼 넓죽하구만."

옥류담, 연주담, 비봉폭포, 무봉폭포, 구룡폭포, 구룡연, 만물상, 삼선암, 보는 것마다 가관이지만 그중에서도 상팔담은 과연 자연미의 극치였다.

상팔담을 보려면 전망대인 "구룡대"에 올라야 하는데, 산세가 워낙 매우 험하고 가파르다. 너무 위태롭거나 그냥 길을 내기 어려운 곳들에는 쇠로 된 사다리를 고정해 놓았으나, 어떤 곳은 계단이 많고 경사가 가파르니 손잡이를 붙들고 올라가도 다리에 힘이 뻗쳤다. 우리 일행에서 내가 제일 젊은지라 다른 사람보다 앞섰으나 60살을 바라보는 임 선생님도 등산에서는 그렇게 만만치가 않았다. 묘향산관광에서도 다른 사람들은 아예 두 손을 들고 말았으나 임 선생님만은 나와 함께 비로봉 중턱에 걸려있는 이선남폭포까지 올라갔는데 별로 숨도 차하지 않았다. 금강산을 제집 나들듯 하는 여안내원도 산을 오르는 내내 전설을 들려주느라고 고생했으면서도 전혀 얼굴조차 붉어지지 않았고 마치 선녀가 산을 타는 듯 가볍게 발을 옮겼다. 다만 체력이 떨어져 숨을 가까스로 헐레벌떡이면서 뒤에 처져서 겨우겨우 따라오는 사람들을 보살피

느라고 가끔씩 우리들 뒤에 떨어졌다.

"이러다가 좋은 귀동냥을 다 놓쳐 버리겠습니다. 우리도 걸음을 좀 늦춥시다."

"괜찮아, 오금도 바로 쓰지 못하는 사람들이 언제 이야기 들을 경황이 다 있겠어. 빨리 올라가서 쉬었다가 차분한 마음으로 듣는 게 더 좋지. 그 친구들은 숨이 막혀 올라와서도 들을 정신이 없을 걸."

"참 선생님은 아직 근력이 좋으십니다."

"그러게 집에서도 일주일에 사흘방아는 문제없다고 하지 않았어."

"그러게요, 이렇게 힘들 때는 지팡이로도 쓸 수 있겠습니다."

"아직은 쓸 필요 없어. 숨이 차지 않아."

나와 임 선생님이 그렇게 구룡대에 올라와서도 한참을 쉬어서야 뒤에서들 숨을 헐떡거리며 올라왔다. 초절이라도 한창 된 배추신세였다.

전망대에 늘인 사슬을 잡고 아래를 내려다보니, 발밑에 아찔하게 내려다보이는 절벽사이로 골짜기가 깊숙하게 패였는데, 그 밑바닥에 구슬같이 맑고 파란 물을 담은 은쟁반 같은 크고 작은 소들이 한 줄로 구슬을 꿰어놓은 듯 이어져 있었다. 구름사이로 얼굴을 빠끔히 내민 햇빛에 상팔담은 그대로 영롱한 구슬이 되여 반짝거렸다. 그저 황홀하고 신비하기만 했다. 그런데 갑자기 상팔담의 위 쪽 산허리에서부터 뽀얀 우윳빛 안개가 서리더니 아래쪽으로 내려오면서 상팔담의 신비를 덮으려는 듯 엷은 면사포를 펼쳤다. 깊은 골짜기는 순식간에 안개 속에 사라져버렸다. 뽀얀 안개 속에서 아무 것도 보이지 않았고 전망대에 서있는 우리는 구중천에 둥둥 떠 있는 것만 같았다. 이윽고 안개는 서서히 상팔담의 물 구슬이 쏟아져 내리면서 비단 필을 짜고 있는 구룡폭포 쪽으로 밀려가고 골짜기는 다시 자기의 신비를 드러냈다.

"야, 과연 장관이로구나."

"야, 이렇게 흩어지는 안개 속을 뚫고 아득하게 내려다보니 과연 내가 신선이 아닌가 하는 착각마저 든다니까"

"참, 뭐라 형용할 수 없이 그야말로 선경이로구나."

"이렇게 아름다운 경치를 묘사할만한 언어를 인간은 아직 만들지 못했어."

"너무 흥분하지 말고 안전에 주의하십시오."

여안내원이 조금은 긴장된 어조로 각별히 주의를 주었다.

"아, 날개라도 있었으면 그냥 저 담소로 날아 내리고 싶다니깐."

참으로 그랬다. 너무도 특이한 경치는 이거 신선의 나라에 온 것이 아닌가 하고 착각을 할 정도로 그저 황홀하기만 했다. 나의 무딘 필력으로는 묘사한다는 것부터가 오히려 그 아름다움에 손색이 갈 듯 싶다. 세상에 유명한 "금강산팔선녀" 전설도 바로 여기에서 펼쳐지거늘, 인간세상에서 하늘의 선녀가 반해버릴 만한 곳을 여기 말고 또 어디에서 다시 찾을 수 있겠는가.

자연은 참으로 신비롭고도 아름답다. 인간과 요원한 곳일수록 티 없이 깨끗하고 풍요롭다. 옥류담, 연주담, 비봉폭포, 무봉폭포, 구룡폭포, 구룡연, 상팔담, 이루다 형용할 수 없는 신비의 절승. 거룩하신 조물주여, 우리 "해동국"에 이처럼 세상에 둘도 없는 자연의 극치를 창조해주셔서 두 손 모아 감사하나이다.

금강산은 하루 이틀을 가지고서는 도저히 다 돌아볼 수 없는 천하절승이다. 만이천봉우리마다 모두 전설로 이어지는 아름다운 경치를 가지고 있으니, 아마도 만 이천 날을 두고 돌아보아도 다 볼 수는 없을 것이다.

소나무 소나무 잣나무 잣나무
바위바위를 돌아서니
물물 산산 가는곳마다 신기하구나

능파루 다락에서 글깨나 한다는 양반들의 허황한 빈 소리를 듣고 지었다는 김삿갓의 즉흥시는 달리 더 어떻게 표현할 수 없는 생동한 시어로 금강산의 자연미의 특징을 일괄하였다. 과연 금강산의 나무와 바위와 물과 봉우리마다 신기하기만 하다.

바다 용왕이 인간 세상에 하나밖에 주지 않았다는 금강산, 보석같이 티 없이 깨끗하고 선녀같이 신선한 생령들만 살 수 있다는 금강산, 그것이 우리의 산이라니 우리는 보석같이 마음이 다듬어진 민족인가. 과연 이 민족이 모든 영욕과 욕심을 버리고 금강의 정기로 보석같이 깨끗한 마음을 가졌다면, 바다 용왕이 나머지 일곱 금강을 인간 세상에 주지 않은 것은 인간에 대한 불신이 아니라 제일금강을 준 민족에 대한 유일한 선택과 믿음 때문이리라(?).

그러나 웬 일인지 오늘까지도 나는 그때 금강산의 여안내원이 들려주던 옥황상제바위에 깃든 전설 "감투 빼앗긴 옥황상제"를, 그 무슨 계시나 받은 듯 자주 머리에 떠올리게 된다. 삼복더위에 금강산의 만이천봉우리를 돌아 보고난 옥황상제는, 금강산의 천백 개의 벽계수보다 더 맑고 아름다운 구룡연을 보자 하늘의 상제라는 체면도 잊고 벌거벗은 몸으로 소에 뛰어들어 목욕하다가 선녀의 날개 옷 같은 관을 빼앗기고 벌을 받아 세존봉 중턱에 맨머리 채로 굳어져버렸다는 이야기. 그 이야기에서 우리는 무엇인가를 깨우쳐야만 할 것 같다. 예의도덕에 어긋나고 욕심을 부리면, 하늘의 옥황상제라도 가차 없이 금강신의 문죄를 받게 된다.

금강의 정기를 타고난 금강의 주인, 이런 "주인 의식"을 한번쯤은 키워보자. 우리는 바다 용왕이 보석같이 마음이 깨끗한 사람들을 찾아 인간 세상에 하나밖에 주지 않았다는 금강산의 주인이다. 우리는 보석같이 티 없이 깨끗하고 선녀같이 신성한 생령들만 살 수 있다는 금강산의 주인이다. 우리는 수정같이 맑고 모든 영욕과 욕심을 버리게 하는 금강산의 망장천 옹달샘에 마음을 헹구어낸, 인간세상 유일금강의 신성한 주인이다.

이제 그런 주인의식으로 우리의 마음을 정리하고 용왕을 감동시켜 제일금강을 가졌던 "해동국" 선민(善民)의 통합의지와 금강의 맑은 물을 피로 하여 서로 마음이 통하는 하나의 윤리를 되살려보자.

이제 세계열강들의 패권다툼과 이데올로기의 치열한 부딪침으로 우리의 옷에 묻었던 더러운 핏자국을 말끔히 씻어버리고, 우리의 몸에 난 깊은 상처를 성스러운 금강산의 맑은 물로 깨끗이 가셔버리고, 용맹과 합심과 근면과 창조적인 민족의 정기와 민족의 원기를 되살려, 통일된 민족의 밝은 모습으로 진정한 금강산의 주인이 되어 온 세상에 다시 한 번 자랑해보자.

금강산으로 간다, 금강의 정기를 받는다, 그리하여 다시 보석처럼 티 없이 맑고 깨끗한 마음을 가다듬어 과연 제일금강, 아니 유일금강의 신성한 생민이 된다.

***

바다 용왕님이 제일금강을 인간 세상에 나누어주던 그때, 그때의 한반도는 하나의 "해동국"이었다.